Lothar Böhnisch
Lebensbewältigung

E-Book inside

Mit dem unten stehenden Download-Code erhalten Sie die PDF-Version dieses Buches.

So laden Sie Ihr E-Book herunter:

1. Öffnen Sie die Website:
   http://www.beltz.de/ebookinside
2. Geben Sie den unten stehenden Download-Code ein und füllen Sie das Formular aus.
3. Mit dem Klick auf den Button am Ende des Formulars erhalten Sie Ihren persönlichen Download-Link.
   [Für den Einsatz des E-Books in einer Institution fragen Sie bitte nach einem individuellen Angebot unseres Vertriebs: vertrieb@beltz.de. Nennen Sie uns dazu die Zahl der Nutzer, für die das E-Book zur Verfügung gestellt werden soll.]
4. Beachten Sie bitte, dass der Code nur einmal gültig ist. Bitte speichern Sie die Datei auf Ihrem Computer.

Download-Code

LRLH2HAGTP

Zukünfte

Herausgegeben von
Lothar Böhnisch | Wolfgang Schröer

Lothar Böhnisch

Lebensbewältigung

Ein Konzept für die Soziale Arbeit

3., überarbeitete und erweiterte Auflage

BELTZ JUVENTA

Der Autor
Lothar Böhnisch, Dr. rer. soc. habil., bis 2009 Professor für Sozialpädagogik und Sozialisation der Lebensalter an der Technischen Universität Dresden, lehrte von 2010 bis 2020 Soziologie an der Freien Universität Bozen/Bolzano.

FSC www.fsc.org
MIX
Papier | Fördert gute Waldnutzung
FSC® C089473

Dieses Buch ist erhältlich als:
ISBN 978-3-7799-7238-9 Print
ISBN 978-3-7799-7239-6 E-Book (PDF)

3., überarbeitete und erweiterte Auflage 2023

Herstellung: Ulrike Poppel
Satz: text plus form
Druck und Bindung: Beltz Grafische Betriebe, Bad Langensalza
Beltz Grafische Betriebe ist ein klimaneutrales Unternehmen (ID 15985-2104-100)
Printed in Germany

Weitere Informationen zu unseren Autor_innen und Titeln finden Sie unter:
www.beltz.de

Inhalt

Teil IV
Die Soziale Arbeit erkennt soziale Probleme als Bewältigungslagen

Einleitung

Das Konzept Lebensbewältigung versteht sich als Theorie-Praxis-Modell. Es entwickelt und systematisiert Hypothesen zum Betroffen-Sein und zum Bewältigungsverhalten von Menschen in kritischen Lebenskonstellationen, die ja den hauptsächlichen AdressatInnenkreis der Sozialen Arbeit bilden. Es macht des Weiteren die so gewonnenen Erkenntnisse diagnostisch brauchbar und leitet daraus konkrete Handlungsaufforderungen an die Soziale Arbeit ab. Gleichzeitig ist es ein Konzept, das nicht beim Individuum stehen bleibt. Vielmehr ist es in der Lage, die sozial-interaktiven und gesellschaftlichen Bedingungen und Kontexte aufzuschließen, die das individuelle Bewältigungshandeln wie den sozialpädagogischen Zugang dazu beeinflussen. Dies macht die reflexive Qualität des Ansatzes aus, d.h., man ist zwangsläufig aufgefordert, immer wieder die Hintergrundbedingungen psychosozialer Arbeit zu diskutieren. Darin können auch die Möglichkeiten und Grenzen sozialpädagogischen Handelns reflektiert werden. Das Modell Lebensbewältigung entfaltet sich in drei Sphären, die in einem Zusammenhang miteinander stehen. In der Begrifflichkeit der ‚Sphären' ist diese Möglichkeit der gegenseitigen Durchdringung ausgedrückt.

In der psychodynamischen Sphäre führt der Verlust an Selbstwert, sozialer Anerkennung und Selbstwirksamkeit in kritischen Lebenssituationen (Lebenskonstellationen) zur Hilflosigkeit des Selbst und daraus resultierendem unbedingtem Streben nach Handlungsfähigkeit. Bei Unfähigkeit zur Thematisierung innerer Hilflosigkeit kommt es zum Zwang zu äußerer oder innerer Abspaltung.

In der soziodynamisch-interaktiven Sphäre der Bewältigungskulturen werden die in ihnen enthaltenen Chancen der Thematisierung von Bewältigungsproblemen und -konflikten diskutiert. Als Bewältigungskulturen werden Familie, Gruppe, Schule, Arbeitswelt und Medien dargestellt.

In der gesellschaftlichen Sphäre werden das sozialpolitische Konzept Lebenslage und der sozialpädagogische Zugang dazu entfaltet. Diesen Zugang entwickle ich im Begriff Bewältigungslage mit den Dimensionen Ausdruck (Thematisierung), Abhängigkeit, Aneignung und Anerkennung.

Aus dem Bewältigungsmodell ergeben sich entsprechende Handlungsaufforderungen wie akzeptierende Haltung, bewältigungsdynamisches Verstehen, Reframing, funktionale Äquivalente und Milieubildung.

Teil I
Die psychodynamische Sphäre der Lebensbewältigung

1 Warum tun die das? – Warum brauchen die das?!

Es ist immer wieder dasselbe. Ein Junge macht mitten im Unterricht Faxen, gibt den Kasper, zeigt der Lehrerin den Stinkefinger. Die Klasse johlt. Die Lehrerin ist überrumpelt, scheint hilflos. Der Schüler, der sonst als leistungsschwach gilt, ist nun für drei Minuten oben, fühlt sich als der King. Was tun mit dem Jungen? Zum Schulpsychologen, in die Sonderzone der Schulsozialarbeit? Auf ihn einzureden nützt nichts. Er hat ja seinen Auftritt genossen. Wenn aber nichts mit ihm geschieht, wird sich die Szene in immer kürzeren Abständen wiederholen. Schnell hat er das Etikett des notorischen Störers weg. Manche sagen sogar, er sei „auffälligkeitssüchtig".

Auf ihn einzureden, es ihm vorzuhalten fruchtet deshalb nicht, weil im Jungen dieses erlebte Hochgefühl noch nachlebt, er davon nicht runterwill. Er hat ja sonst nichts anderes, um auf sich aufmerksam zu machen. Es war auch nicht bewusst geplant, es ist in ihm aufgestiegen. Ein geiles Gefühl, so im Mittelpunkt zu stehen. „Anerkennung" durch Auffälligkeit. Unbewusst aus einem leibseelischen Antrieb der Selbstbehauptung heraus.

Deshalb müssen wir die richtigen Fragen stellen. Nicht: Warum tut er das? Das führt schnell ins Normative, und dagegen ist er ja scheinbar gefeit. Vielmehr müssen wir fragen: Warum *braucht* er dieses Verhalten?! Hat er denn keine andere Möglichkeit, auf sich aufmerksam zu machen, Anerkennung zu bekommen? Die Schule bietet sie ihm wohl nicht. Uns verstört auch die Lust, die der Junge bei seinem auffälligen Auftritt zeigt, das Hochgefühl, seinen Frust vor anderen an anderen auslassen zu können. Kein Unrechtsbewusstsein. Deshalb müssen wir auf die Botschaften achten, die hinter diesem Verhalten stecken: in der Schule wenig Anerkennung, zu Hause oft sich selbst überlassen. Selbstbehauptung und Hilferuf gehen in eins über. In dieser Verstörung begegnen wir auch dem jungen Migranten in Jürgen

Leinewebers Film „Jung und böse", der, von der Schule gefrustet, den Nächsten, den er auf der Straße antrifft und den er als schwächer einschätzt, anmacht und vielleicht sogar zusammenschlägt. Er hat das gebraucht, sagt er, es hat ihn entspannt. Er würde es wieder tun.

Viele dieser Fälle führen zurück in die Familie. Zu Vätern, die von Problemen ihrer Kinder nichts wissen wollen, zu Müttern, die überfordert sind. Meist sind es ja die Mütter, die der Beziehungsanker im familialen Sorgenalltag sein müssen. Wenn sie aber diesen Druck nicht mehr aushalten können, weil man mit innerer Hilflosigkeit nicht leben kann, dann ist ihnen oft der Weg nach außen versagt. Dann richten sich die aufgestauten Aggressionen gegen sie selbst. Autoaggressives Verhalten und entsprechende Akte findet man deshalb in den Statistiken überwiegend bei Frauen: Medikamentenmissbrauch, Selbstverstümmelungen, aber vor allem auch Depressionen, in denen man sich selbst stillstellt.

Frauen, die sich immer wieder zurücknehmen. Eine Sozialarbeiterin erzählt von einer Frau, die unter wiederholten psychischen Störungen leidet und deshalb krankgeschrieben wird. Dennoch hat die Frau den Eindruck, dass sie von ihrer Chefin, der sie das mitteilt, unausgesprochene Signale erhält: Wenn du die nächsten Tage nicht kommst, kann ich dir – bei unserer derzeitigen betrieblichen Situation – nicht garantieren, dass wir dich behalten können. Die Frau spürt, dass ihr die Krankentage guttäten, sucht die Autorität der Ärztin und hat gleichzeitig nicht nur Angst, dass ihr eventuell gekündigt wird, sondern diese Angst verquickt sich mit dem Verständnis für die Lage der Chefin und des Betriebes. Die Frau nimmt alle Schuld auf sich: dass sie krank ist, dass sie den Betrieb im Stich lässt, dass sie am besten gar nicht auf der Welt wäre. Sie nimmt noch mehr Medikamente.

Ein weiteres Fallbeispiel aus der Familienhilfe: Vernachlässigung. Die Mutter kommt aus einer Familie, in der sie wenig Zuneigung und Anerkennung erfahren hat, von Eltern, um die sie sich aber nun mit deren zunehmendem Alter kümmern muss und, aus ihrem Verständnis der Frauenrolle heraus, auch kümmern will. Die Liebe, die ihr entgangen ist, sucht sie nun bei ihrem Kind, spürt aber, dass sie überfordert ist, keine richtige Mutter sein kann. In der gleichzeitigen Sorge um die Eltern und dem Schuldgefühl, keine gute Mutter sein zu können, kann sie ihre Sorge um sich selbst nicht ausleben und versinkt deshalb in Depressivität. Auch hier wieder weibliche Bedürftigkeit – es ist ihr verwehrt, eine gute Mutter zu sein, obwohl sie es gern möchte – und der Zwang, sich selbst noch mehr zu belasten.

Und dann die Mädchen, die in Notdiensten Zuflucht suchen, weil sie sich aus ihrer Familie getrieben fühlen. Die mit sich, mit ihren Versagensängsten und ihrem Körper nicht zurechtkommen, von Eltern bedrängt, die sie nicht verstehen können oder wollen. Mit einer Mutter, die sie überfürsorglich und zugleich schuldgedrängt umklammert und zudeckt, einem Vater, der von Problemen in „seiner" Familie nichts wissen will. Sie fühlen sich dann selbst schuldig, hassen sich dafür, Essstörungen sind nicht weit.

Aus Frauenhäusern wird von geschlagenen Frauen berichtet, die sich nicht wehren, die eher die Schuld bei sich selbst suchen, es nach innen wegdrücken, wo es dann weiterschwelt. Männer die ihre Frauen geschlagen haben, beteuern vor Gericht oder in der Beratung meist, dass sie wohl einen „Aussetzer" hatten, sie liebten doch ihre Partnerin. Nun kommt bei der häuslichen und – weitergehend – sexuellen Gewalt von Männern das dazu, was man als „Bedürftigkeit" bezeichnet: Man hält es nicht aus, dass einem die Partnerin Gefügigkeit verwehrt, worauf man als Mann doch ein Recht zu haben glaubt. Männliche Bedürftigkeit ist in Zonen häuslicher Gewalt immer anzutreffen.

In den Männerberatungsstellen tauchen sie immer häufiger auf: Männer als Verlierer von Ehescheidungsprozessen, bei denen es darum geht, wem die Kinder zugesprochen werden. Die Fronten sind längst klar. Der Mann – in Sachen Vormundschaft faktisch immer noch benachteiligt – aktiviert gegenüber seiner Frau maskuline und sexistische Gefühle, die er während der Ehe nie kannte. Der früher partnerschaftlich-empathische Gatte einer gleichberechtigt ausgehandelten Beziehung stürzt nun in das dunkle Loch der Hilflosigkeit, aus dem ihm die bisherigen Beziehungsmuster nicht mehr heraushelfen. Um aus dieser Hilflosigkeit herauszukommen, klammert er sich an das verborgene „archaisch Maskuline“ in sich, das ihm seiner Empfindung nach noch als einziges bleibt und ihn stärkt: Die Frau wird auf einmal abgewertet, die Kinder werden zum väterlichen Besitz deklariert. Der Mann hat alle Leidensstationen – Feindschaft zur Frau, Spaltung des Freundeskreises, Anwalt – hinter sich, die Männerberatung, so widerwillig er dem Tipp folgt, ist die letzte Möglichkeit. Er sucht Lösungen und will doch Bestätigung. Er versucht, den Berater in seine Version einzustimmen, Hilflosigkeit, die er nicht verbergen kann, und Dominanzstreben beherrschen gleichzeitig die Szene. Der Mann führt einen Kampf um Prinzipien, gegen Frauen, gegen das Unrecht, das Männern zugefügt wird, letztlich einen Kampf gegen sich selbst. Er muss stark sein, und die Hilflosigkeit, die alles aus ihm heraus antreibt, darf nicht sichtbar werden – Hilflosigkeit wäre gerade jetzt Schwäche.

Gehen wir aus der Familie heraus auf die Straße. StreetworkerInnen versuchen, Cliquen zu befrieden. Cliquen halten oft durch provokante Aktionen zusammen. Man beweist sich gegenseitig. Ausgrenzung anderer schafft Zusammenhalt. Das zeigt sich im kleinen Gruppenleben des Alltags genauso wie in den Extremsituationen der Gewalt. Jungen, die mit ihrer Hilflosigkeit nicht zurechtkommen, werden von solchen Cliquen magisch angezogen. Sie erhalten Selbstwert, Anerkennung und Wirksamkeit als Gruppenmitglieder, die Gruppe wird zum emotionalen Rückhalt und zur Rechtfertigung ihres Verhaltens.

Was bei der Begegnung mit gewalttätigen Jugendlichen immer wieder überrascht, ja verstört, ist ihre offensichtliche Lust an der Gewalt. Es überkommt sie wie ein Schauder und danach macht sich Entspannung und Wohlgefühl bei ihnen breit. Einer der jungen Männer in Leinewebers Film sagte: „Wie nach einem Orgasmus“. Der Körper übernimmt die Regie, eine somatische Dynamik, wie sie in der Stressforschung immer wieder beschrieben wird. Das versperrt den pädagogischen Zugang. Aufklären, die Jugendlichen mit ihrer Tat konfrontieren wollen, geht erst einmal gar nicht. Sie haben ja das für sie Positive, Entspannende am eigenen Leib gespürt. Sie haben Aufmerksamkeit auf sich gezogen, die Umwelt hat Wirkung gezeigt. Und jetzt kommen die

SozialarbeiterInnen und wollen ihnen das nehmen, ins Negative, ja Verabscheuungswürdige drehen. Diesem Misstrauen begegnen SozialarbeiterInnen oft.

Immer dort, wo Menschen die soziale Orientierung verloren haben, sich wertlos fühlen und keine soziale Anerkennung bekommen, wo sie wenig Möglichkeiten haben, etwas zu bewirken, auf sich aufmerksam zu machen und – vor allem – ihre innere Hilflosigkeit nicht aussprechen können, setzt ein somatisch angetriebener psychosozialer Bewältigungsmechanismus der Abspaltung ein, der antisoziale oder selbstdestruktive Züge annehmen kann und die Betroffenen zur Klientel werden lässt. Ob das nun in überforderten Familien passiert, die nicht mehr der Lage sind, ihren Alltag zu regeln und sich dadurch sozial isolieren, bei Kindern, die an der Schule scheitern, bei Jugendlichen und jungen Erwachsenen, denen der soziale Übergang nicht gelingt, bei Erwachsenen, die die Arbeit verloren haben oder von den Umbrüchen der Arbeitsgesellschaft überfordert, die von Armut und sozialem Ausschluss bedroht sind oder von Beziehungsverlusten heimgesucht werden – überall wirkt dieser Grundmechanismus.

Wenn ich im Folgenden immer wieder den international gebräuchlichen Begriff „antisozial" (antisocial personality disorder) verwende, so verstehe ich ihn wie den bei uns auch üblichen Begriff „dissozial". Damit werden in der sozialpädagogischen Literatur Menschen bezeichnet, die nicht (mehr) in der Lage sind, nach sozialen Regeln zu leben, sozialen Pflichten nachzukommen, die oft bindungsschwach sind, sich schwer in andere hineinversetzen können, andere eher abwerten, darüber kein Unrechtsbewusstsein entwickeln können und ihr Verhalten zu ihrem aktuellen Vorteil zu rationalisieren versuchen. Gewalt ist zwar immer wieder im Spiel, eher aber aggressive Haltungen (auch gegenüber SozialarbeiterInnen), oft aber regressives (Rückzugs-)Verhalten.

Wir müssen aber nicht in den Zonen der sozialen Ausgrenzung oder des antisozialen Verhaltens bleiben. Auch im Alltag der Jugendarbeit, in den Jugendzentren und Jugendprojekten geht es vielen Jugendlichen darum, auf sich aufmerksam zu machen, anerkannt zu werden. Deshalb schätzen sie auch die Projekte, in denen sie mitmachen, sich zeigen können. Vielen Verantwortlichen der Jugendförderung ist noch gar nicht so richtig bewusst, dass gerade die offene Jugendarbeit nicht nur Freizeitort, sondern auch Bewältigungsort ist, wo den Jugendlichen, sozialer Druck weggenommen wird, wo sie zu sich kommen, ihre Befindlichkeit anzeigen und aussprechen und prosoziale Bezüge aufbauen können. Ein Ort der Alltagsberatung, wenn man Beratung als Hilfe versteht, innere Bedrängnis und Hilflosigkeit zu thematisieren. Das kommt vor allem Jungen zu zugute, die es oft schwer haben, das, was in ihnen ist, auszusprechen und daher leicht unter Druck geraten, das, was sie im Inneren bedrängt, nach außen aggressiv zu kompensieren. Davon profitieren aber auch die Mädchen, die sich in entsprechenden Jugendprojekten eigene Räume aneignen, eigene Öffentlichkeiten schaffen und sich nicht dauernd zurücknehmen müssen (vgl. Kap. 4). Jugendarbeit wird damit auch zum sozialen Bildungsort, an dem Lebenskompetenzen vermittelt werden. Seine innere Bedrängnis aussprechen und sich in andere hineinversetzen können, gehört zu den basalen Lebenskompetenzen. Das läuft alltäglich ohne großes Aufsehen ab und man möchte der Jugendarbeit raten, diese Seite ihrer jugendpädagogischen Bedeutung stärker öffentlich zu machen.

Auch sonst überwiegen die eher stillen Beispiele in der Sozialen Arbeit. Die alltägliche Begleitung, die SozialarbeiterInnen für sozial gescheiterte und sozial resignierte KlientInnen organisieren, fällt kaum auf. Und doch läuft auch hier eine ähnliche Dynamik ab, wie in den markanten Fallbeispielen: das Streben der Betroffenen in ihrer Hilflosigkeit, trotz allem etwas wert zu sein, irgendwie doch anerkannt zu werden, sich nicht aufzugeben. Dass dies nicht, wie in den lauten Beispielen, in Selbstzerstörung oder sozialer Aussichtslosigkeit mündet, sondern aussprechbar, beziehbar und darin bewältigbar bleibt, dass der Abspaltungsdruck genommen, die antisoziale Kompensation aufgelöst werden kann, beschreibt den Zugang und die Leistung der Sozialen Arbeit.

2 Wie innere Hilflosigkeit Bewältigungsdruck erzeugt – Abspaltungen

Nun ist es aber an der Zeit, diesen Grundmechanismus der Bewältigung in seiner Wirkungsweise eingehender zu erklären. Unter *(Lebens-)Bewältigung* verstehe ich das Streben nach psychosozialer Handlungsfähigkeit in kritischen Lebenskonstellationen. Lebenssituationen und -konstellationen werden dann als *kritisch* bezeichnet, wenn die bisherigen eigenen Ressourcen der Problemlösung versagen oder nicht mehr ausreichen und damit die psychosoziale Handlungsfähigkeit beeinträchtigt ist (vgl. Filipp 2008). Die Soziale Arbeit hat es mit solchen kritischen Lebenskonstellationen zu tun, es ist ihr Alltagsgeschäft: Scheitern, Verlusterfahrungen, Anerkennungsprobleme und Versagensängste scheinen in den meisten der ihr zugewiesenen Fälle durch. Am Beispiel der Arbeitslosigkeit lässt sich die Dramatik kritischer Lebenskonstellationen zeigen: Der Arbeitslose verliert seine bisherigen Ressourcen psychosozialer Handlungsfähigkeit, denn über die Arbeit hat er Anerkennung, Lebenssinn und Selbstwirksamkeit erhalten, hat soziale Kontakte aufgebaut und einen sozialen Status erreicht. Das ist nun zusammengebrochen, und dieses Ungleichgewicht muss bewältigt werden.

Psychosoziale *Handlungsfähigkeit* ist ein Konstrukt im Magnetfeld des Selbstkonzepts. Ich bin in diesem Sinne handlungsfähig, wenn ich mich sozial anerkannt und wirksam und darüber in meinem Selbstwert gestärkt fühle. Das Streben nach Handlungsfähigkeit, das erst einmal in uns allen ist, macht sich also besonders in kritischen Lebenskonstellationen bemerkbar, wird über sie „freigesetzt“. Wenn es uns entsprechend schlecht geht, macht sich der Selbstbehauptungstrieb, gleichsam als Grundantrieb des Menschen, bemerkbar. Dieser ist so stark, so existenziell, dass Handlungsfähigkeit – also Selbstwert, Anerkennung und Selbstwirksamkeit – um jeden Preis gesucht werden muss.

Wenn dies nicht mit sozial konformem Verhalten erreichbar ist, dann eben auch mit abweichendem Verhalten. Antisoziales, aber auch selbstdestruktives Verhalten ist in diesem Sinne Bewältigungsverhalten. Dahinter stecken „Botschaften" der Hilflosigkeit, des Unvermögens, sich mit seinem gestörten Selbst auseinandersetzen zu können. Es muss einfach – und das ist ein unbewusster Vorgang – abgespalten werden. Damit sind wir beim Modell der äußeren Abspaltung.

Äußere Abspaltung

Im Mittelpunkt steht das bedrohte Selbst in seiner Hilflosigkeit. Der Begriff des *Selbst* bezeichnet hier sowohl den inneren, emotionalen Pol des Selbstkonzepts, den *Selbstwert*: wie spüre ich mich und wie schätze ich mich ein? Sowie den sozialen Pol: wie sehen mich die anderen, erhalte ich *Anerkennung*? Und schließlich – gleichsam als Resultante – die emotionale wie kognitive Einschätzung der *Selbstwirksamkeit*: habe ich Zutrauen in meine Fähigkeit, unterschiedliche Lebenssituationen in den Griff zu bekommen. Das Selbst bewegt sich also im Magnetfeld von Selbstwert, sozialer Anerkennung und Selbstwirksamkeit. Mangelnde Anerkennung verbunden mit geringer bis fehlender Selbstwirksamkeit führt zu dieser Hilflosigkeit des Selbst. Wir erleben dies alltäglich, es muss nicht gleich ein katastrophaler Zustand sein. Man ist von sozial negativen Erlebnissen gefrustet, und das geht nicht über den Kopf, sondern vor allem über den Bauch. Man fühlt sich mies, es entsteht ein körperlich-seelischer (somatischer) innerer Druck, den man loswerden muss. Man kann nicht mit dieser Bedrückung schlafen gehen. Entlastung ist möglich, wenn man mit jemandem darüber sprechen, ihm oder ihr das belastende Problem erzählen kann. Im Bewältigungsmodell wird dies mit dem Begriff der *Thematisierung* umschrieben. Beratung ist in diesem Sinne nichts anderes als Hilfe zur Thematisierung. Wenn ich es jemandem anderen, z. B. einem Freund oder einer Freundin, erzähle, sprechen wir von Alltagsberatung. Wenn ich aber jemanden brauche, der mir dabei helfen kann, suche ich eine professionelle Beratung auf. Unter Thematisierung verstehe ich dabei nicht nur den sprachlichen Akt, sondern vor allem auch den sozial-interaktiven Vorgang des *Mitteilens* und damit des Anknüpfens von Beziehungen bis hin zum Eintreten in soziale Netzwerke.

Dazu muss ich aber in der Lage sein, die Fähigkeit haben, meine innere Hilflosigkeit zum Sprechen zu bringen. Es gibt aber genug Menschen, die dies nicht können, in ihrer bisherigen Biografie nicht die Chance hatten, nie gelernt haben, das, was in ihrem Inneren ist, aussprechbar, thematisierbar zu machen. Darauf werde ich in den Kapiteln zu den Bewältigungskulturen (Kap. 4–7) näher eingehen. Sie stehen aber unter somatischem Druck, die Spannung muss gelöst werden, der Körper fordert das, der emotionale Drang zur Entspannung bekommt die Oberhand. Da die Hilflosigkeit nicht thematisiert werden kann, muss sie herausgedrängt, also *abgespalten* und kompensiert werden. Die Kompensationen können vielfältig sein. Sie äußern sich in unterschiedlichen Inszenierungen und Aktivitäten der Entlastung, Ablenkung oder des Umleitens der inneren Bedrängnis. Für die Soziale Arbeit kommen aber nur die antisozialen Kompensationen in Betracht. Sie sind ja der Ausgangspunkt für Interventionen und Hilfen. Auch hier kann man unterschiedliche Formen beobachten, die von der Verweigerungshaltung bis zur Gewalttätigkeit reichen. Eine immer wieder anzutreffende Form ist die der Projektion der eigenen Hilflosigkeit auf andere. Man lässt seine Hilflosigkeit und den damit verbundenen Frust an anderen aus. Das kann in körperlicher Gewalt ausarten, oft aber sind es psychische Gewaltformen. Dass letztere mehr von Mädchen und Frauen ausgehen, erstere mehr von Jungen und Männern, und dass Männer eher nach außen abspalten, soll im dritten Kapitel näher betrachtet werden.

Indem diese Ablaufdynamik von *innerer Hilflosigkeit – Unfähigkeit zur Thematisierung – Abspaltung durch Projektion/Kompensation* einem nicht bewusst, sondern somatisch angetrieben ist, entzieht sich auch das Abspaltungsverhalten der Selbstkontrolle. Man weiß in dem Moment nicht, was man da tut. Dieser Vorgang wird in der Psychoanalyse mit dem Begriff der *Abstrak-*

tion umschrieben. Abstraktion meint die Abwesenheit des Konkreten, das (zeitweise) Verschwinden des realen Verhaltens im Bewusstsein der Handelnden. Gewissermaßen ein Blackout. Nehmen wir das Gewaltbeispiel, daran kann man es am besten deutlich machen. Es überkommt, „übermannt" den Täter („überfraut" gibt es bezeichnenderweise nicht), er kennt sich nicht mehr und – vor allem – er hat dadurch keinen Bezug zu dem Opfer. Er kennt es vielleicht gar nicht. Das Opfer ist gewissermaßen *Träger seiner eigenen Hilflosigkeit.* Auf die schlägt er ein. Er meint sich selbst.

Aber das Gewaltbeispiel ist nicht so weit weg vom Alltag. Denn auch im alltäglichen Umgang mit anderen Menschen spitzen sich nicht selten Situationen zu, in denen man seine eigene Hilflosigkeit, seinen Frust an anderen ablässt, sie demütigt. Und dann über sich selbst erschrocken ist, dass es einen so wegtragen konnte, dass man den anderen nicht mehr erkannt, ihn oder sie so runtergemacht und abgewertet hat. Das muss ja nicht unbedingt in körperliche Gewalt ausarten, es können genauso gut psychische Demütigungen sein.

Gerade das macht den Vorteil des Bewältigungskonzepts aus, dass es sich nicht auf eine Sonderwelt bezieht. Die Übergänge aus dem Alltag heraus in kritische Zonen hinein sind fließend. Wir entdecken vieles im Kleinen bei uns selbst. Es ist ein Zugang, der die Betroffenen nicht ausgrenzt, sondern sie trotz allem unserer Welt weiter zugehörig sieht.

Der Schweizer Psychoanalytiker Arno Gruen (1992) hat die These aufgestellt, dass Männer mit innerer Hilflosigkeit schlechter umgehen könnten als Frauen, die aufgrund ihrer Gebärfähigkeit eine besondere Nähe zur inneren Natur des Menschen entwickeln könnten. Männer dagegen seien eher gedrängt, diese Hilflosigkeit nach außen abzuspalten. Wenn sie dabei gewalttätig werden, dann sind die Opfer in der Öffentlichkeit vor allem Männer, im häuslichen Bereich eher Frauen. Diesem Muster der äußeren Abspaltung begegnen wir aber nicht nur in den Zonen der physischen und psychischen Gewalt. Wir sind ihm im Beispiel des randalierenden Jungen in der Schule genauso begegnet, wie wir es immer auch dort finden, wo versucht wird, auf Kosten anderer aus eigenen Lebensschwierigkeiten herauszukommen,

Selbstwertprobleme antisozial zu kompensieren. Das können auch Rationalisierungen, Lügen, können Ausflüchte auf Kosten anderer sein. Ohne Unrechtsbewusstsein, weil auch hier das Abstraktionsprinzip wirkt. Und andere *abzuwerten* gehört zu den alltäglichen kleinen Übungen der Selbstaufwertung. SozialarbeiterInnen erzählen immer wieder, dass ihre KlientInnen nahezu alles abwerten, was um sie herum ist.

Und noch einmal: Diese Abspaltungsdynamik ist emotional aufgeladen, bringt Entspannung, das antisoziale Verhalten, das wir als negativ bewerten, wird von den Betroffenen als positiv, als entspannend empfunden, als (oft letztes) Mittel eben, Anerkennung, Selbstwirksamkeit und Selbstwert zu erlangen. Deshalb kann man es ihnen nicht einfach ausreden, muss ihnen Möglichkeiten anbieten, in denen sie mit der Zeit *spüren* können, dass sie nicht mehr auf dieses Verhalten angewiesen sind. Ich werde im Abschnitt zu den *funktionalen Äquivalenten* (Kap. 11) näher auf solche Möglichkeiten eingehen.

Innere Abspaltung

Ich habe in den einleitenden Beispielen von Frauen und Mädchen erzählt, die in Konflikten die Schuld eher auf sich nehmen, Probleme bis zur Selbstzerstörung auszuhalten versuchen. Wir haben es hier mit Abspaltungen von Hilflosigkeit zu tun, die nach *innen* gerichtet sind. Wir sprechen dann von *Autoaggression,* Gewalt gegen sich selbst. Wir finden sie in den verschiedenen Formen der Selbstverletzung, der Ernährungsstörungen, aber auch des Medikamentenmissbrauchs und der Depressivität. Sie sind – statistisch gesehen – vor allem eben unter Mädchen und Frauen verbreitet. Wir sind beim Muster der *inneren Abspaltung.*

Im Mittelpunkt steht wieder die Hilflosigkeit des Selbst vor dem Hintergrund mangelnder sozialer Anerkennung, fehlender Selbstwirksamkeit und darin gestörtem Selbstwert. Dieses Selbst aber ist nun gespalten, von Selbsthass gezeichnet. In der klinischen Psychologie spricht man von „Dissoziation", es sind gleichsam zwei Selbste, die gegeneinanderstehen. Das Ich und sein

Körper. Ich versuche das immer wie folgt den Studierenden anschaulich zu machen, rede vom „intradialogischen Selbst“: Bevor ihr morgens den Bus besteigt, die Uni oder eure Arbeit erreicht, habt ihr schon mehr mit euch selbst gesprochen als vielleicht den ganzen Tag über mit anderen: „Wie sehe ich heute wieder aus, hoffentlich treffe ich die/den nicht, wie werde ich das wieder durchstehen“ etc. Dabei kann man sich auch selbst hassen („Ich kann mich nicht mehr sehen“). Das sind wiederkehrende Anflüge. Problematisch wird es, wenn es sich zur Gewalt gegen sich selbst, am eigenen Körper entwickelt.

Dieser autoaggressive Selbsthass setzt den entsprechenden Projektionsvorgang in Gang. Die Betroffenen sind sich der Selbstverletzung nicht bewusst, für sie zählt, dass sie die Aufmerksamkeit anderer auf sich ziehen können. Gefühlte Anerkennung durch extreme Auffälligkeit. Es sind in der Mehrzahl Mädchen und junge Frauen, die in ihrem bisherigen Leben meist Abwertung erfahren und keine Anerkennung bekommen haben. In psychotherapeutischen Befunden spiegelt sich diese innere Abspaltungsdramatik wider: „Der Körper kann durch die Dissoziation wie ein äußeres Objekt verwendet werden. [Er] tritt an die Stelle des damals misshandelten Kindes. […] Da sich die Aggressivität nur gegen einen abgespaltenen Teil des Selbst richtet, kann das Selbst als Ganzes erhalten bleiben“ (Hirsch 2002: 41). Was ich als Kind erlitten habe, muss ich in mir abtöten.

Dass mit Selbstverletzungen Aufmerksamkeitserregung und darin Entschädigung für entgangene Anerkennung gesucht wird, wird auch in der therapeutischen Praxis bestätigt: „Selbstverletzungen werden in der Regel in offener Weise durchgeführt. Diese Offenlegung lässt selbstverletzende Akte als eine Körper- und Aktionssprache erkennen“ (ebd.: 164). Die Betroffenen schämen sich nicht, auch wenn die Umwelt entsetzt reagiert. Sie fühlen ja Entspannung und erhalten gleichzeitig dramatische Aufmerksamkeit.

Gerade die Essstörungen der Magersucht und Bulimie lassen sich nach diesem Modell rekonstruieren. Hier spielen ebenso massive Selbstwert- und Anerkennungsstörungen eine ausschlaggebende Rolle. „Dabei kann Nahrung bei den Betroffenen nach psychoanalytischem Verständnis auch für Sehnsucht nach Austausch in Beziehungen, Wertschätzung […] stehen“ (Subkowski 2003: 113). Dass die Betroffenen eher aus der Mittelschicht stammen, weist darauf hin, dass es die dort eher verbreiteten neurotischen Erziehungskonstellationen sein können, die zur Überforderung der Mädchen führen. Dass inzwischen auch – zu einem wesentlich kleineren Teil – Jungen von solchen Essstörungen heimgesucht werden, lässt darauf schließen, dass die Suche nach Männlichkeit heute in dem Maße fragiler geworden ist, in dem die Männerrolle in unserer Gesellschaft ihre frühere selbstverständliche Dominanz und damit Orientierungssicherheit eingebüßt hat. Gleichzeitig fühlen sich nicht wenige Jungen und junge Männer durch das neue weibliche Selbstbewusstsein ihnen gegenüber irritiert und darin ambivalenten Erwartungen ausgesetzt (gleichzeitig maskulin und beziehungsfähig zu sein), zu deren Erfüllung es keine alltagskonkreten Vorbilder gibt.

Wieder habe ich die spektakulären Beispiele gewählt, um das Ablaufmodell innerer Abspaltung verdeutlichen zu können. Im Alltag der Sozialen Arbeit überwiegen aber die weniger spektakulären, oft verdeckten, aber deshalb nicht weniger problematischen inneren Abspaltungsformen: Das Sich-Entwerten, die erzwungene Selbstisolation, die Unterwerfung bis in die Co-Abhängigkeit, das Aushalten von Demütigungen oder überhaupt der Zwang zum Schweigen über die eigene innere Not. Das sind psychische Abspaltungsmuster, die aber nicht selten in die physische Form des Medikamentenmissbrauchs münden können. Sie laufen nach dem Modell ab, wie es im Beispiel Magersucht geschildert wurde: Es kommt zur Spaltung des Selbst, die innere Hilflosigkeit wird unbewusst an sich selbst ausgelassen, die Illusion temporären Ausgleichs zieht auf. Manche Betroffene klammern sich deshalb an diese Abspaltungsdynamik und sind schwer davon wegzubringen. Dass es eher Frauen sind, bei denen man dieses nach innen gerichtete Abspaltungsmuster beobachten kann, hängt vor allem mit immer noch wirkenden Besonderheiten weiblicher Sozialisation und der Stellung der Frau im Geschlechterverhältnis zusammen. Viele der KlientInnen der Sozialen Arbeit sind noch in traditionellen Geschlechterkontexten gefangen. Die Betroffenen stehen unter innerem Abspaltungsdruck, da ihnen die Thematisierung ihrer inneren Not geschlechtstypisch verwehrt ist. Dieser Zusammenhang wird in der Begrifflichkeit der weiblichen „Symptomatik der Verschwiegenheit“ im dritten Kapitel näher beleuchtet.

Abspaltung „per Delegation“

Abspaltung innerer Hilflosigkeit und ihre Projektion auf Schwächere kann auch dadurch geschehen, dass man sich einer Gruppe anschließt, zu deren Programm und Gruppenzusammenhalt es gehört, antisozial zu sein. Man „delegiert“ – freilich unbewusst – die Abwertung von anderen an die Gruppe und geht damit in ihr auf. Man tut die antisozialen Handlungen für die Gruppe, für deren Zusammenhalt eben, in einem emotional erhebenden und darin entspannenden Wir-Gefühl. Da kann kein Unrechtsbewusstsein entstehen. Nicht das Opfer steht im eigenen Fokus der Wahrnehmung, sondern die Gruppe. Übrigens: Die meisten Delikte, die vor allem männliche Jugendliche und junge Erwachsene begehen, werden aus Cliquen heraus begangen.

In dieser Logik kann auch rechtsextreme Gewalt bzw. Gewaltbereitschaft als besondere Form extremen Bewältigungsverhaltens interpretiert werden, indem sich auch hier Abspaltung und Projektion nicht nur direkt auf konkrete Einzelne richten, sondern im Magnetfeld eines Programms verortet werden können. Rechtsextremistische Programme bieten eine Projektionsfläche für die Abspaltung von biografisch verfestigten Selbstwert- und Anerkennungsstörungen. Ihre ethnozentrische bis rassistische Programmatik bietet nicht nur die Möglichkeiten der Abwertung anderer und damit der Selbsterhöhung der eigenen Person an, sondern offeriert auch ihre kollektive Einbindung und Bestätigung in gleichgesinnten sozialen Gruppen. Wilhelm Heitmeyer sieht im Rechtsextremismus eine Form der Verarbeitung von Desintegrationserfahrungen. Im Mittelpunkt dieser dem Bewältigungsansatz nahen These steht die Annahme von der Umformung „erfahrener Handlungsunsicherheit in Gewissheitssuche, […] von Ohnmachtserfahrungen in Gewaltakzeptanz, […] von Vereinzelungserfahrungen in die Suche nach leistungsunabhängigen Zugehörigkeitsmöglichkeiten“ (Heitmeyer 1994: 47). Rechtsextremistische Konzepte bieten danach entsprechende „Stabilitätsversprechen“ in nationalistischen und rassistischen Überlegenheits- und Durchsetzungskonzepten. In der Bewältigungsperspektive lässt sich der Zusammenhang wie folgt formulieren: Jugendliche wie Erwachsene, die nicht in der Lage sind, Hilflosigkeit und Ohnmacht angesichts erfahrenen psychosozialen Drucks in kritischen Lebenskonstellationen zu thematisieren, können in den Sog der Projektion und Abspaltung dieser Gefühle auf Schwächere geraten. In diesem Kontext bilden sich dann schnell rassistische und rechtsextremistische Projektions- und Abstraktionsmuster aus. Das scheinbare Paradox, dass man sich dabei einer autoritären Gruppen- und Führerideologie unterwerfen muss, wird dadurch aufgelöst, dass die Unterwerfung unter die Gruppe und die Teilhabe an der Ideologie bzw. Programmatik in ihrer Gleichzeitigkeit einen positiven Effekt erzeugt: Ich unterwerfe mich, dadurch erfahre ich Eindeutigkeit in der Orientierung und kann gleichzeitig mit dieser Teilhabe an der politischen Programmatik auch an der Stärke, die diese verheißt, partizipieren. Diese Macht und Stärke sind für mich erreichbar, da sich im rechtsextremen Programm eben jene tiefenpsychischen Mechanismen der Abspaltung und Projektion auf Schwächere und ihre Abstraktion manifestieren, die mich von meinem Inneren her bewegen (vgl. auch Reinhardt 2006).

Die Suche nach unbedingtem sozialen Anschluss – ambivalente soziale Integration

Diese hier geschilderte Suche nach Anschluss an die rechtsextreme Gruppe kann auch bewältigungstheoretisch verallgemeinert werden. In der inzwischen klassischen Studie von Ralf Bohnsack et al. „Die Suche nach Gemeinsamkeit und die Gewalt in der Gruppe“ (1995) wurde am Beispiel von Jugendcliquen gezeigt, dass auch die biografische Erfahrung sozialer Desintegration Zusammengehörigkeit konstituieren und Milieus (im Sinne sozialemotionaler Gegenseitigkeitsstrukturen) schaffen kann. Kritische Lebenskonstellationen, Erfahrungen sozialen Ausschlusses können nicht nur zur sozialen Isolation führen, sondern die Betroffenen auch zusammenbringen, ja zusammentreiben. Solche aus desintegrativen Erlebnissen entstandene Milieus wirken sozialintegrativ nach innen, nach außen aber antisozial und sozial desintegrativ, haben meist eine sozial „regressive" Ausrichtung. Wir sprechen deshalb von einer bewältigungsdynamisch angetriebenen *ambivalenten Integration.*

Auch wenn also das aktuelle Bewältigungshandeln auf der Suche nach Handlungsfähigkeit von den herrschenden und geltenden normativen Mustern der Sozialintegration abweicht, gegen die Regeln und gesellschaftlich einverständlichen Formen des sozialen Zusammenlebens verstößt, hat es immer auch eine subjektiv sozialintegrative Absicht. Um es wiederum an unserem Beispiel zu verdeutlichen: Sozial orientierungslose Jugendliche – so zeigt uns die entsprechende Forschung – versuchen, (unbewusst) mit ihren Handlungen antisozial auf sich aufmerksam zu machen, zeigen, dass sie da sind, schließen sich devianten Gruppen an, um soziale Bindung und Integration auf diese Weise zu erlangen. Solche Gruppen wirken dann in ihrer Anziehungskraft wie ein Magnetfeld. Sie werden dann auch vor allem durch abweichendes Verhalten zusammengehalten (vgl. Böhnisch 2017).

Gegenseitige Abspaltungen

„Während die nationale Herkunft für einen Teil der Jugendlichen kaum oder gar keine Bedeutung hat [...], ermöglicht sie [den anderen, L. B.] die Verarbeitung von Exklusions- und Stigmatisierungserfahrungen" (Yazici 2011: 178f.). Dieser Befund aus einer qualitativen Fallstudie mit türkischstämmigen Jugendlichen führt uns wieder in die Zone des Bewältigungsverhaltens: ethnisch demonstrative Maskulinität als Ausdruck der Selbstbehauptung, als Mittel, Selbstwert zu erhalten, in einer Umwelt, die einen immer wieder abwertet. In dieser Umwelt gibt es wenig Verständnis dafür, warum diese Jugendlichen so sind, warum sie dieses maskuline Verhalten „brauchen". Und so gibt es auch wenige Brücken zur Verständigung. Im Gegenteil: Diese scheinbar selbstverständlich demonstrierte Maskulinität von jungen Ausländern reizt manche deutschen Jugendlichen bis aufs Blut. Als deutscher junger Mann, verunsichert mit der eigenen Männlichkeit, hast du keine Chance mehr, als Macho irgendwo zu landen. Du machst dich lächerlich, und es gibt nur noch wenige Frauen, die darauf abfahren. Die Hiesigen fühlen sich also irritiert und provoziert. Inzwischen hat sich die einheimische Umwelt ihr Bild gemacht. Junger Türke und Macho, das gehört doch irgendwie zusammen.

Man hätte doch meinen können, in der dritten Generation junger Männer mit Migrationshintergrund hätte sich das deeskaliert, mit der heimischen Jugendkultur vermischt. An den Realschulen und Gymnasien gibt es durchaus positive Hinweise darauf. Dort aber, wo soziale Benachteiligung den Alltag beherrscht, sieht es anders aus. Alarm lösen in Deutschland Studien aus, nach denen die in unseren Augen zwanghaft überhöhte Maskulinität bei den ausländischen Jugendlichen heute sogar noch wesentlich stärker ausgeprägt scheint als bei ihren Vätern. Gerade die, die sich hier entwickelt, hier gelernt haben, die als integriert gelten, aber sozial nicht weiterkommen, zeigen diese Fixierungen auf die männliche Ehre. Der Zusammenhang zwischen sozialer Benachteiligung und dem Klammern an tradierte Männlichkeitsriten, die Selbstwert und Erhöhung bei dauernd empfundener Erniedrigung versprechen, ist hier offensichtlich. Sie haben ja etwas, was die einheimischen Jugendlichen nicht haben, und deswegen werden sie wieder türkischer und islamischer als ihre Väter, obwohl sie inzwischen ohne Bezug zur Kultur des Herkunftslandes ihrer Großeltern sind. Dadurch fühlen sie sich den Einheimischen überlegen, dass sie es in aufreizender Maskulinität ausdrücken können. Denen ist es ja verwehrt. Dadurch können die, die einen als Türken abwerten, nun selbst abgewertet werden. Die Abspaltungen verlaufen gegenseitig.

Hilferufe

Aus der Bewältigungsperspektive ergeben sich paradoxe Aufforderungen, die uns erst einmal fremd sind. Antisoziales Verhalten soll man nicht als negativen Akt, sondern als inneren Hilferuf begreifen?! Der englische Kinder- und Jugendpsychiater Donald W. Winnicott, der sich viel mit vernachlässigten und in der Folge aggressiven Kindern beschäftigt hat, verlangt das von uns. Seine Erklärung: Das vernachlässigte, d.h. ganz auf sich gestellte Kind traut sich nichts mehr, unterwirft sich und ist „hoffnungslos unglücklich und wird erst einmal nicht auffällig". Verbessern sich die Umweltbedingungen, dann – so Winnicott – „gewinnt das Kind wieder Zuversicht und organisiert hoffnungsvoll antisoziale Handlungen" (Winnicott, zit. n. Davis/Wallbridge 1983: 127). „Die antisoziale Tendenz ist ein Hinweis auf Hoffnung" (Winnicott 1988: 161). Durch Delikte, wie vor allem das Stehlen, sucht das Kind unbewusst die Anteilnahme anderer, will auf sich aufmerksam machen oder begeht destruktive Handlungen – Gewalt an Sachen, gegenüber anderen Kindern –, um die soziale Umwelt bzw. deren entschiedenes Handeln und ihre Stärke herauszufordern (um dadurch Aufmerksamkeit zu erlangen). Dieses Paradoxon des hoffnungsvollen Auf-sich-aufmerksam-Machens als Grundantrieb antisozialen Verhaltens löst sich wie folgt auf: Dem in seinem Selbst zurückgewiesenen und von einer überforderten familialen Umwelt nicht empathisch begleiteten Kind scheinen die legitimen Zugänge zu sozialer Zuwendung verschlossen. Treten Personen auf, die sich ihm zuwenden – z.B. JugendpädagogInnen –, keimt in ihnen die Hoffnung auf, dass es doch noch angenommen wird, so wie es ist. Es greift aber eine Zeit lang – gleichsam im Übergang – immer noch nach den gewohnten Mitteln abweichenden Verhaltens, weil es ihm mit konformen Mitteln bisher nie gelungen ist (und im Wettbewerb zu anderen schlecht gelingen kann), auf sich aufmerksam zu machen. Wenn SozialarbeiterInnen diesen Zusammenhang erkennen, können sie auch selbst diese für sie negative Übergangssituation leichter aushalten.

Antisoziales und selbstdestruktives Verhalten als Hilferuf können wir ähnlich bei Jugendlichen und Erwachsenen vermuten. Beispielhaft ist hier der Ladendiebstahl von Frauen aus der Mittel- oder Oberschicht, die das eigentlich gar nicht nötig haben und dementsprechend auch oft eher belanglose Produkte klauen. Interpretiert wird dies z. B. als Hilferuf von Ehegattinnen, die von ihren Partnern in strikter finanzieller Abhängigkeit gehalten werden und die mit dem Diebstahl unbewusst auf ihre Lage aufmerksam machen. Auch in Selbstverletzungen liegen solche Hilferufe, nicht bewusste, weil somatisch entfachte Signale. Abspaltungen weisen ja auf innere Hilflosigkeit hin. Natürlich ist das daraus abgeleitete Bild des „Hilferufs" auch eine Konstruktion, die den Betroffenen gleichsam „angeboten" wird und in der sich sozialpädagogische Hilfe begründet. Die Frage, inwieweit jene KlientInnen diese Interpretation annehmen, die ihr Abspaltungsverhalten zumindest temporär als subjektive Lösung empfinden, führt uns zum Grundproblem von Konflikt und Verständigung in der helfenden Interaktion. Dennoch bleibt: Da alle Abspaltungsprozesse gegen die eigene Hilflosigkeit gerichtet sind, die Betroffenen sich im Grunde also selbst meinen und deshalb erst einmal zu sich selbst kommen müssen, liegt hier eine wesentliche Begründung für die sozialpädagogische Intervention.

Kohärenz und Bewältigung

Wenn innere Hilflosigkeit aber ausgesprochen, thematisiert werden kann, dann verweist das auf einen stabilen Bewältigungszusammenhang. Die betreffenden Menschen fühlen sich sozial anerkannt und wirksam, in einem Zustand des personalen und sozialen *Wohlbefindens.* Im *salutogenetischen* Modell der Gesundheitswissenschaften wird diese Befindlichkeit als Kohärenzgefühl bezeichnet. Darunter wird ein positives Bild der eigenen Handlungsfähigkeit verstanden, die von dem Gefühl der Bewältigbarkeit von externen und internen Lebensbedingungen, der Gewissheit der Selbststeuerungsfähigkeit und der Gestaltbarkeit der Lebensverhältnisse getragen ist.

> „Der Kohärenzsinn ist durch das Bestreben charakterisiert, den Lebensbedingungen einen subjektiven Sinn zu geben und sie mit den eigenen Wünschen und Bedürfnissen in Einklang bringen zu können. Das Kohärenzgefühl repräsentiert auf der Subjektebene die Erfahrung, einer Passung zwischen der inneren und äußeren Realität geschafft zu haben" (Keupp 2012: 195).

Dieses Kohärenzgefühl des psychosozialen Wohlbefindens bedeutet etwas grundlegend anderes als das akzidenzielle somatische Entspannungsgefühl bei den Abspaltungsvorgängen. Es fußt auf einer biografisch gelernten reflexiven Abwehr, ist widerständig gegenüber Abstraktionen.

Das bedingt aber auch, dass in Situationen innerer Hilflosigkeit Verlass darauf ist, dass diese innere Hilflosigkeit ihre positive äußere Resonanz findet, d. h. als menschliche Grundtatsache anerkannt und so in Sprache umgewandelt werden kann. Eine solche Kultur der Anerkennung von Hilflosigkeit, sei es in Familien, Gruppen, Organisationen oder überhaupt in der Gesellschaft, kann sich nicht entwickeln, wo Hilflosigkeit als Problem, als psychosoziales Defizit diskreditiert ist. Im fünften Kapitel zu den Bewältigungskulturen wird darauf näher einzugehen sein.

Der Kohärenzsinn entwickelt sich also interaktiv, braucht *Gegenseitigkeit.* Richard Sennett (2002) bemängelt generell, dass das „Moment der Gegenseitigkeit" in den sozialen Entwürfen kaum zur Geltung komme. Letztlich sei nur die Philosophie der Anerkennung dieser Herausforderung einigermaßen gerecht geworden. Jedoch stellt Sennett klar, dass es nicht ausreicht, Anerkennung zu propagieren. Entsprechend versucht er, die Grenzen der Anerkennung in einer Theorie der Gegenseitigkeit zu bestimmen. Seine Intentionen richten sich insgesamt auf die Frage, wie und ob angesichts der sozialen Ungleichheitsverhältnisse *Respekt* zwischen den Menschen möglich ist. Er sieht letztlich Respekt vor den anderen, insbesondere vor den sozial Schwachen und auch gegenüber anderen Herkünften und Lebensformen, als das Regulationsmedium der Gegenseitigkeit, welches auch in den Diskursen zur sozialen Ungleichheit häufig übersehen werde. Dieser Begriff von Respekt findet sich auch bei Martha Nussbaum (1999/

2010) wieder, und zwar als Achtung vor der Eigenheit der Anderen, Achtung vor ihrer körperlichen, psychischen und sozialen Integrität und Achtung vor ihrer Verletzbarkeit. Respekt wird hier zu einem Begriff, der weit über Toleranz hinausweist. Es geht nicht mehr darum, die anderen zu dulden, ihnen etwas zu gestatten, sondern sie in ihrer Würde und Eigenheit so anzuerkennen, dass diese Anerkennung in das eigene Selbst integriert ist, dass man also bereit ist, auch etwas in seinen eigenen Einstellungen und Fremdbildern zu verändern. Diese Integration in das eigene Selbst ist der weitergehende Schritt.

3 Mit dem Bewältigungskonzept kommt die Tiefendimension der Verletzlichkeit in den Blick

Hilflosigkeit in kritischen Lebenskonstellationen – Ausgangspunkt der Bewältigungsperspektive – weist auf die psychosoziale Tiefendimension der Verletzlichkeit (Vulnerabilität) des Menschen hin. Mit dem entsprechenden subjektiven Zugang ‚Verletzbarkeit' kommen wir der leibseelischen Befindlichkeit der KlientInnen näher als nur mit der Zuschreibung Hilflosigkeit. Verletzt-Sein kann Hilflosigkeit auslösen. Verletzlichkeit ist nicht nur als humane Grundtatsache zu begreifen, sondern auch in sozialen Zusammenhängen zu verorten. Die Bewältigungsperspektive als Streben nach Handlungsfähigkeit darf diese basale Befindlichkeit nicht zu schnell überblenden, sondern muss sie als möglichen Ausgangspunkt dieser Hilflosigkeit erst einmal klären können.

Vulnerabilität als Grundkategorie pädagogischer Erkenntnis ist in der Erziehungswissenschaft bisher wenig thematisiert, obwohl gerade in der Sozialpädagogik von vulnerablen Gruppen und Personen als KlientInnen dauernd die Rede ist.

> „Das liegt unter anderem daran, dass die in den Erziehungswissenschaften dominierenden kategorialen Strömungen seit den späten 1990er Jahren in die entgegengesetzte Richtung weisen. Sie fokussieren ihr Interesse tendenziell einseitig auf die Stärken, die Resilienz, die Kompetenzen und Ressourcen von Individuen und setzen konzeptionell vor allem auf Selbstbestimmung und Empowerment. Diese Einseitigkeit des Fokus ist jedoch nichts grundlegend Neues, sie hat vielmehr eine historische Dimension. Seit Beginn der Neuzeit sind Topoi wie Verletzbarkeit, Leiden, Zerbrechlichkeit, Hinfälligkeit und Endlichkeit zunehmend problematisch geworden. Sie wurden als Ausdruck eines Mangels, als nicht hinnehmbare Fehlerhaftigkeit und zu korrigierende Schwäche verstanden. Daher wurde ein ganzes

> Arsenal von ‚Andropotechniken' […] entwickelt, die die Funktion hatten – und immer noch haben –, den Menschen gegen seine Verwundbarkeit zu immunisieren" (Burghardt et al. 2017: 10).

Nicht zuletzt hat auch die Professionalisierung der Sozialen Arbeit dazu beigetragen, dass man aus dieser dunklen Zone der Verletzlichkeit herauskommen und sich in der hellen Zone der Ermächtigung etablieren wollte.

Das Bewältigungskonzept hingegen verlangt eine Kultur der Anerkennung von Hilflosigkeit, in der Verletzlichkeit thematisiert werden kann und nicht tabuisiert oder übergangen werden muss. Das bedeutet aber auch, dass Verletzlichkeit als kritisches Memento im Prozess der Modernisierung und damit als Teil des humangesellschaftlichen Entwicklungsprozesses selbst erkannt wird, von dem man sich weder moralisch noch technologisch absetzen kann. So gesehen braucht es eine Theorie der Verletzlichkeit als gewissermaßen ‚Rückseite' der Theorie der Bewältigung. Denn dann wird erst die tiefere Befindlichkeit aufschließbar, aus der heraus wir die Bewältigungsperspektive entwickeln. Das verlangt, „dass Vulnerabilität als ein erziehungswissenschaftlicher Grundbegriff ausgewiesen werden kann, der die notwendige Bedingung der Möglichkeit für die Diskurse und Praktiken um Resilienz und Empowerment etc. ist. Mit anderen Worten: ohne die im Hintergrund stehende Vulnerabilität würde der Fokus auf Empowerment, Resilienz etc. keinerlei Sinn ergeben" (ebd.: 16). Verletzbar zu sein, oder vorher gewesen zu sein, muss deshalb allen KlientInnen zugestanden werden.

Verletzlichkeit ist für das menschliche Leben konstitutiv und kann nicht aus der Welt geschafft werden, ist nicht aufhebbar (vgl. Janssen 2018), zuvörderst nicht als leibseelische Verletzbarkeit. Diese ist durch die biologische Anfälligkeit des menschlichen Körpers und seine Endlichkeit als Sterblichkeit bestimmt. Ähnlich kann man auch die soziale Verletzbarkeit dimensionieren. Sie resultiert aus der gegenseitigen Angewiesenheit und damit auch Abhängigkeit der Menschen als sozialem Wesen. Sie ist weiter bestimmt durch die Begrenztheit des Menschen gegenüber der Natur trotz technologischen Fortschritts und durch die Anfälligkeit ökonomischer und sozialer Systeme mit ihren inhärenten Tendenzen der Desintegration, die immer wieder kritische Lebenskonstellation hervorbringen können. Verletzlichkeit bedeutet also die doppelte Möglichkeit eines Ausgesetzt-Seins. Der Begriff Möglichkeit ist hier zentral, denn er weist darauf hin, dass Verletzbarkeit in menschliches Leben und soziales Geschehen eingebettet ist und damit zur Normalität und nicht zur Besonderheit des Lebens gehört. Viele Verletzlichkeiten sind entwicklungsbedingt programmiert, schon in der Kindheit, dann in der Pubertät und schließlich im Alter. Sie sind sozial programmiert in den Übergängen und Brüchen der Erwerbsbiografie und in den desintegrativen Tendenzen moderner Gesellschaften. Aber auch in den sozialen Hilfen lauert Verletzlichkeit, wenn wir an die Etikettierungen und Stigmatisierungen denken, die manche Fallgeschichten durchziehen.

Vor diesem Hintergrund erhalten wir drei unterschiedlich gelagerte, aber aufeinander beziehbare ‚Schichten' im tiefenpsychischen Sockel der Bewältigungsperspektive, nämlich Verletzlichkeit, Hilflosigkeit und Handlungsunfähigkeit, wobei Verletzlichkeit als Grundtatsache vor Hilflosigkeit und Handlungsunfähigkeit steht. Das ist eine Grundhypothese, mit der sich der bewältigungspädagogische Zugang weiter vertiefen lässt. Schon mit der Annahme Hilflosigkeit ist viel erreicht. Wir erkennen blockierte Handlungsfähigkeit, Abspaltungszwang, können aber auch verdeckte Botschaften und Hilferufe vermuten. Dabei bleiben wir aber in Distanz zu den KlientInnen. Wir versuchen sie aus einer professionellen Methodik heraus zu verstehen, sonst verbindet uns aber nichts mit ihnen. Mit der Verletzlichkeit ist es anders, geht es tiefer. Wenn wir nach dem biografischen Punkt fragen, an dem sie so verletzt wurden, dass ihr Leben die Richtung verändert hat, dann werden wir selbst an unsere eigenen Verletzungen erinnert. In diesem unbewussten Übertragungsakt sind wir mit den KlientInnen verbunden. Jetzt erst kann Empathie entstehen, vorher war es eine pädagogisch-programmatische Hülse in der Distanz. Ich bezeichne dies als *endothymes dialogisches Verstehen* im Band der Verletzlichkeit.

Gerade weil die Qualität des Bewältigungsansatzes in seiner

psychodynamischen Ausgangsform darin besteht, dass mit ihm das Übergangene aufgedeckt werden kann, Botschaften erkennbar und hinter dem Verhalten Hilferufe gehört werden können, ist die vorgängige Annahme von Verletzlichkeit pädagogisch produktiv. Sie bestimmt dann auch das Hilfeverständnis. Denn man kann nicht einfach aktivieren und empowern, bevor man nicht die Tragweite des Verletzt-Seins der Betroffenen erkannt hat. Daraus lassen sich dann auch die Projektionen und Abspaltungen besser verstehen. Wenn Verletzlichkeit ein zentrales Moment der conditio humana ist (vgl. Janssen 2018: 18f.), dann kann sie eben nicht nur negativ, als Mangel oder Schwäche, verstanden werden, sondern genauso als humaner und sozialer Antrieb. In dieser Ambivalenz wird sie zur komplexen pädagogischen Herausforderung. Hilflosigkeit hingegen ist eher einlinig-negativ konnotiert, verweist nur auf Abhängigkeit. Verletzbarkeit geht tiefer, lässt ein Grundgefühl erkennen, einen Schmerz, in dem auch Sehnsucht nach Umkehr des Gefühls steckt. Hier sind wir wieder bei den Hilferufen, die in antisozialem Verhalten stecken können. Wenn wir in diesem Sinne die Erfahrung sozialer Unterdrückung und Benachteiligung als sozialen Schmerz begreifen, dann entwickelt sich nicht nur Mitgefühl, sondern auch Respekt gegenüber denen, die dem Leiden an der Gesellschaft besonders ausgesetzt sind. Daraus kann Solidarität auf der einen, Selbstwert auf der anderen Seite entstehen. Die Anerkennung von Verletzbarkeit als schmerzhaftem Ausdruck von Angewiesenheit kann Angewiesenheit sozial mobilisieren.

Verletzbarkeit kann Schwäche als Offenheit bedeuten. Hildegard Keul gebraucht dafür ein anregendes Bild aus der Alltagssprache: „Eine Schwäche für jemanden haben, das sagt man im Deutschen, wenn man eine besondere Zuneigung zu jemandem hat […]. Liebe, Zuneigung und Freundschaft sind ohne Verletzlichkeit nicht zu haben. Denn man baut Barrieren ab, man öffnet sich und wird damit verletzlich“ (Keul 2021: 102). Zur diagnostischen Hypothese gewendet, bezweifelt diese Idee die Hermetik antisozialer und selbstdestruktiver Verhaltensmuster, nimmt verschüttete innere Möglichkeiten der Öffnung an, ermuntert zur hoffnungsvollen Zuwendung.

In der Geschichte der Sozialen Arbeit, im deutschsprachigen Raum, waren es die SozialpädagogInnen der Wiener Individualpsychologie der 1920er und 1930er Jahre, die Verletzlichkeit zum Ausgangspunkt von sozialpädagogischer Diagnose und Intervention gemacht haben. Sie sahen die Minderwertigkeitsgefühle proletarischer Jugendlicher und darin ihre Verletzbarkeit als Grund für die in diesem Milieu vorherrschenden autoritären Abspaltungen. Sie machten die sozial ungleichen Verhältnisse, welche gerade bei sozial benachteiligten Kindern und Jugendlichen zu einem Minderwertigkeits- und gestörten Gemeinschaftsgefühl führten, als Hintergrund für deren autoritäres Geltungsstreben aus, aber auch für ihre autoritäre Unterwerfung. In der Gemeinschaftserziehung, der sozial produktiven pädagogischen Aktivierung der gegenseitigen Angewiesenheit, sahen sie das geeignete Mittel der Behandlung und Heilung autoritärer Charaktere (vgl. Böhnisch 2022 a).

Da sich die Soziale Arbeit vornehmlich mit sozialer Verletzlichkeit konfrontiert sieht, kommt es darauf an, diese in ihrem sozialen Kontext aber auch in ihrer personalen Ausformung zu bestimmen. Von Robert Castel (2000) können wir die Begrifflichkeit „Zonen der Verwundbarkeit“ als gesellschaftlichen Kontext potenzieller Verletzlichkeit übernehmen. Damit sind jene Bereiche der Arbeitsgesellschaft der Zweiten Moderne gemeint, in denen prekäre Beschäftigungs- und sozial belastete und überforderte Familienverhältnisse vorherrschen, aber auch Grenzbereiche, in denen die Gefahr sozialen Abstiegs droht. Dass prekäre Arbeitsverhältnisse inzwischen bis in die Mitte der Gesellschaft hineinreichen, wird öffentlich kaum thematisiert, eher abgespalten und in Zwischenwelten verdrängt. Zwar hat sich herumgesprochen, dass das Normalarbeitsverhältnis längst nicht mehr die Regel ist.

> „Was den Neoliberalismus gegenwärtig auszeichnet, ist – entgegen noch immer weit verbreiteter Annahmen – dass die Prekären nicht mehr allein diejenigen sind, die an den gesellschaftlichen Rändern marginalisiert werden können. Durch den individualisierenden Umbau des Sozialstaats, die Deregulierung des Arbeitsmarkts und die

> Ausweitung prekärer Beschäftigungsverhältnisse befinden wir uns gegenwärtig in einem Prozess der Normalisierung von Prekarisierung" (Leroy 2020: 33).

Das ist aber ein Tabu, dessen Tücke daran liegt, dass sich so in der Zwischenwelt ein verstecktes Prekariatsregime aufbauen konnte, das konträr zum sozialstaatlichen Wohlfahrtsregime steht. Das wird aber eher den betroffenen Menschen angelastet als den sozialstaatlichen Instanzen.

Schuld und *Scham* liegen deshalb bei den Betroffenen eng beieinander und verhärten die Verletzlichkeit und Hilflosigkeit. Pathologische Scham ist Ausdruck des Verlusts der Würde. Dies wird durch Beschämung sozial forciert. Die soziale Blöße tritt hervor. Scham gilt als soziales Konstrukt, das mit Strukturen sozialer Ungleichheit, vor allem mit Armut, korreliert (Becker 2011: 152). Dass Armutspolitik auch Beschämungspolitik ist, ist in Deutschland vor allem an den Hartz IV-Gesetzen diskutiert worden. Armut habe im Sozialstaat nicht nur eine disziplinierende, sondern auch eine machterhaltende Funktion, indem bei den Betroffenen Ohnmacht und Hilflosigkeit und bei der Mehrheitsbevölkerung Selbstbestätigung und soziale Abgrenzung erzeugt wird. Damit wird die sozialstrukturelle Ausgangslage in die innerpsychischen Erschöpfungszonen des Selbstzweifels verschoben.

> „In einer Gesellschaft, in der sozialer Status – scheinbar oder tatsächlich – auf Eigenleistung basiert und zugleich als Anerkennungsressource dient, wird niedriger sozialer Status […] als persönlicher Misserfolg gedeutet. Für ihren vermeintlichen Misserfolg werden die Betroffenen verantwortlich gemacht, die diese Sichtweise oftmals teilen […] Gleichwohl bleibt Scham eine schwer darstellbare Emotion in einer von Erfolgs- und Leistungsprinzip geprägten Gesellschaft" (Becker/Gulyas 2012: 88).

Viele Menschen wehren sich dagegen bis zur Erschöpfung. Ausgehend von diesem Bild kann der Begriff der ‚sozialen Erschöpfung' Hilflosigkeit und Verletzbarkeit näher beschreiben. Soziale

Erschöpfung ist ein Prozess, an dessen Ende sich psychosozialer Stillstand in der Vergeblichkeit ausbreitet. „Erschöpfung ist in ihren Konsequenzen das sichtbare Zeichen eingeschränkter Handlungsmöglichkeiten. Das Autonomieversprechen der Moderne verflüssigt sich für viele in einer Autonomieerwartung, die sie aufgrund eines verweigerten Zugangs zu Ressourcen und einer höheren Verwundbarkeit nicht wirklich einlösen können" (Lutz 2017: 14). Soziale Erschöpfung, darin gesteigerte Verletzbarkeit sind auch hier wieder von Scham umgeben. Scham beschädigt nicht nur das Selbstbewusstsein und das Selbstwertgefühl der Betroffenen, „sondern sie führt dazu, dass sich Menschen möglichst konform verhalten, mutlos agieren und kein eigenverantwortliches, reflektiertes Verhalten mehr praktizieren" (Neckel 1991: 95). Sie sind nicht mehr als Akteure erkennbar, resignative bis depressive Tendenzen nehmen zu. Es sind oft überforderte Menschen. Überforderung als Kern von Depressionen finden wir in den inzwischen verbreiteten psychosozialen Erklärungsansätzen, die diese Überforderung aus den Irritationen sozialer Anforderungen ableiten: „Deutlich ist der Einfluss des gesellschaftlichen Umfeldes, vor allem auch, wenn es um Brüche in der Berufsbiografie geht. Gesellschaftliche Umbrüche, technologischer Wandel und Informationsüberflutung führen zu Gefühlen von Ohnmacht, Selbstzweifel und Sinnlosigkeit, zumal traditionelle, Halt gebende soziale Strukturen dem postmodernen Menschen verloren gegangen sind" (Payk 2010: 58). Auch Alain Ehrenberg unterstreicht diesen gesellschaftlichen Bezug: „Im Zeitalter der unbegrenzten Möglichkeiten symbolisiert die Depression das Unbeherrschbare" (Ehrenberg 2004: 277). Die Betroffenen nehmen sich als handlungsunfähig wahr und spalten diese Hilflosigkeit nach innen ab.

> „Es ist nicht unmittelbar die individuelle materielle Not, die depressiv macht, sondern das Gefühl des grundlegenden individuellen Versagens und deshalb Nicht-Handeln-Könnens in einer Welt, die nach gesellschaftlich vorgegebener, aber auch individuell vielfach geteilter Sicht alle Möglichkeiten des Fortkommens bereithält" (Summer 2008: 58).

Durch viele der Abspaltungen und der damit verbundenen prekären Bewältigungslagen zieht sich die Unfähigkeit, innere Hilflosigkeit zu thematisieren, auszusprechen. Diese Stummheit wird immer wieder in Beratungssituationen erlebt. Bei Männern, die unter Externalisierungszwang stehen, ist sie besonders ausgeprägt. Bei Frauen, die zwar wesentlich sprechoffener sind, ist die Sprache im Sorge- und Schuldzwang gefangen (s. u.). Das bedeutet nicht, dass die Betroffenen nicht in der Lage sind, über sich und ihre Befindlichkeit zu sprechen. Sie sind verstummt. Deshalb wähle ich den Begriff der Verstummung, weil er darauf hinweist, dass es in der Biografie dieser Klientinnen Erfahrungen gab, die sie verletzbar, hilflos und damit sozial stumm gemacht haben. Diese gilt es, erzählbar zumachen.

4 Über die Notwendigkeit, Bewältigungsverhalten geschlechtsdifferent zu betrachten

Bei Männern und Frauen finden wir in deutlicher empirischer Tendenz unterschiedliche Abspaltungsmuster. Das wurde schon in den einführenden Beispielen deutlich. Aber wie gesagt, es ist eine Tendenz. Männer und Frauen sind nicht so, sie *neigen* mehrheitlich dazu. Letztlich zeigen das die Fall- und Deliktstatistiken. Gerade bei den KlientInnen der Sozialen Arbeit, die oft aus Milieus sozialer Benachteiligung stammen, ist meist noch eine traditionale und darin rigide Praxis im Umgang mit den Geschlechterrollen anzutreffen.

Dieser für die Soziale Arbeit wichtige Zusammenhang einer ‚sozial- und geschlechtstypischen' Haltung kann mit dem Begriff des *Habitus* erfasst werden. So wie der soziale Habitus allgemein auf die jeweilige soziale Herkunft des/der Betreffenden verweist, bezieht sich der Geschlechterhabitus auf das System der geschlechtshierarchischen Arbeitsteilung, in dem (weiblich konnotierte) Beziehungsarbeit immer noch geringer bewertet wird als (männlich konnotierte) Erwerbsarbeit. Dieses System wird in den alltäglichen Interaktionen zwischen Männern und Frauen, Männern und Männern symbolisch reproduziert. Frauen nehmen sich eher in der öffentlichen Sphäre gegenüber den Männern zurück, Männer bringen ein entsprechendes Überlegenheitsgefühl von der frühen Kindheit an „mit". Der männliche Habitus ist danach also an ein gesellschaftlich und kulturell tradiertes männliches Dominanz-Streben (vgl. dazu Meuser 2010) – und an die damit verbundene Wirkmächtigkeit einer „patriarchalen Dividende" (Connell 1987) geknüpft. Mit letzterem Begriff ist die allen Männern gleichsam kulturgenetisch eingeschriebene, in der Entwicklungsdynamik des Kindes- und Jugendalters immer wieder aktivierte und einstellungswirksame Grunddisposition gemeint, dass der Mann „im Grunde" doch der Frau überlegen sei, egal ob das der Überprüfung durch die soziale Wirklichkeit auch standhält. Die Erfahrungen in der Beratungspraxis (vgl. Neumann/Süfke 2004) zeigen, dass diese männliche Dividende in kritischen Lebenssituationen quer durch alle Schichten aktiviert wird. Gleichzeitig wird aber auch sichtbar, dass es von den sozialen Spielräumen der jeweiligen Lebenslage abhängt, ob Männer darauf „angewiesen" sind, diese männliche Dividende zu aktivieren. Ähnlich verhält es sich mit dem weiblichen Habitus. Das „Sich-Zurücknehmen", das als typisch für den weiblichen Habitus gilt, ist zwar kulturgenetisch tradiert und in die Geschichte der geschlechtshierarchischen Arbeitsteilung eingeschrieben, variiert aber wiederum mit den Spielräumen der Lebenslage. Diese haben sich für viele Frauen im Zeichen der Bildungsmobilisierung, der sozialpolitischen Anerkennung der Vereinbarkeit zwischen Familie und Beruf und der sozialstaatlichen Gleichstellungspolitik wesentlich erweitert. Gleichzeitig haben sich auch die körperlichen Repräsentationen von Männlichkeit und Weiblichkeit pluralisiert. Das Konzept des Geschlechterhabitus muss also immer auf die Lebenslage (vgl. Kap. 10) rückbezogen werden, das auf die gesellschaftlichen Strukturen in ihren Veränderungen verweist. Es erscheint vor diesem Hintergrund sinnvoll, nicht länger von einem eindeutigen männlichen oder weiblichen Habitus zu sprechen. Vielmehr sollten Männlichkeit und Weiblichkeit als Bewältigungsmuster im Streben nach biografischer Handlungsfähigkeit betrachtet werden, die aktiviert werden, wenn es Druck und Dynamik der Lebenslagenkonstellation „erfordern".

Nun ist man auch im Jugendhilfe-Diskurs immer wieder und bis heute skeptisch, wenn die Kategorie Geschlecht so herausgestrichen wird. Ein exemplarisches Beispiel dafür ist die Argumentation des 11. Kinder- und Jugendberichts (1998). Dort wird zu Recht festgestellt, dass z. B. soziale Schicht und Bildung erheblich die Art und Weise des Geschlechterverhaltens beeinflussen, „während mit der geschlechtstypischen Brille Dramatisierungen vorgenommen werden und gezielt auf die Kategorie Geschlecht aufmerksam gemacht wird". Mit der

> „Entdramatisierung kommen auch andere Kategorien ins Blickfeld (Alter, Nationalität, Schicht etc.), die der Pluralität von Geschlechtstypen Rechnung tragen. Vor diesem Hintergrund könne man dann erneut fragen, wann, wie, wo und warum Geschlecht zum dominanten Kriterium sozialer Differenzierung wird" (ebd.: 108).

Hier sind die Gebote der *Diversität* und der *Intersektionalität* angesprochen, d. h. die Notwendigkeit, neben dem Geschlecht auch soziale Herkunft, ethnische Zugehörigkeit, Alter oder Wohnquartier in ihrer Differenzierungskraft wie in ihrem Zusammenwirken zu berücksichtigen. Das ist richtig, man muss aber dabei aufpassen, dass man damit die Besonderheit der Kategorie Geschlecht gegenüber den anderen Kategorien nicht verwischt. Denn – das zeigen zahlreiche Befunde (z. B. zu Männlichkeit und abweichendem Verhalten von Jungen und Männern bis hin zu häuslicher Gewalt oder zu Weiblichkeit und Überforderung von Frauen in der Familie) – die Kategorie Geschlecht tritt dann – quer durch alle Schichten und Ethnien – dominant hervor, wenn es um die Bewältigung kritischer Lebenssituationen geht. Und darum geht es ja in der Sozialen Arbeit. Keine soziale Kategorie entfaltet und vermittelt sich in so vielen Dimensionen – leibseelische, psychosoziale, sozial-interaktive und gesellschaftsstrukturelle – wie das Geschlecht. Dass sich hinter „geschlechtstypischen" Bewältigungsmustern vor allem auch soziale, kulturelle oder/und ethnische Benachteiligungen verbergen, wird dabei nicht außer Acht gelassen. In diesem Buch gibt es immer wieder Beispiele, mit denen gezeigt wird, wie geschlechtstypische Muster sozial und auch ethnisch freigesetzt werden.

Die Gültigkeit der folgenden Typologie geschlechtsdifferenter Bewältigungsmuster ist uns durch Rückmeldungen aus der Praxis immer wieder bestätigt worden. So wird z. B. im männertherapeutischen Klassiker „Den Mann zur Sprache bringen" (Neumann/Süfke 2004: 24 ff., 68 ff.) ausdrücklich auf die von uns (vgl. Böhnisch/Winter 1997) entwickelten Muster männlicher Lebensbewältigung zurückgegriffen:

> „Zudem erklären Böhnisch und Winter nicht nur, wie und warum die kontinuierliche Entfernung von den eigenen Impulsen während der Kindheit und Jugend zustande kommt, sondern sie geben uns auch direkte Hinweise auf die Strategien, mit denen dieser Zustand der Gefühlsferne im Erwachsenenalter aufrechterhalten wird. [...]. Diese ‚Strategien der Bewältigung des Mann-Seins' sind natürlich für unser Anliegen, Anregungen für die therapeutische Arbeit mit Männern zu geben, von zentraler Bedeutung, denn – kurz gesagt – sind es genau diese gefühls- und bedürfnisfeindlichen Strategien, die wir im therapeutischen Prozess verändern können und müssen" (Neumann/Süfke 2004: 24).

Männer

Es wurde bereits dargestellt, dass vieles an antisozialem und sozial destruktivem männlichen Bewältigungsverhalten in Krisensituationen nach außen abgespaltene und in Unterdrückung Schwächerer umgewandelte innere Hilflosigkeit ist. Da in unserer Gesellschaft Hilflosigkeit nicht als positives soziales und kulturelles Gut anerkannt ist, vielmehr als Schwäche gilt, als soziale Impotenz, ist sie in einer männlich dominierten Gesellschaft ein Tabu. Es gibt kaum Räume, in denen Männer ihre Hilflosigkeit ausdrücken können. Alles muss erklärt, rationalisiert werden können. Wenn – wie bei kritischen Lebensereignissen – die Außenwelt zusammenbricht, bisherige soziale Beziehungen nicht mehr greifbar sind, wird die Unfähigkeit, der Mangel im Umgang mit ihrer eigenen Hilflosigkeit, sie sich einzugestehen und auszudrücken, für viele Männer zum psychosozialen Bumerang. Nicht umsonst sind Männer gewaltgefährdeter, wenn sie dazu getrieben werden, ihre Hilflosigkeit außen zu bekämpfen, indem sie sie auf andere, Schwächere projizieren.

Viele Männer sind in einer riskanten Zwangslage und spüren dies. Auf der einen Seite nimmt die Intensivierung der Arbeit zu, werden sie noch mehr nach außen getrieben, gleichzeitig bietet die Arbeit nicht mehr die Sicherheit und Selbstverständlichkeit, mit der das Mann-Sein bei den meisten bisher im Außen aufgehen konnte. Das Gespenst des rollenlosen Mannes geht in der Männerwelt genauso um wie der damit verbundene Drang, sich wenigstens als maskulin zu inszenieren, wenn schon die männliche Dominanz, die patriarchale Dividende, nicht mehr arbeitsgesellschaftlich abgesichert ist. Nun rächt sich oft, dass Männer über Generationen hinweg keine Erfahrungen mit dem Problem der Vereinbarkeit von Familie und Beruf haben, keine alternativen Rollenvorgaben, an denen sie sich neben und außerhalb der Arbeit sozial orientieren könnten.

Dieses Nach-außen-gedrängt-Sein, Nicht-innehalten-Können, das wir als *Externalisierung* bezeichnen, kann dazu führen, dass Männer es schwer haben, Empathie zu zeigen, d.h., sich in die Gefühle anderer hineinversetzen zu können. Der Mangel an Empathie stärkt natürlich das Konkurrenzverhalten, das von Männern traditionell in der Arbeitswelt erwartet wird, und schwächt die Sensibilität für Fürsorglichkeit. Männer mögen es nicht so sehr, wenn jemand Probleme hat, sie wollen, dass es oder er funktioniert. Wenn Männer arbeitslos werden, dann fühlen sie sich vor allem deswegen entwertet, weil sie die Angst überfällt, dass sie nicht mehr funktionieren und dass sie nun überhaupt nichts mehr wert sind. Deshalb ist es auch so wichtig, z.B. bei Wiedereingliederungsprojekten mit langzeitarbeitslosen Männern, darauf zu achten, dass sie Gelegenheiten bekommen, zu zeigen, dass sie auch Fähigkeiten und Kompetenzen außerhalb der Arbeit – im kulturellen und sozialen Bereich – haben und dass sie diese Fähigkeiten entwickeln können.

Die Orientierung am *Funktionieren-Müssen* durchzieht alle männlichen Lebensbereiche. Auffällig und problematisch ist hier der Bereich der männlichen Sexualität. Auffällig, weil die Pornoindustrie, aber auch die Medien den sexuell potenten, den funktionierenden Mann in einer Art und Weise kreiert haben, dass Jungen und Männer – zumindest wenn sie unter sich sind – diesem Maßstab überhaupt nicht mehr entgehen können. Gerade weil die Suche nach männlicher Geschlechteridentität im Jugendalter tiefenstrukturell durch Idolisierung des Männlichen und Abwertung des Weiblichen gekennzeichnet ist (vgl. Böhnisch 2013) und dieses Muster in der Pornoindustrie nicht nur reproduziert wird, sondern in den mechanischen Rahmen des Funktionierens gestellt wird, eignet es sich als Verständigungsmuster über männliche Sexualität. Schon in den Jungencliquen wird damit geprotzt, dass es wieder und wie oft es funktioniert hat, und keiner wird es wagen, zuzugeben, dass es bei ihm nicht funktioniert. Hier fangen die Probleme für viele Jungen schon an: In einer pornografisierten Welt, in der Männern vorgegaukelt wird, sie könnten so viel Sex haben, wie sie wollen, wenn sie nur funktionieren, scheint es für Jungen, die Probleme mit ihrer Sexualität haben, sozial tödlich zu sein, dies gegenüber anderen zuzugeben.

Das Gefühle-zurückhalten-Müssen, der fehlende Selbstbezug und der Zwang, sich und andere unter Kontrolle zu haben, führen oft dazu, dass Männer eigenartig stumm sich selbst gegenüber sind. Mit dieser männlichen Eigenart, der *Stummheit*, ist nicht gemeint, dass Männer nicht reden. Sie reden viel und wiederholt, ritualisiert, über alles Mögliche – Autos, Wetten, Technik, Frauen, Fußball, Chefs, abwesende Konkurrenten etc. –, kaum über sich selbst. Über was soll man(n) auch von sich reden, wenn der Kontakt zu sich selbst fehlt? Männer verstehen sich auch ohne Worte, sie funktionieren ja in einer externalisierten Rationalität.

Viele ‚moderne' Männer – vor allem aus der Mittelschicht – haben Alltagsstrategien entwickelt, um ihre Maskulinität ‚auszubalancieren': sich da zurückzunehmen, wo es inzwischen in einer Kultur der Gleichberechtigung der Geschlechter verlangt wird, um Maskulinität dort wieder hervorkehren zu können, wo Männer ‚unter sich' sind. Ich habe dies als „modularisierte Männlichkeit" bezeichnet (vgl. Böhnisch 2018a). Kritische Lebensereignisse aber – wie z. B. Überforderungen in Beruf und Beziehung, Arbeitslosigkeit, Verlust der Partnerin, Berufsunfähigkeit, Altersübergang, Sucht – erzeugen Stresszustände, in denen traditionelles männliches Bewältigungsverhalten dann doch wieder freigesetzt wird und nach der oben gezeichneten externalisierten Logik abläuft. Ein ähnliches Bewältigungsdilemma verspüren aber auch Männer in mittleren Jahren, wenn sie eine kritische Phase oder Brüche in ihrer Lebens- und Arbeitsbiografie erleben, und vor allem junge Männer, die als junge Erwachsene unter sozialem Statusdruck stehen, aber keinen Zugang zur Arbeitswelt und selbstständiger Lebensführung finden. Gerade junge Männer können schwer diese Hilflosigkeit aushalten, sie haben Angst vor dieser Hilflosigkeit und versuchen, sie wegzudrücken. Wir können am Muster der männlichen Sozialisation sehen, wie es männlichen Jugendlichen seit ihrer Kindheit verwehrt ist, zu sich und den eigenen Ängsten und Gefühlen zu kommen, und wie sie in ihren Empfindungen und Verhaltensweisen immer mehr nach außen gedrängt werden (vgl. Böhnisch 2013). Die Soziale Arbeit hat es meist mit männlichen Klienten zu tun, die traditionellen Geschlechterbildern verhaftet sind und unter dem Zwang externalisierter maskuliner Bewältigungsmuster stehen. In der Jungenarbeit und in der Männerberatung sind deshalb Projekte entwickelt worden, in denen den Jungen und Männern die Chance geboten wird, ohne soziale Angst zu sich selbst zu kommen und vermeintliche ‚Schwächen' als soziale Stärken erfahren zu können.

Frauen
(mit Heide Funk)

Sozialarbeiterinnen berichten immer wieder von der „Konfliktfalle", in die Frauen geraten. Da Frauen mehr in Beziehungen denken, suchen sie Konflikte und Mängel auch eher im Beziehungsbereich und geraten damit zwangsläufig in den Sog, die Fehler erst dort und dann bei sich zu suchen. In Konfliktsituationen sind sie oft verunsichert, welche Ansprüche sie für sich und an Umgangsregeln stellen sollen, da sie sich gleich den Kopf über die Probleme anderer mit zerbrechen. Hier zeigt sich ein Grundmuster weiblichen Bewältigungsverhaltens in Konflikt- und Krisensituationen: Frauen tendieren dazu, das Problem erst nach innen zu nehmen und zu bearbeiten und es dann erst wieder nach außen zu geben, anstatt einen Punkt zu setzen und die Grenzen gleich nach außen zu signalisieren. So nehmen sie den Konflikt in sich hinein und bringen sich damit wieder um ihre Eigenständigkeit im offenen Konfliktaustausch anderen gegenüber, sie machen es von Anfang an zu *ihrem* Konflikt, schieben sich nicht selten die Schuld zu.

In diesem *innengerichteten* Bewältigungsmodell haben es Mädchen und Frauen auch schwer, mit ihrer Aggressivität – als Selbstbehauptung gegenüber der sozialen Umwelt – umzugehen. Frauen rasten oft erst aus, wenn sie nicht mehr können, gehen erst dann in den Konflikt, wenn das Maß überschritten ist. Wenn dann Aggressivität ausbricht, werden ihre Reaktionen eher als „Kontrollverlust" interpretiert. So wird ihnen das aggressive Verhalten dann als anormal („die spinnt"), pathologisch („die ist ja hysterisch") oder als sozial destruierend zurückgespiegelt: „Wie kannst du hier diesen Staub aufwirbeln, du machst uns damit alles kaputt". An diesem Konfliktdilemma wird deutlich, wie weibliches Bewältigungsverhalten rückgebunden ist an ein kulturelles Bild, das die sozialen Erwartungen steuert, und daran, wie dieses Bild übernommen wird und psychodynamisch wirkt. Dass sich Frauen selbst disziplinieren und reduzieren, dass sie die Schuld bei sich suchen, Aggressionen eher gegen sich selbst wenden und ihre Probleme mit Befindlichkeitsstörungen verbinden und sich deshalb meist nur über Krankheitssymptome nach außen wenden können, kann also aus diesem Modell des *innengeleiteten Konflikts* erklärt werden. Viele kritische und belastende Lebenssituationen bei Frauen lassen sich in der Erkenntnis aufschließen, dass sie zu spät in den Konflikt gegangen sind. Um ein Extrembeispiel zu nennen: Nicht wenige Frauen, die wegen Totschlags in der Partnerbeziehung eine Gefängnisstrafe verbüßen, sind deshalb in ihre Taten getrieben worden, weil sie zu spät den Konflikt gesucht haben. Dazu gibt es einen von dem Filmschauspieler Humphrey Bogart kolportierten makabren Spruch: „Eine Frau drückt hundertmal beide Augen zu, das letzte Mal aber nur eines" (um zu zielen).

Vor diesem Hintergrund ist es Hauptaufgabe der Sozialarbeiterin oder des Sozialarbeiters, in entsprechenden helfenden Beziehungen Frauen darin zu bestärken, dass sie Normen nach außen setzen, Grenzen früh aufzeigen und damit auf ihre persönliche Integrität und Selbstständigkeit achten. Dazu gehören aber auch – und vor allem – der Wille und die Kraft zur Veränderung, mit dem sich Mädchen oder Frauen selbst nach außen wenden müssen: „Du willst *für dich* etwas ändern". Damit ist natürlich das Risiko verbunden, dass sie gleich in Konflikt geraten oder scheitern und – da sie ja doch vor allem in Beziehungen denken – Verlustängste auftreten. Deshalb brauchen sie Rückhalt, um die Erfahrung machen zu können, dass sie für ihre Konfliktbereitschaft und im Konfliktgeschehen nicht fallen gelassen werden.

Dem Prinzip der männlichen Externalisierung entspricht also im Bewältigungsspektrum vieler Frauen das Prinzip *Innen*. Diese Innenorientierung werde allerdings von der Außenwelt – in der Kindheit und Jugend auch von manchen Eltern – als minderwertig gegenüber der Außenorientierung der Jungen und Männer empfunden. Mädchen und Frauen werden Schwäche, Trauer und das Bedürfnis nach Geborgenheit eher zugestanden als Jungen und Männern, sie werden aber nicht zu den Stärken von Mädchen und Frauen gerechnet, die man fördern soll, sondern eher zu den Eigenheiten, die sie haben und die man den Männern nicht unbedingt zumuten sollte. Angesichts der mangelnden Anerkennung dieser Fähigkeiten von außen versuchen Mädchen und Frauen in der Regel auch nicht, sich nach außen zu artikulieren, sondern fressen vieles in sich hinein und empfinden es als selbstverständlich, dass sie ihre Lebensschwierigkeiten bei sich behalten, in einer *Symptomatik der Verschwiegenheit* verbergen. SozialarbeiterInnen müssen deshalb einen Blick dafür entwickeln können, was Mädchen und Frauen mit sich herumtragen, und es stellvertretend deuten können. In der sozialpädagogischen Arbeit mit Mädchen und jungen Frauen sind deshalb weibliche Persönlichkeiten als Gewährsfrauen gefragt; Frauen, die Mädchen und junge Frauen ermuntern und ihnen vorleben können, dass man seine Lebensschwierigkeiten nach außen tragen kann. Dabei gilt es, tradierte Muster aufzulösen, die Frauen auf die ihnen zugeschriebenen fürsorgerischen und empathischen Fähigkeiten festlegen. Sie sollten sich vielmehr in ihrem Eigensinn und ihrer Differenz selbst thematisieren können, die Angst verlieren, sich ohne männliche Rückendeckung öffentlich zu bewegen, und nicht immer versuchen – von der Familie bis in den Beruf hinein –, ihre Autorität von der männlichen abzuleiten.

Über die Schwierigkeiten, in der Sozialen Arbeit geschlechtssensibel zu arbeiten

Die Soziale Arbeit in der Familien- und Lebensberatung hat also nicht nur mit der *Stummheit der Männer,* sondern auch mit der *Symptomatik der Verschwiegenheit* bei den Frauen zu kämpfen. Deshalb müssen SozialarbeiterInnen einen Blick für das Sprech- und das Ausdrucksverhalten der betroffenen Männer und Frauen entwickeln können, um ihnen – gebunden an eine konkrete Einzelsituation – ihren Zustand gleichsam „auf den Kopf zusagen" zu können. So können sie eine Situation schaffen, in der Abwehrverhalten zurückgedrängt und zunehmend die eigene Befindlichkeit offengelegt werden kann. SozialarbeiterInnen berichten, dass sich damit schon zu Beginn der Beratung ein Gefühl der Erleichterung bei den KlientInnen einstellen kann.

Nun darf diese wegen der Systematik vielleicht doch etwas zu sehr ins Duale geratene Typologie nicht den Eindruck aufkommen lassen, Männer „besäßen" vorwiegend externalisierte und Frauen „hätten" nur nach innen gerichtete Fähigkeiten. Schon das geschlechtstypische Sozialisationsmodell im Kindes- und Jugendalter (vgl. Böhnisch 2013) zeigt, dass es Mädchen und Jungen unterschiedlich *verwehrt* wird, Außen- und Innenkompetenzen zu entfalten, aber auch und vor allem mit beiden Seiten offen und anerkennend wahrgenommen zu werden. Die Geschlechterdualität konstituiert sich also nicht aus einem Kompetenz-, sondern aus einem *Dominanzproblem:* Die *geschlechtshierarchische Arbeitsteilung* als unterschiedliche Bewertung „männlicher" Erwerbs- und „weiblicher" Familienarbeit gibt vor, was sich in den verschiedenen Lebensbereichen durchsetzt, und selektiert gleichzeitig die Zugänge und Gratifikationen für Männer und Frauen. Auch wenn in den lebensweltlichen Bereichen Männer und Frauen sich längst aufeinander zubewegen und sich im Alltäglichen Selbstverständlichkeiten der gegenseitigen Anerkennung und Verständigung schaffen, ist damit dieser tiefer liegende Geschlechtergegensatz nicht außer Kraft gesetzt. Gerade in Krisensituationen kann er immer wieder aufbrechen, wenn kommunikative und diskursive Lösungen nicht mehr gelingen: in der Arbeitslosigkeit, bei konflikthaften Scheidungen, in überforderten Familienkonstellationen, aber auch in alltäglich verschärften Konkurrenz- und Stresssituationen. Uns geht es also in der Sozialen Arbeit nicht darum, die Geschlechterdualität zu verstärken, sondern zu erkennen, dass in psychosozialen Krisensituationen, dort, wo kommunikative Verständigungsmuster versagen, männliche und weibliche Bewältigungsprinzipien hervortreten. Man muss dabei nicht Feministin oder männerbewegt sein, um geschlechtsbezogen arbeiten zu können. Es geht aber schließlich darum, der zentralen Bedeutung des Geschlechts für den sozialpädagogisch-therapeutischen Zugang zu Betroffenheit gerecht zu werden. Wer trotzdem meint, „geschlechtsneutral" arbeiten zu können, arbeitet meines Erachtens unprofessionell.

Allerdings ist eine geschlechtssensible und darin auch geschlechtsdifferente Orientierung dadurch erschwert, dass bis heute die Familie im Mittelpunkt der Jugendhilfe steht, eine Institution, die hartnäckig als *Ganzes* gesehen und hochgehalten wird. Dabei ist es nicht nur das Elternrecht, das den Primat der Familie in den Vordergrund spielt, sondern vor allem auch die gesellschaftlich hohe Wertigkeit der Familie, welche der Jugendhilfe ihre Familienzentrierung vorgibt. Alles, was sich außerhalb der Familie – in der Jugendhilfe selbst – abspielt, gilt daher als „familienersetzend". Eigene, von der Jugendhilfe generierte Erziehungsdefinitionen fehlen eigentlich bis heute, obwohl doch die Jugendhilfe im Verlauf ihrer „fremdplatzierenden" Maßnahmen vielen Kindern und Jugendlichen den Aufbau eigener Biografien außerhalb der Familie ermöglicht. Man kann sich in diesem Zusammenhang des Eindrucks nicht erwehren, dass die Familienzentrierung der Jugendhilfe einer besonderen Resistenz unterliegt. Wir kennen aus der Familiensoziologie die Hypothese, dass man sich – privat und öffentlich – umso stärker an die Familie klammert, je mehr sie in ihrem inneren Zusammenhalt gefährdet ist. Die Jugendhilfe hat es ja oft mit desorganisierten Familien zu tun, und somit stehen diese besonders unter dem öffentlichen Druck, die Familie erst recht hochzuhalten. Unter diesem Zwang, die Familie als *Ganzes* zu sehen, treten in den Familien die traditionellen Familienrollen zwangsläufig wieder stärker in den Vordergrund und verdecken, dass gerade die Familie sowohl in ihrem Zusammenhalt als auch in ihrer Beziehungsfunktion einer geschlechtstypischen Dynamik unterliegt. Denn über die Familie wird die geschlechtshierarchische Arbeitsteilung reproduziert, und hier entscheidet sich auch im Alltag, inwieweit sich Männer und Frauen gegenüber den traditionellen Geschlechterrollen emanzipieren können.

Die Klientel der Sozialen Arbeit kommt oft aus sozial prekären Lebenslagen, befindet sich in kritischen Lebenskonstellationen, in denen die sozialen und kulturellen Ressourcen der Ordnung und Orientierung im Alltag schwach oder weggebrochen sind und in denen man nach dem greift, was man vermeintlich noch hat, was einem nicht genommen werden kann. Der Griff nach der tradierten Geschlechterrolle schafft in diesem Bewältigungszusammenhang Orientierungs- und Verhaltenssicherheit und erscheint damit als selbstverständlich. Soziale Orientierung und leibseelische Befindlichkeit werden wieder eins. Der Kern einer geschlechtsreflektierenden Sozialen Arbeit besteht nun gerade darin, diese bewältigungsbezogene Orientierung an tradierten Geschlechterrollen aufzubrechen, das Klammern an sie vorsichtig zu lösen. Denn es ist abzusehen, dass sich dadurch die Lage der betroffenen Männer und Frauen mittel- und langfristig verschlechtern wird, wenn die Männer nicht zu sich kommen und die Frauen nicht aus sich heraus. Für die Betroffenen zählt aber der *spürbare,* kurzfristige Bewältigungserfolg, wenn sie sich an traditionelle Männlichkeit und Weiblichkeit klammern. Sie fühlen sich darin umso mehr bestärkt, wenn ihre soziale Umgebung insgesamt – wie das in sozial benachteiligten Milieus oft der Fall ist – an traditionelle Männer- und Frauenrollen als Orientierungs-, Ordnungs- und Interaktionskategorien gewöhnt ist.

Aus alldem kann man nun den professionellen Schluss ziehen, dass geschlechtsreflektierende Arbeit zwei Dimensionen haben muss: Zum einen gilt es zu verstehen und in diesem Sinne zu akzeptieren, dass und wie eine traditionelle Geschlechterorientierung ihre eigene Bewältigungsqualität in kritischen Lebenskonstellationen hat und dass sie aufgrund ihrer leibseelischen Verankerung subjektiv plausibel für die Betroffenen ist. Auf der zweiten

Ebene der Intervention gilt es deshalb *funktionale Äquivalente* (vgl. Kap. 11) dergestalt zu schaffen, dass die Betroffenen sich auch wohlfühlen und sozial orientieren können, wenn sie nicht auf traditionelle Geschlechterrollen zurückgreifen können. Eine andere Geschlechterorientierung bedeutet zuerst immer einmal Unsicherheit in der Befindlichkeit und in der sozialen Orientierung gleichermaßen. Erst wenn ich über entsprechende Ressourcen – vertrauensvolle Beziehungen, soziale Anerkennung, Möglichkeiten, etwas bewirken zu können, ohne andere abzuwerten oder sich selbst erniedrigen zu müssen – nachhaltig mobilisieren kann, mag es gelingen, sozial- und selbstdestruktive Formen männlichen Dominanz- und weiblichen Rückzugsverhaltens aufzulösen oder zu mindern. Man sieht hier aber auch, dass in einer geschlechtsreflektierenden Sozialen Arbeit emotionale und rational-kognitive Professionsgehalte eng zusammenlaufen: Man bringt seine Person in eine emotionale pädagogische Beziehung ein, genauso wie man um die komplexen Gesetzmäßigkeiten wissen muss, die geschlechtstypisches Verhalten „steuern".

Deshalb bleibt diese professionelle Hinführung zu einfach, wenn sie nur von der Betroffenenseite her gesehen wird. Denn Geschlechterrollen sind meist auch Ordnungs- und Orientierungskategorien für die Arbeit selbst. Das bedeutet, dass Sozialarbeiter und Sozialarbeiterinnen in der Praxis dazu verführt sein können, Typisierungen, die wie in jeder sozial vergleichenden und kontrollierenden Arbeit auch von ihnen verlangt werden, geschlechtsbezogen auszurichten. Tradierte Geschlechterrollen schaffen ihnen dann genauso Orientierungs- und Verhaltenssicherheit, Ordnungs- und Vergleichsmöglichkeit, zumal die KlientInnen in ihrem geschlechtstradierten Verhalten diese Rollendefinition selbst bestärken. Hier kommt es dann schon darauf an, in welchen Kollegialkreis man eingebunden ist und welche Stützung man darüber erfahren kann, um das eigene Mann- bzw. Frau-Sein, aber auch diesen strukturellen Zwang zur Geschlechtsstereotypisierung im Arbeitsfeld thematisieren zu können.

Bewältigungsprobleme jenseits der heterosexuellen Matrix

Während Männlichkeit und Weiblichkeit als gesellschaftliche Strukturidentitäten der heterosexuellen Geschlechtermilieus immer noch stabil und selbstverständlich sind, ist der Status von Homosexualität und Transsexualität fragil bis prekär. Sicher sind wohl schwule Männer und lesbische Frauen in Deutschland dank institutioneller Gleichstellung und exemplarischem Coming out in Politik und Kultur aus dem stigmatisierten Randmilieus herausgekommen, Homophobie schwelt aber im Alltag weiter. Transsexuelle haben es sehr viel schwerer. Sie können sich erst recht nicht unter einen gesellschaftlichen Schutzschirm der Strukturidentität begeben. Sie bleiben im Tabu.

> Ein „wichtiges Motiv ist die Angst. Es ist die Angst vieler Cis-Menschen, in der Gewissheit, dass es zwei – und nur zwei – Geschlechter gibt, erschüttert zu werden. Wann immer diese tief in unserer westlichen Kultur verankerte Selbstverständlichkeit infrage gestellt wird, tritt Irritation auf. Irritation muss zwar nicht zwangsläufig Ablehnung zur Folge haben, sondern kann auch als Neugier und Interesse an der befremdlich erscheinenden, nicht in das übliche Wahrnehmungsraster passenden Wahrnehmung führen. Die Stigmatisierung und Marginalisierung bis hin zur manifesten Gewalt […], wie Transmenschen sie in unserer Gesellschaft erleben, zeigen indes, dass die Infragestellung der Binarität der Geschlechter von vielen Cis-Menschen offenbar so bedrohlich erlebt wird, dass keine Neugier und kein Interesse am Fremden entstehen, sondern die Reaktion von Aggressivität geprägt ist“ (Rauchfleisch 2019: 66).

Die innere Hilflosigkeit, die dies bei transsexuellen Menschen, die sowieso oft in sich gespalten sind, noch weiter erzeugt, braucht besondere sozialtherapeutische und sozialpädagogische Zugänge. Zum einen die Öffnung in eine soziale Beziehung oder ein Gruppenmilieu, in dem Transsexualität anerkannt und darin gelebt werden kann. Zum anderen die Hilfe bei der Suche nach der gewünschten Geschlechtlichkeit, bei den inneren und äußeren Konflikten, die dabei entstehen. Vor allem von dem Transitionsprozess als solcher geht ein enormer Bewältigungsdruck aus. „Das Durchlaufen des Transitionsprozesses stellt hohe Anforderungen an die betreffende Transgenderperson. Um angemessen mit den Schwierigkeiten umgehen zu können, welche die cis-heteronormative Umgebung Transgendern bereitet, braucht es Ich-Stärke, Empathie und ein stabiles Selbstwertgefühl. Im Transitionsprozess ist eine fachliche Begleitung, die vor allem auf die Stärkung der sozialen Beziehungen und die berufliche Integration fokussiert, oft sinnvoll" (Rauchfleisch 2022: 602). Sonst droht ein innerer Abspaltungsprozess, der sich ins Traumatische verstärken kann, wenn die Körperlichkeit der Selbsterfahrung zusammengebrochen ist. Emotionaler Rückzug und selbst Selbstisolation können dann die Folge sein. Gerade hier ist die Bewältigungsdimension der Thematisierung wichtig, und zwar als Sprechen-Können in entsprechend anerkennenden und unterstützenden sozialen Beziehungen.

Teil II
Die soziodynamische und die gesellschaftliche Sphäre der Lebensbewältigung

SozialarbeiterInnen gebrauchen dann den Begriff des *Milieus*, wenn sie über die Herkunft ihrer AdressatInnen sprechen. Sie meinen damit meist allgemein die soziale Herkunft, die Schichtzugehörigkeit oder konkret das Wohnquartier, aus dem diese stammen und dem sie sich zugehörig fühlen. Sie verbinden damit ein Erfahrungswissen, das ihnen – oft vorab – hilft, ihre AdressatInnen einzuschätzen und auf deren Reaktionen und Auftreten gefasst zu sein. Darin steckt die Hypothese, dass die soziale Umgebung, in der jemand aufgewachsen ist, auch das Verhalten in Hilfebeziehungen prägen kann. Man kann sich auf bestimmte „Milieutypen" von KlientInnen einstellen. Natürlich muss man aufpassen, dass man die Betroffenen nicht von vornherein in eine Schublade steckt. Auf der anderen Seite nützen solche Milieukenntnisse. Wenn man Vorstellungen davon hat, wie bestimmte KlientInnen „ticken", dann weiß man auch um ihre Sensibilitäten wie ihre verdeckten Ängste, ihre Abspaltungsmuster und Selbstinszenierungen. Und vor allem: Man kann dann schon im Voraus den Betroffenen verständnisvoll entgegenkommen, bestimmte „Anerkennungspunkte" setzen, die den helfenden Zugang zu ihnen öffnen können. Milieuherkunft äußert sich in der Art des Über-sich-Sprechens, der Art und Weise, wie der Körper eingesetzt wird (Körpersprache), und vor allem auch des Verhaltens in Konflikten. Wir können auch sagen: Man kann darin Grundzüge eines Bewältigungshabitus erkennen.

In den Sozialwissenschaften wird zwischen räumlich-interaktiven Milieus (z.B. Wohnquartieren) und allgemein sozialstrukturell geformten Milieus (Unterschicht-, Mittelschichtmilieus etc.) unterschieden. Beides kann sich aber überschneiden, wenn z.B. in der Sozialen Arbeit von „Unterschichtquartieren" gesprochen wird. So auch in den folgenden Beispielen. Milieupraktiken werden vor allem über die Familie, die Gleichaltrigenbeziehungen, aber auch über die Arbeitsbezüge und die Art der Mediennutzung vermittelt. Wenn wir nun aus der Bewältigungsperspektive heraus fragen, wie in diesen Sozialwelten jeweils Konflikte ausgetragen werden, innere Hilflosigkeit thematisiert wird und Selbstwert und Anerkennung erlangt oder verwehrt werden können, dann betrachten wir Familie, Gleichaltrigenclique, Schule und Betrieb – schließlich auch die Medien – als *Bewältigungskulturen.* Und nicht zu vergessen: Auch die Einrichtungen der Sozialen Arbeit müssen kritisch auf ihre bewältigungskulturelle Qualität hin befragt werden. Auch Hilfen können – wenn auch nicht intendiert – Hilflosigkeit erzeugen.

5 Auf die Familie kommt es immer noch an, vor allem aber auf die Schule und auf die Clique, in die man hineingerät – Bewältigungskulturen

Überforderte Familien erzeugen Bewältigungsdruck

Die Familie soll heutzutage vieles von dem bringen und ersetzen, was im gesellschaftlichen Leben nicht (mehr) erreichbar scheint: soziale Bindung und sozialen Rückhalt, Gegenseitigkeit und existenzielles Vertrauen. Das kann zur Überforderung und darin zur Erschöpfung führen (vgl. Lutz 2012). Die Familie ist im Zuge der gesellschaftlichen Individualisierung nicht nur zur „Aushandlungsfamilie" der Einzelinteressen ihrer Mitglieder geworden (gegenüber der tradierten Hierarchie der Generationenfamilie), sondern unter diesen Umständen auch eine auf sich gegenseitig angewiesene Intimgruppe *Bedürftiger.* Damit ist gemeint, dass bei manchen Eltern die fast zwanghafte Vorstellung besteht, dass viele Enttäuschungen und Demütigungen, die sie außerhalb der Familie erleiden – besonders Männer in der Arbeitswelt (s.u.) –, in der Familie „geheilt" werden müssen. Wenn dann aber die Partnerin und/oder die Kinder nicht mitspielen, dann entsteht Hilflosigkeit und Abspaltungsdruck, der in häusliche Gewalt umschlagen kann. Sei es nun körperliche oder psychische Gewalt der Partner untereinander (vor allem männliche Gewalt) und gegen die Kinder oder gar sexuelle Gewalt. Wiederum müssen wir aber erst einmal formulieren: Aus der Tatsache der strukturellen Überforderung der Familie muss noch kein sozial problematisches Verhalten (wie eben Gewaltverhalten) entstehen. Nur: Misslingt die alltägliche Bewältigung der mit dieser Überforderung zusammenhängenden Probleme, so kann in der Folge eine innerfamiliale Vermischung von Hilflosigkeit und Bedürftigkeit entstehen. Diese erhält ihre besondere Verstrickung dadurch, dass die Familie ein privater, in vielem scheinbar den öffentlichen

Regeln und Normen entzogener Raum ist. Die Familie wird so zum *Ausnahmezustand,* in dem die Grenzen zwischen Liebe und Gewalt, Bedürftigkeit und Ausbeutung, Vertraulichkeit und Abhängigkeit, Nähe und Übergriff verwischt sein können.

Zum Ausnahmezustand wird dies alles eben dadurch, dass die Familie ein privater Raum ist. Das Prekäre dabei ist, dass sich in familialen Überforderungskonstellationen unterschiedliche Welten vermischen: Die zu bewältigenden und auszugleichenden Probleme kommen oft aus einer gesellschaftlichen Außenwelt, die durch Rationalität und Rechtsverbindlichkeit gekennzeichnet ist, und treffen auf eine emotionale, normdiffuse familiale Binnenwelt. Hier werden sie umgewandelt in Schuldgefühle und Verlustangst. Gesellschaftliche Problematik und familiale Intimität vermischen sich und werden in ihrem Verhältnis zueinander unkenntlich gemacht (vgl. Brückner 2009). Die damit verbundenen innerfamilialen Abspaltungen von Hilflosigkeit – wenn es dann so weit gekommen ist – suchen ihre Bahn wie selbstverständlich in den tradierten Macht- und Gewaltverhältnissen der Männer-Frauen-Eltern-Kinder-Hierarchien in den Familien selbst.

Die Soziale Arbeit trägt oft selbst einiges dazu bei, die Thematisierung von Hilflosigkeit zu erschweren. Wenn man die von Martina Richter (2013) erstellte Konversationsanalyse von Gesprächspraktiken in der sozialpädagogischen Familienhilfe bewältigungstheoretisch interpretiert, kann man aufzeigen, wie sich Familien gegenüber sozialpädagogischen Interventionen zu behaupten suchen, wenn es um „heikle", also beschämende Themen wie z. B. Vernachlässigung der Kinder, drohende Fremdplatzierung oder ungeklärte Vaterschaft geht. Die Eltern reagieren geschlechtsdifferent: Mütter fühlen sich angegriffen, weil sie fühlen, dass ihnen die gesellschaftlich erwartete Fähigkeit, eine „gute Mutter" zu sein, abgesprochen wird; Väter fürchten den unausgesprochenen Vorwurf, nicht zu funktionieren. Es ist also dieser Zwang zur demonstrativen Selbstbehauptung, dem Familien im Schatten der fürsorgerischen Kontrolle immer unterliegen, der zu einer familialen Bewältigungskultur der Nicht-Thematisierung und Abspaltung beitragen kann. So stehen mehrfach belastete Familien immer wieder unter dem Druck, nach außen Normalität darzustellen, obwohl sie im Innern von ihren Möglichkeiten her keine Beziehungen mehr gestalten können. Das gilt auch für Eltern, die ihre familialen Rollen nicht ausfüllen oder gar nicht mehr aufrechterhalten können, da sie selbst als Erwachsene keine Anerkennung mehr erhalten. Ihre Hilflosigkeit bleibt dann im innerfamilialen Käfig gefangen, drängt aber mit der Zeit nach Abspaltungen.

Da die familialen Beziehungen auf emotionalen Kommunikationsformen und natürlich vor allem auf Blutsverwandtschaft aufgebaut sind, vermischt sich die gesellschaftliche Kategorie des Privaten mit der subjektiv erlebten und empfundenen Ideologie des Naturhaften. Die Familie wird so auch ideologisch – im Mehrheitsbewusstsein der Bevölkerung – als „heile Familie“, als ein „zeitloser“, zu erstrebender Naturzustand immer wieder erhofft. Die Familienmitglieder klammern sich umso stärker an diese Ideologie der heilen Familie, je bedrohter und desolater der familiale Zusammenhalt ist. Schuldgefühle und -zuweisungen werden frei, die gesellschaftliche Überforderung der Familie erscheint ihren Mitgliedern als privates Problem, das öffentlich nicht thematisiert werden kann bzw. darf. Die in diesem Zusammenhang entstehende anomische Hilflosigkeit kann in gegenseitigen abwertenden Hass und innerfamiliale Ausgrenzung (z.B. das Kind als der Sündenbock) umschlagen. Dabei können Frauen gleichzeitig zu Opfern wie zu Täterinnen werden (vgl. auch Künzel/Temme 2007).

Wenn dabei die in der Familie eingelassenen Gewaltverhältnisse freigesetzt werden, also Gewalt – vor allem gegen Frauen und Kinder – ausgeübt wird, erscheint dies für die Täter als „natürliches“ Gewalt- und Besitzrecht, das privat ist und deshalb niemanden etwas angeht. Aber auch die betroffenen Frauen und Kinder sind in diesem Bann der „natürlichen“ Gewaltverhältnisse in der Familie gefangen. Sie halten oft still, die Gewalt in der Familie ist so von einer Mauer des Schweigens umgeben. Die gesellschaftliche Öffentlichkeit wollte lange Zeit vom Thema Gewalt in der Familie nichts wissen. Die „heile Familie“ war (und ist zum Teil immer noch) ein öffentliches Tabu. Alle wissen, wie problematisch die Familie in ihrer modernen Überforderung ist, und dennoch muss man an ihr festhalten, sonst geht der sozialemotionale Rückhalt, den sie zu verkörpern hat, verloren. Also muss jeder grundlegende Zweifel an der Familie stillgestellt, tabuisiert werden.

Gewalt in der Familie ist dann etwas, was nicht sein kann, weil es nicht sein *darf*. So ist ein gespaltener Diskurs entstanden: Gewalt wird zwar in der modernen aufgeklärten (medialen) Öffentlichkeit als Bewältigungsverhalten erkannt und klassifiziert, für den Bereich der Familie wird dieser Zusammenhang aber weiterhin tabuisiert. Allerdings hat der Individualisierungsprozess vielerorts die intime Geschlossenheit der Familie aufgeweicht. Man kann vor der Gewalt in Familien nicht mehr die Augen verschließen, vor allem wenn Frauen und Kinder den Bann des Schweigens brechen, LehrerInnen und SozialarbeiterInnen die Symptome anzeigen und damit öffentlich machen. Das Tabu „Gewalt in der Familie" ist in der Postmoderne brüchig geworden, aber in der Substanz ist es geblieben. Die Individualisierung hat die Familien auseinandergetrieben, die Einzelinteressen freigesetzt und damit die tradierten innerfamilialen Gewaltverhältnisse erschüttert. Gleichzeitig hat sie aber auch das Angewiesen-Sein auf die Familie neu bestätigt: die Familie als *der* Zufluchtsort und Rückhalt angesichts einer bedrohlich offenen und unübersichtlichen Risikogesellschaft.

Wenn man vor diesem Hintergrund die Studien über Gewalt in Familien betrachtet, so wird die gesellschaftliche Konstellation, in der solch antisoziales Verhalten zwangsläufig entsteht, sichtbar. Michael S. Honigs längst klassische Studie zur „verhäuslichten Gewalt" (1986) zeigt, dass Gewalt in der Familie dann entstehen kann, wenn Hierarchie- und Abhängigkeitsverhältnisse selbstverständlich sind, Gewalt also als subjektiv verfügbares Mittel angesehen wird.

> „Wo Frauen starre Konstruktionen von Männlichkeit und Weiblichkeit verinnerlicht haben, werden sie Männern eher diese Konstruktionen nachsehen; wenn sie in ihrer Kindheit Schlagen als Ausdruck von Beziehung und Zuwendung erlernt haben, werden ihnen die entsprechenden Verhaltensweisen vertraut sein".

Sie finden nun

> „Partner, bei denen sie ebenfalls Gewalt erleben. Sie halten lange an Gewaltbeziehungen fest, weil sie das weibliche Ideal der Fürsorglichkeit so verinnerlicht haben, daß sie Schuldgefühle bekommen würden, wenn sie den Mann verlassen" (Ballusek 1999: 111).

So kommt es gleichsam zu einer Tabuisierung von Gewalt. Heide Funk (1997) spricht von einem *Schweigen* der Täter wie der Betroffenen, sodass das *Reden* darüber nicht möglich, das Eigene an der Tat für die Täter nicht thematisierbar ist. Die Gesellschaft sieht nur die Tat und isoliert sie als etwas Schreckliches, das außerhalb der Norm steht. Die Bedürftigkeit und die Selbstwertzerstörungen, die hinter dem Gewaltakt liegen, können nicht zutage treten, weder für den Täter noch für die Öffentlichkeit. Erfahrungen in der Täterberatung zeigen hier wiederum: Gelingt es, die Männer im therapeutischen Gespräch in ihrem Selbst von der Tat, in die es dumpf eingefangen ist, zu lösen, auf ihre Hilflosigkeit und Bedürftigkeit zu stoßen, dann kann der Verstrickungs- und Verdeckungszusammenhang familialer Gewalt aufgeschlossen werden.

Viele der AdressatInnen der Sozialen Arbeit kommen aus Familien, in denen sie immer wieder Gewalt- oder gewaltnahen Verhältnissen ausgesetzt waren, in denen sie keine Chance hatten, das, was „in ihnen ist", auszusprechen und darin auch widerständig zu sein. Es war ihnen verwehrt, ihre innere Befindlichkeit, ihre Hilflosigkeit und ihr Ausgesetzt-Sein zu thematisieren, sie mussten es über die Jahre unterdrücken, blieben stumm und unauffällig, bis der innere Abspaltungsdruck sie schließlich in jenes antisoziale Verhalten zwang, das sie zu KlientInnen der Sozialen Arbeit machte: das unbewusste Auf-sich-aufmerksam-Machen über Auffälligkeit. Dabei sind es nicht nur jene Familien aus der Unterschicht, in denen gewaltförmige Kommunikationsformen das familiale Alltagsleben bestimmen. Wir treffen in diesem Zusammenhang genauso auf Mittelschichtfamilien, die einen so hohen Erwartungsdruck auf ihre Kinder ausüben, dass diese ihre inneren Befindlichkeiten und Widerständigkeiten nicht mehr aussprechen können, unterdrücken müssen.

Die Gruppe dominiert die Individuen – gruppendynamische Bewältigungskulturen

Gruppenmitglieder tun oft etwas in der, über die oder für die Gruppe, was sie als Einzelne nicht tun würden. Diese gruppendynamische Erkenntnis betrifft Gruppenbildungen von Erwachsenen in Organisationen genauso wie Jugendliche in Gleichaltrigenkulturen. Hier aber können wir besondere, für das Lebensalter typische Ausprägungen beobachten. SozialarbeiterInnen sind mit diesen jugendtypischen Besonderheiten vor allem dort konfrontiert, wo sie es mit antisozialem Verhalten von Jugendlichen und jungen Erwachsenen in Cliquen zu tun haben. Die Clique inszeniert – gleichsam stellvertretend für ihre einzelnen Mitglieder – eine Bewältigungskultur der Abspaltung, in der sich die „mitgebrachte" Hilflosigkeit der Einzelnen in eine demonstrative und darin gegenseitig gefühlte Stärke der Gruppe nach außen verwandeln kann. Die innere Befindlichkeit der Einzelnen kann nicht mehr thematisiert werden. Die Gruppe ist das Medium der Bewältigung.

Gleichaltrigengruppen – Peers – sind aus psychoanalytischer, soziologischer und pädagogischer Sicht alterstypische Medien der Regulation, mit denen Triebdynamik kanalisiert, soziale Differenzierung entwickelt, Rollen erprobt und Übergangssituationen bewältigt werden. In ihnen symbolisieren sich die Ablösung von der Herkunftsfamilie (das Nicht-Mehr) und der unstrukturierte und deshalb normdiffuse Übergang in das spätere Erwachsenenalter (das von sich weggeschobene Noch-Nicht) gleichermaßen (vgl. Schubert 2012). In den Peergroups wird aber nicht nur Jugend ausgelebt, sondern auch – damit verbunden – Geschlechtsidentität (weiter)entwickelt und inszeniert. Dies hat bei Jungen in der Tendenz eine weitreichendere Bedeutung als bei Mädchen. Denn hier sind sie nach einer langen von Frauen dominierten und abhängigen Kindheitsperiode „endlich" und nun kulturell selbstständig „unter Männern". Jungenfreundschaften über Cliquen sind nicht nur jugendkulturelle Experimentierräume, sondern auch Orte der Suche nach männlicher Identität (vgl. Jösting 2005).

Clique und Raum verschmelzen bei Jugendlichen zu einer besonderen Aneignungskultur. Es ist die Wechselseitigkeit von räumlicher und interaktiver Vergewisserung und den daraus erwachsenden Praktiken, in der sich insbesondere die Jungen *als* Jungen bestätigen (vgl. Breidenstein 2008). Denn öffentliche Räume sind immer noch vor allem von Jungen besetzt, durch ihre demonstrativen Aktionen markiert. Mädchen sind meist auf Zwischenräume, Beziehungsnischen und wechselnde Orte verwiesen. Jungen kontrollieren Räume, ihr Verhalten ist Territorialverhalten. Männliche Dominanz drückt sich vor allem in verschiedenen Formen räumlicher Dominanz aus. Männliches Raumverhalten ist Kontrolle, Ausgrenzung, Zurückdrängung anderer Jungen, die nicht der Clique angehören, und ist vor allem auch räumliche Zurücksetzung von Mädchen. Die ambivalente männliche Abwertung des Weiblichen setzt ihre ersten Zeichen im räumlichen Jungenverhalten der „Anmache", aber auch in der räumlich demonstrierten „Beschützerpositur" der Jungen. Allerdings täuscht oft der Eindruck der Zurücksetzung der Mädchen. Es ist ein Bild, das von der Dominanz der Jungen geprägt ist. Dass Mädchen hinter und abseits dieser männlichen Bühne eigene Wege suchen, gerät dabei meist aus dem Blick. Wenn Jungen in ihrem räumlichen Verhalten in der Tendenz territorial gebunden sind, so suchen Mädchen eher unterschiedliche Beziehungsorte, d.h., sie wechseln dann und wann die Orte, versichern sich, ob diese auch eine Qualität für sie haben, verlassen sie wieder. Deshalb muss man für das Raumverhalten von Mädchen, weil es durch das raumgreifende Dominanzverhalten der Jungen verdeckt ist, einen besonderen Blick entwickeln können.

In der männlich dominierten Clique wird Maskulinität freigesetzt, die zum Strukturierungsprinzip des Cliquenverhaltens nach innen wie außen wird. Die Mädchen, die in solchen Cliquen sind, spielen bei den äußeren Gruppenaktivitäten meist eine untergeordnete Rolle. Im inneren Gefüge solcher Cliquen hingegen ist es anders; dort tragen sie besonders zum Zusammenhalt der Clique bei, sie vermitteln bei Streitigkeiten und Konflikten.

Vor allem die innere Struktur der Clique, das innere Verhältnis von Kollektivität und Individualität, beeinflusst das Bewältigungsverhalten. Jugendliche tun – so haben wir eingeleitet – in der Gruppe oft Dinge, die sie als Einzelne nicht tun würden. Denn sie sind ja sozial auf die Gleichaltrigengruppe angewiesen, tun es für ihren Gruppenstatus und den Gruppenzusammenhalt, passen sich an, um nicht ausgeschlossen zu werden. In einer kollektiv-autoritär strukturierten Gruppe, in der Individualität zurückgewiesen ist, stehen daher die Mitglieder unter Druck, sich dem Gruppencode anzupassen, ihn zu aktivieren. Die Gruppendynamik schaukelt das weiter auf. Maskulinität als Gruppencode finden wir vor allem bei kollektiv-autoritär strukturierten Gruppen, in denen sich Jungen und junge Männer finden, die sonst kaum Möglichkeiten haben, soziale und kulturelle Anerkennung (und damit Individualität) zu erlangen. Der oben beschriebene Mechanismus der „Abspaltung per Delegation“ wirkt. Für JugendarbeiterInnen ist es deshalb auch schwer, Einzelne aus der Gruppe „herauszubrechen“. Vielmehr sollte versucht werden, die Clique in ein Projekt zu bringen, in dem unterschiedliche Rollen verteilt werden, um darüber eine innere Pluralisierung der Cliquenstruktur erreichen zu können.

Später, im Erwachsenenalter, sind es die großen und kleinen *Männerbünde,* in denen sich manche Männer in exklusiven Gruppen und Orten abschirmen und männlichen Rituale kultivieren. Sie reichen von lockeren Stammtischrunden bis hin zu festen Machtgruppen in Wirtschaft, Verwaltung und Politik. In einer latenten bis manifesten Homophobie, in versteckter bis offener Abwertung des Weiblichen und in der Kultivierung männlichen Überlegenheitsgefühls kristallisieren sich die Erwartungen, die Widersprüche und Ängste der männerbündlerischen Männlichkeit. Es sind Abspaltungsmuster, Folien, die über die Bedürftigkeit des Mannes gezogen sind. Männerbünde stillen die in der abstrakten Arbeitsorganisation (s. u.) verwehrte Sehnsucht des Mannes nach Nähe und Zuwendung, auch wenn sie in den maskulinen Ritualen gleich wieder kanalisiert und ritualisiert ist, also körperlich und seelisch gar nicht durchlebt werden kann. Männerbünde sind Medien, in denen sich – zumindest im subjektiven Erlebnis ihrer Mitglieder – zwei an sich widersprüchliche Prinzipien vereinigen und so das männliche Bedürftigkeitsproblem auflösen können: Das Gefühl der emotionalen Nähe und der Zwang zu externalisiertem Handeln gehen im Männerbund ineinander über.

Die Schule typisiert und schafft dadurch Bewältigungsdruck

Die Schule strukturiert den Alltag als Schulalltag, die Kindheit als Schulkindheit und die Jugendphase als Bildungsjugend. Scheitern am Schulalltag, wie es sich z. B. im notorischen Schulschwänzen äußert, gehört zu den zentralen Indikatoren der Zuweisung zur Jugendhilfe. Dahinter stecken aber oft Bewältigungsprobleme der SchülerInnen, die die Schule selbst verursacht. Sie zeigt Tendenzen zur Entwicklung und Verfestigung einer Bewältigungskultur, in der die Thematisierung innerer Hilflosigkeit gerade für „schwache Schüler" verwehrt ist. Denn die Schule als Ort der Leistungskonkurrenz und Auslese setzt *vergleichbare* SchülerInnen voraus. Dies ist der strukturelle Hintergrund, auf den sich Typisierungs- und Etikettierungsprozesse in der Schule beziehen und aus dem heraus sie sich begründen. Im Mittelpunkt des schulischen Unterrichtsgeschehens steht nicht die einzelne Persönlichkeit des Schülers, sondern die *Schülerrolle* als Set von Verhaltenserwartungen und -zumutungen, die aus den funktionalen Erfordernissen des Lehr- und Lernprogramms und der Unterrichtsorganisation resultieren. All das, was die SchülerInnen an individuellen persönlichen Eigenheiten haben, können sie in die Schule nur bedingt einbringen: Entweder sie bekommen die Chance, sich in entsprechenden didaktischen Programmen – z. B. der Kleingruppenarbeit, den Projekttagen etc. – auch persönlich entfalten zu können, oder sie müssen ihrer – in der Pubertätszeit dazu noch stark triebgesteuerten – Dynamik des Selbst nach der Schule freien Lauf lassen. Vieles spielt sich natürlich auch weiterhin „unter den Bänken", „hinter den Rücken der Lehrer" und im Pausenhof ab.

Die Schule nimmt mit der Schülerrolle also nur einen Teil, ein Segment der Schülerpersönlichkeit wahr, lässt nur dieses sozial zu. Über die Schülerrolle werden die sonst unterschiedlichen, aus verschiedenen Herkunftsfamilien stammenden SchülerInnen bewertbar im Sinne des Leistungsvergleichs. Alles, was nicht in dieses Segment passt, gilt tendenziell als (schulisch) abweichendes Verhalten, die SchülerInnen dürfen nicht aus der (Schüler-)Rolle fallen. Der Schülerrolle entsprechend funktional definiert ist die *Lehrerrolle.* Auch die Lehrer müssen einen Teil ihrer Persönlichkeit aus der Schule herauslassen, denn die Schüler können ihre standardisierten Schülerrollen nur entsprechend spielen, wenn die an sie gesetzten Erwartungen auch im Schulalltag funktional und institutionell kalkulierbar vermittelt sind. Sie dürfen nicht den unterschiedlichen Persönlichkeitsschwankungen und Launen der verschiedenen LehrerInnen ausgesetzt sein. Auch die LehrerInnen dürfen nicht aus der Rolle fallen. Natürlich gibt es in den Schulen jeden Tag Situationen, in denen SchülerInnen (und auch LehrerInnen) „ausrasten". Dies wird aber nicht gleich als abweichendes Verhalten definiert, sondern als gleichsam betriebsbedingte Störung des Rollenverhaltens, welches die LehrerInnen zu managen haben. Hier gibt es in der Lehrerschaft ein tradiertes Erfahrungswissen, das selten im Studium erworben, sondern durch Praxiserfahrung und in der Fortbildungskommunikation mit KollegInnen angeeignet wird.

Durch die institutionell verlangte Orientierung an der Schülerrolle/Lehrerrolle ist den meisten LehrerInnen überhaupt nicht bewusst, dass sie typisieren und etikettieren, d.h. die der Schülerrolle nicht gerecht werdenden SchülerInnen zu „schlechten Schülern" stempeln. Typisierungen und Etikettierungen in der Schule können aber nicht einfach dadurch abgebaut werden, dass den LehrerInnen mehr Wissen darüber und Kompetenzen im Umgang damit vermittelt werden, sondern dadurch, dass sich an den Struktur- und Funktionsprinzipien von Schule etwas ändert. Denn sonst kann dieses Wissen die LehrerInnen erst recht handlungsunfähig machen (sie können es ja in der Struktur nicht durchsetzen und schieben dann leicht die Schuld sich selbst zu und werden dadurch neu blockiert). Dass Typisierungsmechanismen mit der Schulorganisation verbunden, ihr geradezu immanent sind, wird nicht zuletzt auch daran deutlich, dass sie – trotz des inzwischen verbreiteten Wissens darüber – immer noch wirksam sind. Allerdings hat sich heute das Magnetfeld der Etikettierung durch die Individualisierung des Schülerverhaltens (SchülerInnen lassen sich nicht mehr alles gefallen) und die sozialräumliche Öffnung der Schule (jugendkulturelle Stile dringen ein) im Schulalltag deutlich entladen. Es bricht jedoch in schulischen Konfliktsituationen immer wieder auf.

Für uns ist also die Erkenntnis wichtig, dass die Schule strukturell eine Hintergrundspannung von Konformitätsdruck und Abweichungsrisiko aufbaut, die auf ihrer funktionalen Logik beruht und an deren Bewältigung Kinder scheitern können. Wir haben diesen Zusammenhang in dem spannungsreichen Begriffspaar Schülerrolle/Schüler-Sein formuliert. Kinder und Jugendliche werden in ihrer Persönlichkeit und Befindlichkeit – in ihrem Schüler-Sein – von der Schule ergriffen (müssen sie bewältigen), die Schule wirkt in ihren außerschulischen Alltag hinein, aber sie verlässt sich darauf, dass die Kinder und ihre Familien das sozial so regeln, dass das funktionale Schülerrollenverhalten dadurch nicht gefährdet ist. Für Kinder, zumal wenn sie ins Pubertätsalter gekommen sind und sich ihre narzisstischen Antriebe sozial bemerkbar machen wollen, ist diese Zurücknahme in die Rolle wesentlich schwieriger, stressiger (d.h. mit diffusem Unwohlsein verbunden) als für ältere Jugendliche, die in ihrer inzwischen erreichten soziokulturellen Selbstständigkeit und Distanzfähigkeit eher lernen, Schulalltag und Schülerrolle zu managen.

Ein weiteres strukturelles Problem der Schule ist, dass sie in ihrem funktionalen Rollenverständnis glaubt, schicht- und geschlechtsneutral zu sein. Dabei hat die schicht- und geschlechtsspezifische Sozialisationsforschung gezeigt, dass in die Schule, ihre Erziehungsstile und soziale Verkehrsformen Schicht- und Geschlechterstereotype eingelassen sind, ohne dass dies den LehrerInnen so bewusst ist. So reproduziert die Schule in ihren Leistungs- und Verhaltensnormen, in ihrer zentralen Struktur des Bedürfnisaufschubs (heute etwas lernen und etwas leisten, von dem man erst später etwas hat), ihren elaborierten Sprach- und interpretativen Kommunikationsstilen und ihren Formen der Konfliktaustragung die Lebens- und Sozialwelt der Mittelschicht.

Kinder aus sozial benachteiligten Familien haben dadurch Orientierungs- und Anpassungsprobleme.

Hier werden auch die Weichen in Richtung Etikettierung gestellt. Die SchülerInnen aus sozial benachteiligten Familien – die Schichtgrenzen sind heute nicht mehr so milieuhaft starr wie noch in den 1960er Jahren, aber die Schichtindikatoren sind weitgehend geblieben – haben mit der ihrer Lebens- und Sozialwelt ziemlich fremden Schule ein Problem, und gleichzeitig machen sie damit *in* der Schule Probleme. Sind Schule und LehrerInnen nun in der Lage, zu erkennen, dass diesen Jugendlichen geholfen werden muss, erst einmal mit der Schule zurechtzukommen, dass Schule auch psychosozial bewältigt werden muss? Dazu müssten aber die betroffenen Jugendlichen die Chance haben bzw. dazu befähigt werden, ihre Hilflosigkeit gegenüber der Schule *in* der Schulklasse thematisieren zu können. Da sie aber nur in ihrer Schülerrolle wahrgenommen werden, kommt diese Hilflosigkeit nicht als Bewältigungsdruck, sondern als Verhaltensproblem in den schulischen Blick. So können die Jugendlichen – bald als „Problemschüler" etikettiert – unter Abspaltungszwang geraten, mit Verhaltensformen, wie wir sie in dem einleitenden Schülerbeispiel kenngelernt haben.

In diesen schulischen Typisierungsprozessen lässt sich ein allgemeines Typisierungsmodell erkennen, das bereits Friedrich Lösel in seiner klassischen Arbeit „Stigmatisierung in der Schule" (1975) herausgearbeitet hat. Es wirkt im gesamten Schulalltag, in seinen Sog geraten LehrerInnen bis heute mehr oder minder immer wieder (vgl. Popp 2002): Nachdem die LehrerInnen die Kinder nach ihren eigenen Einschätzungen (impliziten Persönlichkeitstheorien) eingestuft haben, wird meist nur das Verhalten registriert, das man von den SchülerInnen erwartet (und welches das vorgefasste Bild bestätigt). Nicht erwartetes Verhalten wird nicht bemerkt, übergangen. LehrerInnen erwarten von den als „besser" eingestuften SchülerInnen nicht nur bessere Leistungen, sie versuchen auch, bessere Leistungen zu erhalten, indem sie diese SchülerInnen stärker unterstützen und wertschätzen. Die Typisierungen der LehrerInnen beeinflussen das Selbstbild der SchülerInnen (Übernahme der negativen Einschätzung, die betroffenen SchülerInnen trauen sich weniger zu), das wiederum in deren Verhalten eingeht und den LehrerInnen erst recht die vermeintliche Richtigkeit ihrer Typisierung bestätigt. Nicht selten ist es auch ein Prozess der gegenseitigen Abspaltung: LehrerInnen stehen unter dem Druck, ihre Hilflosigkeit gegenüber der innerpsychischen Befindlichkeit der SchülerInnen über Typisierungen abzuspalten, die betroffenen SchülerInnen wiederum müssen dies oft ohnmächtig hinnehmen und geraten darüber in inneren oder äußeren Abspaltungsdruck.

Das Bewältigungskonzept kann aber nicht nur die Befindlichkeit und das Verhalten der schulischen Akteure aufschließen, die in den Anomien, Konflikten und Spannungen der Schule entstehen. Es kann auch viele der Ursachen benennen, wenn es die Schule als *Bewältigungskultur* kritisch betrachtet. Die bewältigungstheoretisch generierten Anfragen an die Schule lauten dann: Können innerhalb der Schule Konflikte und damit verbundene Hilflosigkeiten (z.B. bei Mobbing) thematisiert werden? Können Anerkennungsräume neben den vorgegebenen schulischen Leistungs- und Bewertungsstandards geschaffen werden? Wie kann antisozialen oder auch selbstdestruktiven Abspaltungen, wie sie sich im abweichenden Verhalten in der Schule äußern, begegnet werden? Zu den Mustern der Konfliktbewältigung, die eine bewältigungssensible Schule in diesem Zusammenhang entwickeln kann, gehören zentral das des *Reframing* und das der *funktionalen Äquivalente.*

Das Bewältigungsmodell fordert die Methode des *Reframing* geradezu heraus. Reframing bedeutet Umdeuten und Umrahmen des Problems, indem man die dahinterliegenden, durch das problematische Verhalten oder die prekäre Lebenslage verdeckten Möglichkeiten in den Vordergrund rückt und zum Bezugspunkt der sozialpädagogischen Intervention macht. Also: Hinter offensichtlichen Defiziten und Schwächen die dennoch vermuteten Stärken und zum Ansatzpunkt machen, hinter den aggressiven Selbstinszenierungen das Streben nach Selbstwert und Anerkennung, das sich darin ausdrückt, sehen und daran ansetzen. Eine desorganisierte, ‚zerrüttete' Familie sehe ich dann nicht mehr gleich als gescheitert und deshalb aufzulösen, sondern ich frage, wie sie es geschafft hat, unter diesen katastrophalen Umständen so lange durchzuhalten und welche Kräfte sie dabei entwickelt hat, die aber durch ihr Scheitern verdeckt sind. Diese anzuerkennen und darauf aufbauend das Rollengefüge der Familie neu zu ordnen, kann dem Hilfeplan eine Richtung geben, an der die Familie weiter beteiligt sein kann.

6 Die neue Arbeitswelt erzeugt neue Bewältigungszwänge

Die Welt der Technik und Arbeit ist traditionell männlich geprägt, obwohl sie inzwischen genauso von Frauen bevölkert ist. Es herrscht das Prinzip der Externalisierung. Denn die Produktionsstrukturen sind auf Konkurrenz, Wachstum und Beschleunigung gepolt, es darf kein Stillstand eintreten. Die Arbeitsorganisation und Arbeitskultur spiegeln das wider. Man spricht von „gendered organisations", in denen männliche Prinzipien der Kommunikation, Durchsetzung und Kontrolle vorherrschen. Diese Arbeitswelt ist ein Bewältigungsraum, in dem Hilflosigkeit und Sorge schwer thematisierbar sind, weil sie meist zwangsläufig als Probleme des „Nicht-mithalten-Könnens" denunziert werden. Da die Arbeitswelt auf fast alle Bereiche in unserer Gesellschaft ausstrahlt, ist es auch für die Soziale Arbeit wichtig, zu wissen, wie solche Bewältigungsprinzipien in der betrieblichen Welt vorherrschen und wie hier Menschen unter Bewältigungsdruck geraten können.

Das Prinzip der Externalisierung drückt sich räumlich und zeitlich aus – immer wieder neu Grenzen überschreiten, hinausschieben müssen und dies beschleunigt, ohne Aufschub. Zeit ist in der elektronisch digitalisierten Welt ein noch knapper gewordenes Gut. Vorsprünge schmelzen im Handumdrehen, Abstände werden immer geringer. In einer Anzeige in der Süddeutschen Zeitung stellte die Firma Siebel-Microsoft vor einigen Jahren den ausdrücklichen Zusammenhang zwischen beschleunigtem Produktumschlag und beschleunigtem Menschenumschlag wie folgt her:

> „Dinge ändern sich schnell, flexible, kundenorientierte Unternehmen reagieren schneller. Wir müssen die Reaktionszeiten zu den Kunden verkürzen. Wir müssen schneller auf den Markt. Im Ergebnis heißt das ganz klar: bessere Kundenerfahrungen, profitablere

> Kundenbeziehungen und ein schnelleres Return-on-Investment. Stellen Sie sich dies vor wie den Unterschied zwischen blühenden Geschäften und reinem Überleben".

In der Arbeitsgesellschaft der „Zweiten Moderne" haben sich zudem Formen der Arbeitsorganisation entwickelt, die den Menschen nicht nur in Zeit und Raum, sondern auch in seiner ganzen Person in den Arbeitsprozess hineinziehen. Arbeitsorganisation und Regulierung von Arbeit werden in die Initiative der Subjekte verlegt. Sie sollen nun zwischen den Anforderungen und Risiken im Arbeitsprozess und in der Balance zwischen Arbeit und Leben selbst vermitteln können. Dies steht auch im Zusammenhang damit, dass Produktions- und Arbeitsprozesse nicht langfristig geplant und damit für die Einzelnen nicht mehr biografisch stabil sind, sondern in zeitlich befristete Projekte gegliedert werden, damit eine immer stärker verlangte Marktflexibilität gewahrt bleiben kann. Die Einzelnen sind nun für „ihr" Projekt verantwortlich. Nur auf den ersten Blick hat sich hier eine überraschende Übereinstimmung der Interessen von Arbeitenden und Unternehmern entwickelt: Qualifizierte Arbeitnehmer entwickeln hohe Ansprüche an die Arbeit, und die Unternehmen offerieren ihnen entsprechend anspruchsvolle und verantwortungshaltige Projekte. Aber zu den Schattenseiten dieser Entwicklung zur *Subjektivierung der Arbeit* zählt, dass die Arbeitnehmer das Arbeitsplatzrisiko und die damit verbundene biografische Unsicherheit allein übernehmen, nachdem das Normalarbeitsverhältnis durch die befristeten Projekte tendenziell außer Kraft gesetzt ist. Es wird auch von ihnen verlangt, dass sie so in der Arbeit – im *Flow* – aufgehen können, dass ihre sozialen Bindungen vom Arbeitsverhältnis abgekoppelt bleiben.

> „Leitbild der Organisationskultur ist in den meisten Unternehmen ein Mitarbeiter, dessen Leben um die Berufsarbeit und die berufliche Karriere zentriert ist, der alle anderen Lebensbereiche dem beruflichen unterordnet und prinzipiell immer verfügbar ist. Dieser Typus hat in der jüngeren Zeit, im Zeichen verstärkter Deregulierung […] an Bedeutung gewonnen" (Meuser 2012: 20).

Zwar zeigen Untersuchungen, dass sich Bestrebungen aus dem Privaten heraus entwickeln, der Vereinnahmung durch die Arbeit Grenzen zu setzen. Doch sind diese Bestrebungen meist hochindividualisiert und biografisch begrenzt. Auch lassen sich hier geschlechtsdifferente Entwicklungen erkennen. Frauen sind von ihrer Reproduktionsorientierung her eher bestrebt, solche Grenzen zu setzen, während die Verfügbarkeit der Männer eher steigt. Empirisches Indiz dafür liefern Männerstudien, die zeigen, dass zwar der Wunsch vieler Männer, Familienarbeit kontinuierlich zu leisten und dafür von der Arbeit freigestellt zu sein, überproportional gestiegen ist, die Intensivierung der Arbeit bei hoher Gebundenheit der männlichen Identität an die Arbeitsrolle dies aber weiterhin verwehrt (vgl. Volz/Zulehner 2009; ASTAT 2013; BMSK 2014).

In der Welt der Betriebe kann die Subjektivierung der Arbeit zu Tendenzen sozialer Desintegration führen. Denn auch Anerkennungsverhältnisse werden subjektiviert und schaffen damit neue Konkurrenzkonstellationen vor allem zwischen jüngeren und älteren, zwischen belastbaren und weniger belastbaren ArbeitnehmerInnen. Kollektive Arbeitsverhältnisse geraten aus dem Blick. Man kommt nur noch über das Unternehmensprojekt sozial zusammen und nicht mehr über die geteilte Erfahrung der Arbeitsverhältnisse. Mangel an Anerkennung zusammen mit geringem Verdienst für geleistete Arbeit und Arbeitsplatzunsicherheit werden in einer entsprechenden Untersuchung bei älteren ArbeitnehmerInnen als „Gratifikationskrisen" bezeichnet und in einen nachweisbaren Zusammenhang mit gesundheitlicher Stressbelastung, insbesondere ablesbar an depressiven Verstimmungen, gestellt (vgl. Siegrist/Marmot 2009). Eine Abspaltungsdynamik nach innen.

Wo Marktprinzipien mit ihrem Drang zur Externalisierung Einzug halten, entsteht eben Abspaltungsdruck. Eingehen auf Hilflosigkeit hat hier keinen Platz. Da muss jeder selbst mit sich zurechtkommen. Wo Externalisierung herrscht, ist Abspaltung nicht weit. Dass die konkurrenzkapitalistische Welt der Erwerbsarbeit und die Beziehungswelt der Sorge sich strukturell ausschließen und damit Abspaltungsdruck erzeugt wird, lässt sich in den Niederungen des Arbeits- und Familienalltags empirisch bestätigen. So finden wir in Männerstudien immer wieder das Problem der Vereinbarkeit zwischen Familie und Beruf, das inzwischen auch die Väter heimsucht (vgl. Scholz 2009). Viele möchten gern mehr in der Familie, bei den Kindern sein, aber die vielerorts gestiegene Arbeitsbelastung lässt es nicht zu. Ihre Bedrängnis spalten sie dann in typischen naturalisierenden Rationalisierungen (entlastenden Ausflüchten und entsprechenden Plausibilisierungen) ab: Frauen seien sowieso „von Natur aus" als Mütter dazu prädestiniert, die Kinder in den ersten Lebensjahren zu versorgen.

In den Betrieben versuchen viele Männer mit – freilich verdeckten – Praktiken des Switchens ihr Vereinbarkeitsproblem leidlich zu bewältigen. Unter „Switchen" versteht man das Umschalten vom Modus der Erwerbsarbeit in den der Sorgetätigkeit (z.B. Regelung des Kinderabholens) während der Arbeitszeit. Switchen kann in diesem Sinne als „eine Entlastungstätigkeit verstanden werden, indem Arbeitnehmer durch die Handlung des Switchens schwierig empfundene Erwerbsarbeitssituationen bewältigen können" (Stiehler/Paulus 2014: 8). Besonders eben solche Situationen, in denen familiale Verantwortung und betriebliche Arbeitsverpflichtung miteinander kollidieren. Es wird dann oft heimlich geswitcht, was wiederum Schuldgefühle und Stress erzeugen kann.

Die neue Arbeitskultur, in der jeder selbstmotiviert aufgehen soll, scheut natürlich auch innerbetriebliche soziale Konflikte. Das kann eine problematische Bewältigungsdynamik in Gang setzen. Wenn Konflikte – so haben wir gesagt – nicht thematisiert werden, kann das zu gruppendynamischem Abspaltungsdruck und entsprechenden antisozialen Folgen führen. Das Gespenst des *Mobbings* geistert durch den Betrieb. Dieses Ausgrenzen von Menschen in betrieblichen Kontexten ist eine Form „alltagsüblicher Gewalt", die jeden erfassen kann. Der Prozess des Mobbings oder Bullyings folgt Gesetzmäßigkeiten, die aus der Zusammenschau von bewältigungs- und gruppendynamischer Perspektive aufschließbar sind. Ausgangspunkt von Mobbing ist also in der Regel ein nicht thematisierter Konflikt im Betrieb. Die MitarbeiterInnen lesen in der Zeitung, dass ihr Unternehmen Personal abbauen muss, sie wissen aber nicht, wie viel, wo und wer. Auch der Betriebsrat kann darüber (noch) nicht Auskunft geben. Dies erzeugt zwangsläufig ein negatives Betriebsklima, Unsicherheit und Hilflosigkeit bei den Einzelnen, Ängste, die nicht ausgesprochen werden können und deshalb abgespalten und – vgl. unser Modell – auf Schwächere projiziert werden „müssen". Die Suche nach Gruppenzusammenhalt wächst. Dieser ist aber nicht kommunikativ erreichbar, weil eben der diffuse Konflikt nicht thematisierbar ist. So bildet sich die Gruppe meist um einen „negativen Kern" aktionsmotivierter und bewegungsaktiver KollegInnen, welche den Druck des Unbehagens der Gruppe transportieren können. Sie fokussieren das Unbehagen auf einen „Sündenbock", einen/eine Kollegen/Kollegin, der/die meist auch schon vorher als irgendwie „eigenartig" galt und auf den/die jetzt erst recht die eigenen Gefühle der Hilflosigkeit abgespalten und projiziert werden können. Der Mechanismus der Abstraktion, des Sich-seines-Tuns-nicht-gewärtig-Seins, wirkt. Das Opfer scheint nicht mehr als Freund oder Kollege erkennbar; es geht ja um die eigene Hilflosigkeit, zu deren Träger das Opfer wird. Gruppendynamische Aufschaukelungsprozesse verstärken den Sog und die Dramatik des Geschehens. Einzelne, die allein nicht mitmachen würden, werden in den Sog der Gruppe als Mitmacher und Mitläufer gezogen, weil sie ja auf die Gruppe und den Gruppenzusammenhalt in der prekären Situation angewiesen sind. „Mitmachen" vermittelt Anerkennung. Man ist im Gruppenstrom. Das Opfer kommt in einen Etikettierungssog und damit selbst in eine Zone der Unsicherheit. Es verhält sich entsprechend unsicher, und die Gruppe fühlt sich in ihrem Mobbingverhalten gegenüber dem Opfer bestätigt. In dieser Dynamik kann die Gruppe kein Unrechtsbewusstsein entwickeln, und es ist hinterher immer schwierig, den Vorgang zusammen kritisch zu rekonstruieren.

Natürlich kann man fragen, warum ich mich in einer Arbeitswelt herumtreibe, die mit den meisten KlientInnen der Sozialen Arbeit doch wenig gemein hat. Dem kann man entgegenhalten: Wir haben es aber immer wieder mit Menschen zu tun, die an dieser neuen Arbeitswelt gescheitert sind. Schon in der

Bildungskonkurrenz der Schule erhalten die Jugendlichen einen Vorgeschmack davon. Auch sind die Prinzipien dieser Bewältigungskultur – Externalisierung, Mithalten-Müssen und Flexibilitätsdruck – massiv in jenen prekären Arbeitsverhältnissen spürbar, in denen sich viele der AdressatInnen der Sozialen Arbeit befinden. Und sie reichen bis in die sozialpädagogische Praxis hinein: Nicht zuletzt klagen viele MitarbeiterInnen aus Projekten der sozialpädagogischen Beschäftigungshilfe über den Vermittlungsdruck, dem sie ausgesetzt sind und der ihnen nicht die notwendige Zeit und den notwendigen Raum lässt, also die Umwege verbaut, die ihre KlientInnen eigentlich bräuchten.

7 Die digitalen Medien sind grenzenlos – Verdeckte Bewältigungsfallen

> „Das Internet ermöglicht, soziale Ängste und ganze Konfliktgeschehen auf lange Zeit affektiv abzuspalten" (Wenzel 2013: 86).

> „Der virtuelle Andere in den sozialen Foren wird oft als Projektionsfläche für eigene Wünsche und Sehnsüchte benutzt [...] Das Prozess-Denken, das als wesentlich für soziale Beziehungen gilt und soziale Kompetenzen stärkt – z. B. Spannungen aushalten, Konflikte lösen, sich einfühlen – weicht einem Programm-Denken" (ebd.: 83).

> Die Gefahr der Abstraktion, des Ausblendens virtuell wahrgenommener Leiden und eine damit einhergehende Abstumpfung in der Wirklichkeit sei durchaus gegeben (vgl. Kämper 1999).

Die digitalen Medien liefern eine Fülle von Projektionen und Abspaltungsreizen. In den Diskussionen um die Wirkungen von Internet und Computer- und Videospielen – vor allem auf Jugendliche – finden wir entsprechende Befunde und Bewertungen, die von der Betonung handlungserweiternder Möglichkeiten bis zur Warnung vor gefährdenden Risiken, wie sie einleitend beschrieben sind, reichen. Von den Ergebnissen der Wirkungsforschung hängt es aber ab, inwieweit und wie wir die *virtuelle Welt der Medien* als Bewältigungskultur einschätzen können. Zumal es sich hier um eine „parasoziale" Welt handelt, eine Welt also, die für sich sozial unwirklich ist, aber durch die Rezeption von und die Interaktion mit den NutzerInnen eine eigene soziale Wirklichkeit erhält. In den virtuellen Räumen werden ohne Zweifel Anerkennung und Selbstwirksamkeit gesucht. Schon von daher haben sie ihre bewältigungskulturelle Relevanz. Inwieweit dies aber in das soziale Handeln des Real Life eingehen kann, wollen wir im Folgenden an Beispielen der Mediennutzung thematisieren.

Gerade Jugendliche, die ja in den Phasen der Pubertät in einer eigenartigen Verkettung von Wirklichkeit und Unwirklichkeit leben, finden im virtuellen Netz ein Medium, das sie besonders anzieht. Dies gilt für Jungen und Mädchen gleichermaßen, wobei sich für Mädchen, die traditional sozialräumlich begrenzter aufwachsen als Jungen, mit dem Internet ein eigener neuer Raum eröffnet hat. In der virtuellen Welt sinken geschlechtstypische Schwellen der sozialen Umwelt, und die im Alltag zurückgehaltenen Wünsche und Träume können offengelegt werden. Es ist aber nicht so, dass sich hier eine Parallelwelt herausbildet, sondern die den konkreten sozialen Raum überschreitenden Selbstdarstellungen und Verständigungen gestalten sich weiter vor dem Hintergrund der realen alltäglichen Lebenserfahrungen und sozialen Einbettungen. Auch verändert die Onlinenutzung nicht die sozialen Orte, von denen aus die Mädchen virtuell agieren.

> „Das ‚eigene Zimmer' ist nach wie vor der Ort, an dem die Mädchen ihr Mädchensein am stärksten aushandeln. [...] Anders als in den eigenen vier Wänden, ermöglicht die persönliche Homepage den Mädchen allerdings einen Schritt aus der häuslichen Sphäre hinaus – ihre Interessen und Gefühle werden plötzlich sichtbar" (Tillmann 2008: 391).

Insofern stellt das Internet eine völlig andere Plattform dar als das traditionelle Mädchentagebuch, in das die Mädchen ihre Wünsche und Träume in das geheime Innere ihres Selbst einschrieben und das sie entsprechend vor anderen verbargen. Die Internetpräsentation dagegen verheißt eine parasoziale Öffentlichkeit, die sozial wirklich, wenn auch nicht sozial verbindlich ist. Dennoch erhalten die Mädchen Selbstbestätigung und Anerkennung, und Netzwerke können erweitert und zusätzliche Unterstützungsressourcen gesucht werden. Bei alldem bleibt, dass nicht nur die soziale Umgebung, sondern auch die soziale Lage die medialen Möglichkeiten strukturiert. Was im „real life" sozial ungleich verteilt ist, erfährt im „second life" vielleicht eine suggestive, aber keine sozial reale Veränderung. Insgesamt kann davon ausgegangen werden, dass unter den NutzerInnen des Internets die Ausprägungen sozialer Ungleichheit sich auch in der Art und Weise niederschlagen, wie das Internet genutzt wird. Das betrifft sowohl die Nutzung unterschiedlicher Angebote als auch die unterschiedliche Nutzungsweise gleicher Angebote.

Computerspiele und Videospiele (Konsolen) sind unter Jugendlichen zum festen Bestandteil ihrer Mediennutzung geworden. Ihre jugendkulturelle Attraktivität liegt in ihren interaktiven Möglichkeiten. Gewalthaltige Computerspiele nehmen inzwischen einen breiten Raum in der jugendkulturellen Szene ein. Nach entsprechenden Umfragen in Deutschland spielt etwa die Hälfte der vierzehn- bis siebzehnjährigen Jugendlichen Ego-Shooter-Spiele, wobei der Anteil der Konsumenten unter den männlichen Hauptschülern am höchsten ist. Die Problematik gewalthaltiger Computerspiele liegt vor allem darin, dass die Art und Weise, wie menschenfeindliche und gewaltkriminelle Handlungen inszeniert sind, technisch immer detailgenauer geworden ist. „Es erfordert vom Spieler größere kognitive Anstrengungen, zwischen virtueller und realer Welt zu differenzieren“, und es drängt sich zwangsläufig die Frage auf, ob etwas von dem, „das seinen Ort in der virtuellen Welt hat, transferiert werden könnte in die reale Welt“ (Fritz/Fehr 2003: 50). Ein diesbezüglicher Blick in die Computerspielforschung zeigt, dass zwar keine kausalen Gewaltübertragungen festgestellt werden können, aber von unterschwelligen Wirkungen – was die Erhöhung des Aggressionspotenzials anbelangt – in längeren Zeiträumen ausgegangen werden kann. Vor allem macht es die Egozentriertheit solcher Computerspiele aus, dass sich Identifikationen mit den virtuellen Figuren festsetzen können (vgl. Möller 2007).

Dennoch braucht es weitere Differenzierungen. So muss man schon unterscheiden, ob die Gewalthandlungen offensichtlich fiktive Konstrukte darstellen oder ob sie ganz nah an der Realität inszeniert werden. Auch muss zwischen kurzfristigen und langfristigen Wirkungen unterschieden werden, wobei die kurzfristigen Effekte eher als emotionale Zustände im Spiel und um das Spiel herum auftreten, während die längerfristigen Wirkungen sich als latente Aggressionsbereitschaften einstellen können (vgl. Hartmann 2006), die sich vor allem darin äußern, dass Computerspielfreaks Konflikte auch im Alltag meist aggressiver interpretieren als andere Jugendliche. Auch wenn davon ausgegangen wird, dass bei den Spielern die im Spiel geforderten Anforderungen und weniger die Spielinhalte im Zentrum der Aufmerksamkeit stehen, so ist doch nicht auszuschließen, dass der in den Spielen geforderte Verzicht auf Mitgefühl Spuren in der Empathiefähigkeit hinterlässt und sich regressive Wechselwirkungen aufbauen: „Im Zeitverlauf summieren sich die geringen bis mittelstarken kurzfristigen Effekte der Nutzung gewalthaltiger Computerspiele über die große Anzahl einzelner Spielsitzungen auf und stabilisieren auf diese Weise aggressiv verzerrte Gedankenstrukturen und Gefühle der Nutzer, was wiederum aggressives Verhalten (und eine Minderung prosozialen Verhaltens) begünstigt“ (ebd.: 92). Aber auch hier gilt: Es kommt auf die jeweilige soziale Umgebung, das Milieu an, aus dem heraus Computerspiele genutzt werden. Das verweist wiederum auf familiale und gruppendynamische Bewältigungskulturen. Spielern ist bewusst, dass gewaltorientierte Spiele amoralische Inhalte haben, aber das hält sie nicht vom Spielen ab. Denn es ist der suggestive Zwang der Bilder, der sie mitreißt. Die neuen Technologien und ihre Medien arbeiten nicht mehr mit der Sprache, sondern vor allem mit Bildern:

> „Die Kraft der Bilder beruht darauf, dass sie wie Wirklichkeit und nicht wie verschlüsselte Zeichensysteme wahrgenommen werden. [...] Mit Bildern [wird] die Art der Wissensweitergabe, die Form der Bündelung von Informationen und das Denken geformt [...] Bilder sind heute beliebig produzier- und veränderbar. Sie sind damit leichter für jedermann in eigene Präsentationen einzubinden“ (Tully 2003: 208 f.)

und eignen sich deshalb besonders als Projektionsflächen für Abspaltungen.

Gerade angesichts der Entgrenzung der Jugend (vgl. Kap. 17), des frühen Hineingezogen-Seins in die Probleme der Erwachsenenwelt, wirken die Medien mehr denn je bei der Identitätsbildung mit. In nun digitalisierten Bildern werden die Möglichkeiten der Selbstaneignung medial gleich mit angeboten. Digitalisierte Bilder können per Computer modifiziert, modular eingepasst und sogar in sich verkehrt werden. Konflikte werden aufgelöst, die Bilder stellen Harmonie mit sich selbst und der medialen Umwelt her. Bilder wirken ganzheitlich, und wenn man sie selbst modularisieren kann, ist man in diese Ganzheitlichkeit eingebunden, steht nicht mehr unter sozialem Legitimationszwang für das, was man in und mit den Bildern tut. Interaktion findet hier nicht in einem sozial geteilten Raum statt, sondern in digitalisierten Settings: Ich muss mich nicht im Sinne einer konflikthaften Aneignung „auseinandersetzen", sondern kann identitätshaltige Module „nach Belieben" miteinander kombinieren, modularisieren. Die Modularisierung macht es möglich, dass psychosoziale Krisen nicht in innere Konflikte umschlagen, sondern aufgelöst, eben „modularisiert" und so „passungsfähig" gemacht werden können. Mit den digitalen Medien ist eine Bewältigungskultur entstanden, die auch antisoziale Projektionen und Abspaltungen zur Eventkultur werden und so für viele als „alltagsnormal" erscheinen lässt.

Trotzdem darf man nicht die kreativen Möglichkeiten der Digitalisierung unterschlagen. Angelika Beranek hat in ihrer digitalen Transformation des Bewältigungskonzepts diese Möglichkeiten herausgearbeitet.

> „Der Selbstwert wird durch soziale Medien unter anderem im Bereich der sozialen Vergleiche beeinflusst, für die soziale Medien besonders geeignet sind, da hier auf eine große Nutzer:innenbasis für die Vergleiche zurückgegriffen werden kann. […] Des weiteren sind Anerkennungsprozesse mit sozialer Mediennutzung verbunden. Dies wird bereits bei den zentralen Nutzungsmotiven für soziale Medien deutlich. Für die Facebook-Nutzung wird davon ausgegangen, dass die Bedürfnisse nach Zugehörigkeit und Selbstpräsentation hier besonders wichtig sind. […] Selbstinszenierung hat auch im Netz den Sinn, gesehen sowie wahrgenommen zu werden und zu sozialer Anerkennung zu erlangen. Selbstinszenierung wird hierbei als intentionales Geschehen beschrieben, in dem das Selbst Gegenstand der Inszenierung ist. […] Digitale Selbstinszenierung kann als eine Form

> der Suche nach Spiegelung […] gesehen werden. […] Selbstwirksamkeit für den digitalen Sozialraum wird besonders in Bezug auf die Nutzung von (Single- und Multiplayer-)Computerspielen beschrieben. Es wird von einem Selbstwirksamkeitserleben ausgegangen, das dadurch entsteht, dass jede Handlung im Spiel eine Aktion auslöst, die die Umgebung verändert. […] Des Weiteren spielt die Art und Weise, wie Aufgaben in Computerspielen designed sind, eine große Rolle. Sie fordern die Spieler:innen heraus, überfordern diese aber nicht" (Beranek 2021: 147 f.).

Digitale Medien stellen eine ambivalente Bewältigungskultur dar. So bieten die sozialen Medien die Chance, Befindlichkeiten und Betroffenheiten zu thematisieren. Allerdings relativiert das Parasoziale dieser Medien wiederum die Verbindlichkeit und Verantwortlichkeit der Aussagen. Als Bewältigungskulturen können auch Computerspiele gelten. „Viele Onlinespiele [sind] auch als Social Networks zu betrachten, da sie vielseitige Kontaktmöglichkeiten bieten und die Spieler:innen dort gemeinsam Aufgaben lösen. […] Instrumentell-handlungsorientierte Transfers sind so vielseitig, wie die in virtuellen Welten vorhandenen genrespezifischen Muster des Handelns es vermuten lassen. Insbesondere die im Fokus der Forschung stehenden gewaltorientierten Handlungsmuster von Spielen werden von den Spieler:innen eher in der mentalen Welt (also in gedankliche Konstrukte) oder die Spielewelt übertragen als in die reale Welt" (ebd.: 153 f.). Das bestätigt die oben dargestellten differenzierten Befunde zur Medien-Wirkungsforschung.

8 Professionelles sozialpädagogisches Handeln ist bewältigungsdynamischen Herausforderungen ausgesetzt

Da ist man erst einmal schockiert. Ein Jugendlicher, dem man zum ersten Mal in der Einrichtung begegnet und dem man sich offen und verständnisvoll zuwenden will, reagiert darauf aggressiv, ja feindlich. Was hat man da falsch gemacht? Bevor man die Schuld bei sich sucht, sollte man das Bewältigungskonzept zurate ziehen. Es erschließt einem das scheinbare Paradoxon, das in dieser Situation liegt: SozialarbeiterInnen wollen helfen, sie können aber auch selbst, in der Hilfebeziehung, Hilflosigkeit erzeugen. Ein Jugendlicher, der in seinem bisherigen Leben nie die Chance hatte, das, was in ihm ist, zur Geltung zu bringen, auszusprechen, der sich immer – in Familie und Schule – autoritären Strukturen unterordnen musste, trifft in Einrichtungen der Jugendhilfe auf SozialarbeiterInnen, die ihm offen begegnen, ihm die Chance geben wollen, das, was in ihm ist, zum Sprechen zu bringen. Das kann für den Jugendlichen, der dies bisher nie erfahren hat, eine Zumutung sein, der er nicht gewachsen ist, die ihn überfordert, hilflos macht. Diese neu erzeugte Hilflosigkeit „muss" er – vergleiche das Bewältigungsmodell – abspalten und auf den/die SozialarbeiterIn projizieren. Denn der/die erscheint ihm in diesem Falle als „Schwächere(r)", weil er bis dahin nur autoritäre und für ihn „starke" Erziehungsstile kennengelernt hat.

Ein anderes Beispiel: Ein Mädchen, das seit kurzer Zeit ins Jugendzentrum kommt, fängt an, im Supermarkt zu klauen. Sie war vorher nie auffällig, und so kommt man in der Umgebung des Jugendhauses schnell zum Schluss, das habe sie dort wohl „gelernt". Dem kann man aber die Bewältigungshypothese entgegensetzen, dass hinter dem Stehlen eine Botschaft stecken könnte: die Suche nach Anerkennung durch Auffälligkeit. Wie kann man das der kommunalen Umgebung vermitteln?

Mit dem Bewältigungskonzept kann man also eine Reihe von

Herausforderungen und Konflikte aufschließen, denen SozialarbeiterInnen in ihrer Arbeit mit den KlientInnen ausgesetzt sind. Dabei trifft man auf weitere – aus der Sicht des Bewältigungskonzepts typische – Paradoxien, deren Aufklärung für das professionelle Selbstverständnis und vor allem die eigene Selbstsicherheit in der Arbeit unabdingbar ist. Zentral ist in diesem Zusammenhang die Auseinandersetzung mit dem Problem, dass der sozialpädagogische Auftrag, antisozialem und autoaggressivem Verhalten entgegenzutreten, mit der Bewältigungstatsache kollidiert, dass dieses Verhalten für die Betroffenen (unbewusst) meist das letzte und einzige Mittel ist, um Selbstwert und Anerkennung (auch durch Auffälligkeit) zu erlangen. SozialarbeiterInnen sind damit erst einmal eine Bedrohung für ihre KlientInnen, da sie in deren Augen prinzipiell die sind, die ihnen dieses letzte Mittel nehmen. Deshalb braucht es ja die funktionalen Äquivalente (vgl. Kap. 11), damit die Betroffenen nach einiger Zeit spüren können, dass sie darauf nicht mehr angewiesen sind.

Man muss sich also immer wieder vor Augen halten: Aus der Bewältigungsperspektive ist die Hilfebeziehung eine Konfliktbeziehung. Es stehen sich schließlich in der Regel zwei widersprüchliche Interessenpositionen gegenüber: Das antisoziale oder selbstdestruktive Verhalten der KlientInnen hat für diese – wie oben beschrieben – erst einmal eine subjektiv erlebte positive Funktion. Diese Funktion steht der sozialpädagogischen Interventionsabsicht gegenüber, die das Antisoziale und Selbstzerstörerische des Verhaltens sieht und es deshalb negativ bewertet, bewerten muss. Die gemeinsame Perspektive der Konfliktaustragung und schließlich des Kompromisses als Verständigung zwischen SozialarbeiterInnen und KlientInnen entwickelt sich dann in einer Methodik des Akzeptierens und der funktionalen Äquivalente (vgl. Kap. 11). Dazwischen liegen immer wieder konfligierende Interaktionssituationen, die auch die Handlungsfähigkeit der SozialarbeiterInnen selbst beeinträchtigen können. Eigene Handlungsfähigkeit und interaktive Konfliktfähigkeit laufen hier zusammen. Konfliktfähigkeit ist deshalb eine professionelle Kompetenz, die erlernt werden muss, zumal Sozialarbeiterinnen und Sozialarbeiter ja häufig aus anderen Schichten kommen als ihre

Klientel. Sie müssen sich mit Einstellungen und Verhaltensweisen auseinandersetzen, diese aushalten können, die sie sich für sich überhaupt nicht vorstellen können.

Seit die Soziale Arbeit in den kritischen Diskursen der 1970er und 1980er Jahre als Instanz sozialer Kontrolle, als Ort der Etikettierung und als Verursacherin devianter Karrieren entlarvt wurde, sind Reformen eingeleitet und gestaltet worden, bei denen es darum ging, die sozialpädagogischen Organisationsstrukturen so zu reformieren, dass sie nicht länger zu Etikettierungsfallen und Schleusen für deviante Karrieren werden konnten. Systeme integrierter Erziehungshilfen wurden aufgebaut („Hilfen unter einem Dach"), mit denen vermieden werden sollte, dass die KlientInnen von Instanz zu Instanz weitergeleitet werden und so zwangläufig in eine Aktenkarriere hineinrutschen müssen. Sozialräumliche Programme sollen die Betroffenen aus der institutionellen Isolation des KlientInnenstatus herauslösen, sie als Akteure ihrer sozialen Umwelt erscheinen lassen, sodass der Blick frei wird für die Alltagsbedingungen und Kompetenzen, an die die Soziale Arbeit in ihren Hilfeplänen anknüpfen kann. Dennoch bleibt das Faktum, dass die Lebens- und Bewältigungslagen von AdressatInnen der Sozialen Arbeit maßgeblich durch den Interventions- und Kontrollrahmen der Sozialen Arbeit und mithin durch einen KlientInnenstatus bestimmt sind. Dies wird oft nicht genug bedacht, wenn der sozialpädagogische Diskurs – wie seit einiger Zeit – auf das zivilgesellschaftliche Programm setzt und die KlientInnen gern zu BürgerInnen erklären möchte. Denn dann muss radikal gefragt werden, was es für die Soziale Arbeit bedeutet, wenn die Betroffenen nicht mehr als tendenziell abhängige KlientInnen, sondern als freie Rechtssubjekte agieren und möglicherweise Ansprüche formulieren, die aus dem Rahmen der sozialpädagogischen Hilfen fallen. Die moderne Professionalisierung der Sozialen Arbeit hat auch dazu geführt, dass der fachliche Anspruch erhoben wird, die KlientInnen seien doch nun in „guten Händen". Nicht thematisiert wird dabei der meist verdeckte Konflikt „zwischen wohlwollenden HelferInnen und zunehmend eigene Ansprüche formulierenden KlientInnen", womit „die Ebene der Rechte als unabhängige Begründungsinstanz für

Handeln oder dessen Unterlassung" ausgeblendet ist (Keupp 1996: 165).

Die *Bewältigungslage Klient* muss also – in den Dimensionen Abhängigkeit, Ausdruck und Aneignung – aufgeschlossen werden. Methodisch sollte bei der Analyse der Bewältigungslage Klient in zwei Schritten vorgegangen werden. Zum einen steht der/die SozialarbeiterIn selbst im Mittelpunkt. In der Supervision sollten nicht nur gegenseitige Abhängigkeiten in der Beziehung zu den KlientInnen thematisierbar sein. Auch das eigene Kontrollverhalten muss erkannt werden, denn es kann das Streben der KlientInnen nach Selbstständigkeit gegenüber den Professionellen unterdrücken. Das heißt, dass alle Möglichkeiten genutzt werden sollten, den KlientInnen die Chance zu geben, sich immer wieder aus der Zweierbeziehung der Hilfe lösen und neuen sozialen Anschluss finden zu können. Sei es über Formen der offenen Gruppenarbeit, Quartiertreffs oder Teilnahme an Projekten, in denen sie soziale Anerkennung auch von anderen als von „ihren" SozialarbeiterInnen erhalten und so aus dem KlientInnenstatus heraustreten können.

9 Auch die Jugendhilfe kann Hilflosigkeit erzeugen

SozialarbeiterInnen sind schnell dabei, wenn es darum geht, die Schule ob ihrer Etikettierungs- und Ausgrenzungsmechanik (s. o.) zu kritisieren. Dabei ist auch die Soziale Arbeit nicht davor gefeit, zu etikettieren, Stigmatisierungsprozesse in Gang zu setzen und damit Hilflosigkeit und neuen Abspaltungsdruck bei den KlientInnen zu erzeugen. Ich will dies im Folgenden am Beispiel der Jugendhilfe darstellen.

Die moderne Jugendhilfe ist bestrebt, sich eine fachliche Autonomie zu schaffen, die es ihr erlaubt, „neben" den ihr weiterhin entgegengebrachten öffentlichen Kontrollerwartungen eine Hilfestruktur aufzubauen, die in ihren Aktivitäten an der Bewältigungssituation der Kinder und Jugendlichen anknüpft und Hilfen aufzeigen und organisieren kann, die nicht stigmatisierend und ausgrenzend wirken. Dabei kommt der Jugendhilfe heute zupass, dass sich die biografischen Wege zur Erreichung der Normalexistenz pluralisiert haben. Dennoch ist die Jugendhilfe in Sachen Kontrolle längst nicht aus dem Schneider. Der fiskalische Druck und die damit verbundenen organisatorischen Steuerungsauflagen, nach denen die Jugendhilfe sich auf ihre Pflichtaufgaben – und das sind eben nach dem KJHG nach wie vor die manifesten Kontrollaufgaben – zu beschränken hat, zwingen sie verdeckt und offen immer wieder auf den tradierten Weg der Kontrolle abweichenden Verhaltens und der Dissozialität. Damit kann sie leicht in Verfahren gedrängt werden, die selbst wieder Bewältigungsprobleme für die Jugendlichen aufwerfen. Die Jugendhilfe kann sich eben nicht so einfach von ihrer kontrollierenden Grundstruktur verabschieden. Deshalb ist es notwendig, diese meist verdeckten Prozesse zu reflektieren, vor allem dort, wo allzu leicht bilanziert wird, dass der Hilfeprozess leider „gescheitert" sei.

„Scheitern" ist eine Zuschreibung, die zwar nicht zum fachlich-diagnostischen Repertoire der Sozialen Arbeit gehört, aber doch in ihrer alltagstheoretischen Form überall dort mitschwingt, wo es um nicht erreichte Ziele, Abbruch von intendierten Handlungsprozessen und biografischen Verläufen geht. In der Sozialen Arbeit hat Scheitern ein Doppelgesicht: Zum einen bezieht es sich auf die KlientInnen selbst, zum anderen auf die Hilfebeziehung, wenn Hilfesysteme und KlientInnen „aneinander scheitern“ (vgl. Baumann 2010). Dieses „aneinander“ verweist darauf, dass Scheitern nicht als einseitiger Vorgang, der den KlientInnen angelastet wird, zu betrachten ist, sondern als interaktiver und darin *konflikthaltiger* Prozess. Scheitern an der Norm einer Normalbiografie und/oder an den Rollen- und Verhaltenserwartungen des Hilfesystems ist deshalb vor allem unter dem Aspekt zu betrachten, dass es eben nicht nur auf Integrationsprobleme bei den KlientInnen, sondern genauso um ihr Scheitern an der Apparatur der Jugendhilfe geht. Aus dieser Sicht ist es für Menno Baumann nur konsequent, die „vermeintlichen Störungsversuche [der Kinder und Jugendlichen] und die Konsequenz ihres Widerstandes als Stärke wahrzunehmen“ (ebd.: 211). Diese Interpretationsweise werde ich später als Methode des „Reframing“ vorstellen (vgl. Kap. 11). In seinen empirischen Rekonstruktionen zum Scheitern von Kindern und Jugendlichen am System der Erziehungshilfen fordert er schließlich dazu auf, das, was aus dem etikettierenden Blick auch der Professionellen heraus als „gestört“ betrachtet wird, als *Bewältigungsverhalten* zu erkennen und aufzuschließen. Im widerständigen Verhalten steckt das Abspalten von Hilflosigkeit, das Bestreben, handlungsfähig zu bleiben. Denn es sind oft verstetigte Etikettierungsprozesse innerhalb der Jugendhilfeeinrichtungen, die Ohnmacht bei den Jugendlichen erzeugen.

Ich will im Folgenden diese der Jugendhilfe immanenten Kontroll- und damit verbundenen Etikettierungstendenzen an Ablaufmodellen darstellen, wie sie seit der Jugendhilfekritik der 1980er Jahre in Westdeutschland gleichsam in einer „Diskurskette“ bis heute entwickelt wurden (vgl. Herriger 1987; Klatetzki 1998; Ader 2006). Wir wissen ja, dass die Jugendhilfe traditionell ihre Klientel nicht selbst rekrutiert, sondern durch andere Institutionen – vor allem auch durch die Justiz – zugewiesen bekommt. In diese Zuweisung sind schon Definitionen des Falls eingegangen: Die Jugendlichen kommen schon *kategorisiert* als Normverletzer, als registrierter Typus, zur Jugendhilfe, von der – diesem Typ entsprechende – Maßnahmen erwartet werden. Dies trifft vor allem Jugendliche, von deren Familien aufgrund ihres sozialen Status angenommen wird, dass sie nicht zur verständigenden Kommunikation über die Schwierigkeiten ihres Kindes bereit und in der Lage sind. Die Jugendhilfe wird also meist erst eingeschaltet, wenn schon ein wesentlicher Typisierungsvorgang gelaufen ist, in den sie sich mehr oder minder einfädelt, wobei sie die vorangegangenen Definitionen anerkennen, zumindest sich verbindlich damit auseinandersetzen muss.

Die Reform der deutschen Jugendhilfe in den 1980er und 1990er Jahren lief deshalb vor allem auch darauf hinaus, möglichst früh mit gefährdeten Jugendlichen in Kontakt zu kommen. In Formen der stadtteilbezogenen „aufsuchenden“ und netzwerkorientierten Arbeit sollen Jugendliche, wenn sie schon mit der Polizei in Berührung kommen, auch gleich Unterstützung durch SozialarbeiterInnen erhalten. Diese versucht schon früh, den Definitionsprozess von den Problemen der Jugendlichen her zu beeinflussen. Vor allem bei den Jugendlichen, deren Familien nicht in der Lage sind, regulierend einzugreifen, versteht sich die moderne Jugendhilfe als präventive Regulierungsinstanz. Eine entsprechende Zusammenarbeit zwischen Jugendhilfe und Polizei hat sich an vielen Orten entwickelt, sie wird den Jugendlichen offen dargelegt, sodass sie den Kooperationszweck durchschauen und verstehen können, dass es sich hier um Versuche der Entkriminalisierung handelt.

Allerdings ist es über diese offenen und aufsuchenden Projekte hinaus bis heute schwierig, gerade den eingriffstradierten Instanzen der Jugendhilfe (Familien- und Erziehungshilfen) verständlich zu machen, dass es sich bei der Intervention um einen interaktiven und interpretativen Prozess, aber nicht um ein gesichertes Verfahren handelt:

> „Die berufliche Interaktion zwischen dem sachbearbeitenden Sozialarbeiter der Jugendhilfebehörde und dem ihm gemeldeten Minder-

jährigen ist inhaltlich geprägt durch den Handel um eine rechtsverbindlich eindeutige Definition der registrierten ‚problemhaften' Geschehnisse […]. Zugleich muss der Fall in einer Akte schriftlich niedergelegt werden, so dass andere möglicherweise beteiligte oder noch zu beteiligende Instanzen bereits auf einen Bestand von bedeutungsvollen Informationen zurückgreifen können, wenn sie ihrerseits über Maßnahmen gegen diese Kinder und Jugendliche zu befinden haben" (Herriger 1987: 181).

Die SozialarbeiterInnen stehen dabei unter dem institutionellen Druck – den sie oft selbst in ihre Haltung übernommen haben –, die Vorgänge in die Indikationen und Verfahrensregeln des Jugendhilfegesetzes und seiner jeweils behördlichen Ausführungstradition einzupassen, den Fall „bearbeitbar" zu halten. Sie greifen dabei oft auf ihr „berufsbezogenes Alltagswissen" (Herriger 1987) zurück. Dieses ist auf Typisierung angelegt, d.h., es dient dazu, die behördliche Handlungsfähigkeit der SozialarbeiterInnen aufrechtzuerhalten. An dieser orientiert sich auch die *Berufserfahrung* (wie habe ich in der Vergangenheit etwas gemeistert?). So wird von einem verfügbaren Fundus von „pragmatischen Persönlichkeitstheorien" (was ist ein anständiger Mensch?), „pragmatischen Devianztheorien" (wer gilt landläufig als gefährdet?) und „pragmatischen Kontrolltheorien" (was halten wir für solche Klientel üblicherweise bereit?) ausgegangen. Solche pragmatischen Persönlichkeitstheorien sind eingebettet in „praktische Ideologien", welche über die fachliche Orientierung hinaus Sinnstiftung im Beruf vermitteln. Als solche organisieren sie das Handeln der MitarbeiterInnen und sind „Grundlage für Kooperation und professionelle Selbstkontrolle" (Klatetzki 1998: 61). Somit sind die Persönlichkeitstheorien eingebunden in ein Alltagsmilieu beruflicher Identität und Gemeinschaft und deshalb schwer von außen infrage zu stellen:

„Das Grundproblem praktischer Ideologien besteht nun darin, dass sie Vereinfachungen vornehmen und Eindeutigkeiten herstellen, wo in Wirklichkeit […] die Verhältnisse unvermeidlich mehrdeutig und komplex sind. Ideologien haben in Organisationen den Charakter

> von Selbstverständlichkeiten [...], und so wird vergessen, dass es andere Interpretationsmöglichkeiten für soziale Probleme gibt" (ebd.: 62).

Dass diese institutionelle Gebundenheit des diagnostischen Blicks bei gleichzeitigem persönlichkeitstheoretisch verbrämtem Willen, den Kindern und Jugendlichen gerecht zu werden, weiterwirkt, hat Sabine Ader in einer empirischen Studie zur „Wahrnehmung, Deutung und Intervention in der Jugendhilfe" (2006) bestätigt. Es handelt sich um eine gleichsam strukturell eingelassene Resistenz von Etikettierungen, in denen sich die in den Köpfen der professionell Wirkenden institutionellen Grenzziehungen spiegeln:

> „Personell wie institutionell wird eher eine Vermeidung von Verunsicherungen angestrebt. Dazu zählt auch, dass die ernsthafte Hinwendung der Professionellen zu den Lebensgeschichten, Selbstdeutungen und Erzählungen der AdressatInnen zu Handlungsanforderungen führen könnte, die nicht im entwickelten Repertoire enthalten sind und somit eine Bedrohung für professionelle und methodische Handlungsroutinen darstellen. Zudem impliziert die Annäherung an die individuellen Lebensschicksale der KlientInnen häufig eine enorme emotionale Belastung, die die individuelle Verantwortung für einen Fall eher noch erhöht und das Erklären der Nichtzuständigkeit als Möglichkeit der Distanzierung erschwert" (ebd.: 50).

So führt der Anpassungsdruck an institutionelle Interessen oft dazu, dass diese als Wertorientierung in die persönlichen Vorstellungen der Professionellen eingehen. Da sich institutionelle Orientierungen weniger an dem sozialen Wandel als an der Stabilität des normativen Durchschnitts orientieren, finden sich

> „in den sozialen Diensten und Entwicklungen unreflektierte normative Vorstellungen darüber, wie Kinder aufwachsen sollen und was ‚gut und richtig' für sie ist. Auffällig ist auch hier die hohe Orientierung am Familienideal, verbunden mit einer Fokussierung tradierter Geschlechterstereotypen (‚die gute Mutter') sowie festgefügter Vorstellungen über die erwünschte Lebensweise [...]. Ebenso problema-

> tisch wie auf der fachlich-individuellen Ebene ist auch hier, dass diese Vorstellungen nicht systematisch kommuniziert und zur fachlichen Leitidee bzw. zum Standard erhoben werden, der auch für Außenstehende transparent ist, sondern diese Normen sich ‚freischwebend' im System bewegen und die zutreffenden Entscheidungen prägen" (ebd.: 178).

Damit kann sich immer wieder eine „unreflektierte Abwertung der Lebensformen und Vorstellungen" der betroffenen Kinder und Jugendlichen und ihrer Familien einschleichen (ebd.: 179). So ist es nicht verwunderlich, dass man den professionellen Halt wieder an den Symptomen – Auffälligkeiten und störendes Verhalten – sieht und die dahinterliegende Bewältigungslogik und -dynamik nicht erkennen kann.

Dies ist auch die Grundstruktur der meisten Anamnesen. Mit der retrospektiven Interpretation wird der Jugendliche schon in einer devianten *Karriere* gesehen, eine Zuschreibung, die es den SozialarbeiterInnen möglich macht, vergangenes und zukünftig erwartbares Verhalten des/der Jugendlichen aus ihrer Sicht zu plausibilisieren. Somit erhält der/die Jugendliche eine deviante Biografie, die sich an der Entwicklung seiner/ihrer Auffälligkeit und nicht an seiner/ihrer subjektiven Bewältigungsbiografie ausrichtet. Er/sie kann dann auch in der Jugendhilfe weitergereicht werden, Überweisungsstation und biografische Station vermischen sich. Schließlich hat der/die Jugendliche in den Kontrollaugen der Jugendhilfeadministration und ihrer SozialarbeiterInnen nicht ein Kinder- und Jugendleben hinter sich, sondern eine Reihe von Aufgriffen, Überweisungen, Beratungen, Trainingskursen, Heimeinweisungen etc. Er/sie ist dem Jugendhilfesystem vertraut, man weiß mit sich gegenseitig umzugehen, beide – die Jugendlichen und die SozialarbeiterInnen – orientieren sich nun gegenseitig am typisierenden Karrieremodell. Die Jugendhilfe hat ihre Klientel im Griff, und diese arrangieren sich damit, vor allem dann, wenn sie sich davon Vorteile für eine möglicherweise bevorzugte Behandlung versprechen. So wird Handlungsfähigkeit auf beiden Seiten – zumindest situativ – aufrechterhalten.

Zwar sind in den rechtlichen Regelungen zur Erstellung des

Hilfeplans im KJHG die Beteiligung und Mitwirkung der Jugendlichen an den Maßnahmen vorgesehen. Um ihnen dies zu ermöglichen, bedarf es vor allem der „Niederschwelligkeit“, des Abbaus institutioneller, lebensweltfremder Zugangsbarrieren (vgl. Kap. 11). Damit ist aber noch nicht das Problem gelöst, dass Jugendliche, die zur Klientel der Jugendhilfe werden, nur bedingt über die kommunikative Kompetenz verfügen, die notwendig ist, um in solchen Aushandlungsprozessen nicht nur zu bestehen, sondern auch aktiv mitbestimmend teilzuhaben. Wir sind wieder bei der Frage, inwieweit die betroffenen Jugendlichen in der Lage sind bzw. in die Lage versetzt werden können, ihre inneren Belastungen und Konflikte zu thematisieren und daraus Interessen zu artikulieren. Schon Ralf Bohnsack hatte in seinem Klassiker „Handlungskompetenz und Jugendkriminalität“ (1973) differenziert dargestellt, dass Jugendliche aus sozial benachteiligten Familien und Herkunftsmilieus nicht gelernt haben, von der Milieusprache auf institutionelle Kommunikation umzuschalten, dass ihnen nondirektive Aushandlungskonstellationen fremd sind und dass sie deshalb auch nicht über „defensive Beschwerdemacht“ verfügen. Das heißt, sie haben keine biografischen Erfahrungen darin, der institutionellen Sprachlogik entsprechend entlastende Gegendarstellungen für sich zu konstruieren. Ihre Entgegnungen sind meist direkt und egozentriert und wirken deshalb oft konfus und unlogisch auf die SozialarbeiterInnen. Oder sie gelten als „uneinsichtig“: Diese Uneinsichtigkeit rührt aber meist daher, dass für die Jugendlichen ihr inkriminiertes Verhalten zuvörderst Bewältigungsverhalten war, um handlungsfähig im Sinne des Erhalts von Selbstwert und Anerkennung (durch Auffälligkeit) bleiben zu können.

10 Wie die Soziale Arbeit Zugang zur sozialstrukturellen Dimension finden kann – Lebenslagen und Bewältigungslagen

Um eine Verbindung zwischen psycho-/soziodynamischer und gesellschaftlicher Ebene des Bewältigungskonzepts herstellen zu können, bedarf es einer eigenen theoretischen Operation. Das theoretische Scharnier, das wir (zusammen mit Wolfgang Schröer) hier entwickelt haben, lässt sich begrifflich in die Ableitungsreihe *Entgrenzung – Freisetzung – Bewältigung* fassen. Inspiriert dazu hat uns der Sozialpädagoge Carl Mennicke, der in den 1920er Jahren die Grundlagen für diese Argumentation entwickelte.

Carl Mennicke, der dem Kreis der „religiösen Sozialisten" um Paul Tillich angehörte (vgl. Martiny 1977; Böhnisch 2021), wurde mit seiner Berufung an die Universität Frankfurt (1931) zu einem der ersten universitären Sozialpädagogen in Deutschland (vgl. zur Biografie: Bourmer 2012). Ihm ging es vor allem darum, die Disziplin wissenschaftlich eigenständig aus den pädagogischen Herausforderungen gesellschaftlicher Entwicklungs- und Wandlungsprozesse heraus zu begründen. Seit der Wende vom 19. zum 20. Jahrhundert – so Mennicke – hätten die sozialen Veränderungen ein Ausmaß erreicht, dass man von einer *sozialpädagogischen Verlegenheit* der industriellen Moderne sprechen könne. Diese sozialpädagogische Verlegenheit der modernen Industriegesellschaft zeige sich darin, dass sie den Einzelnen einerseits freisetze und andererseits nicht die sozialen Bedingungen biete, in denen sie dieses Frei-Sein gestalten und leben können. Das Leben stehe in den modernen kapitalistischen Gesellschaften „viel zu ausdrücklich unter dem Zeichen der gemeinsamen Bewältigung der Lebenslast" (Mennicke 1928: 283). Die freigesetzten Bedürfnisse sowie die damit einhergehende implizite gesellschaftliche Aufforderung, Handlungsfähigkeit und Lebenssinn auszubilden, würden durch die Gesellschaft nicht beantwortet. Stattdessen regierten Arbeitsverhältnisse im industriellen Kapitalismus, die sich gegenüber allen sozialpädagogischen Problemstellungen gleichgültig verhielten.

Mennicke hat damals (1926) einen Rahmen der gesellschaftlichen Begründung Sozialer Arbeit entworfen, der für uns heute – angesichts der gegenwärtigen Brüche nach einer langen Phase der gesellschaftlichen und sozialstaatlichen Linearität und Stabilität – wieder an unmittelbarer Bedeutung gewonnen hat: Bei ihm war es die Erkenntnis der *Entgrenzung bis Auflösung traditionaler Milieus und die damit einhergehende Freisetzung von psychosozialen Orientierungsproblemen und Bewältigungszwängen,* auf die sich die Soziale Arbeit zu beziehen hatte. Die gegenwärtige Gesellschaft der globalisierten „zweiten Moderne" ist auch von Entgrenzungen und von der Freisetzung neuer Orientierungs- und Bewältigungsprobleme gekennzeichnet; strukturelle wie diffuse Bewältigungszwänge brechen auf.

Für die Menschen bedeutet dies, dass sie sich nicht mehr auf bisherige gesellschaftliche Sicherheiten und Möglichkeiten verlassen können, gleichzeitig aber auch, dass sich ihnen neue Optionen eröffnen, deren Einlösung aber immer auch ungewiss bleibt. Sie werden herausgelöst aus herkömmlichen Integrationsformen – „freigesetzt" – und müssen sehen, wie sie dies bewältigen und dabei handlungsfähig bleiben können. Da aber Freisetzungsprozesse immer mit *Entgrenzungen* verbunden sind, ist die Bewältigungsszenerie ambivalent. Freiheit gebiert immer auch Unsicherheit, gesellschaftliche Beschleunigung die Sehnsucht nach Halt, steigende Rationalität die Sehnsucht nach dem naturhaft Selbstverständlichen.

Seit Beginn des 21. Jahrhunderts wird in den Sozialwissenschaften – ähnlich wie zu Mennickes Zeit der Auflösung traditionaler Milieus und Wertordnungen – wieder mit Begriffen operiert, die auf die Erosion überkommener Grenzen und Sicherheiten hinweisen. Der Begriff der *Risikogesellschaft* (vgl. Beck 1986) läutete diesen kritischen Modernisierungsdiskurs schon früher ein, später der Begriff der Entgrenzung: Bisherige Normalitätsstrukturen lösen sich auf oder vermischen sich mit neuen, Grenzen verschwimmen, andere tun sich auf. Das Normalarbeitsverhältnis als lebensgeschichtlich zentrale Verknüpfung von Identität und Arbeit gilt für viele nicht mehr, dennoch soll Arbeit weiter das Korsett des Lebenslaufs bilden. Wir erleben Armut in Arbeit, Depression im Wohlstand, Verkürzung von Jugend bei Verlängerung der Jugendphase durch Extensivierung der Bildung und Prekarisierung der Übergänge in Arbeit. Das geschieht in Deutschland meist verdeckt, dramatisch offen dagegen in anderen europäischen Gesellschaften.

Zur Entgrenzung kommt das Problem der *Entbettung* hinzu: In den transnationalen Verflechtungen einer globalisierten Ökonomie agieren Unternehmen über den nationalen Sozialstaat hinweg: Ökonomische Standortentscheidungen mit ihren sozialen Folgen werden im weltweit inszenierten Wettbewerb der Konzerne ohne Rücksicht auf lokale Traditionen und regionale soziale Verhältnisse getroffen. Die soziale Welt wird dadurch permanent in Atem gehalten, dem Sog dieser neuen ökonomischen Bewegungsdynamiken kann sie nicht entgehen. Die gewohnte sozialstaatliche Hintergrundsicherheit scheint gefährdet.

Das Individuum in seinem Ausgesetzt-Sein wie in seiner Widerständigkeit wird durch die poröser werdenden sozialen Institutionen hindurch sichtbar. Die immer wiederkehrende Suche nach Handlungsfähigkeit im Takt der Risikowellen löst stabile Identitäten ab.

Das sind kritische Hintergrundkonstellationen, die im Strukturwandel der modernen Gesellschaft freigesetzt werden und allgemeine Bewältigungsprobleme und -zwänge entstehen lassen, mit denen dann je individuell-biografisch umgegangen werden muss. Ich hoffe, dass ich damit deutlich machen konnte, wie die Bewältigungsperspektive gesellschaftliche rückgebunden und vermittelt ist. Vor diesem theoretischen Hintergrund können jetzt auch Konzepte, die sich mit dem Einfluss der Gesellschaft auf die Lebensverhältnisse befassen – wie eben das im Folgenden dargestellte sozialpolitische Konzept der Lebenslage –, in die Theoriebildung der Sozialen Arbeit integriert werden, ohne dass dies aufgesetzt oder „hergeholt“ erscheint.

Wenn wir also davon sprechen, dass die gesellschaftlichen Entgrenzungen sich in der Veränderung der Lebensverhältnisse abbilden, dann ist damit erst einmal nicht die individuelle Lage gemeint, sondern der Bezug zur Sozialstruktur der Gesellschaft, in die die Lebensverhältnisse – für Gruppen von Menschen vergleichbar – eingebettet sind. Das darauf bezogene Konzept der Lebenslage stammt aus der Theorie der Sozialpolitik (vgl. ausf. Böhnisch/Schröer 2012). Es verweist auf die sozialstrukturelle Einbettung der Lebensverhältnisse und damit auf die ökonomisch-sozialen Ressourcen individueller Lebensbewältigung. Mit dem Begriff Lebenslage kann der Zusammenhang thematisiert werden zwischen gesellschaftlichen Entwicklungen und der jeweiligen Ausformung der sozialen Spielräume, in denen das Leben – biografisch unterschiedlich – bewältigt werden kann. In einer ökonomisch prosperierenden Demokratie kann sich ein Sozialstaat entwickeln, der soziale Gestaltungspolitik betreibt und damit die Menschen ermuntert, soziale Ansprüche zu formulieren und zu erweitern. Umgekehrt führt eine fiskalische Krise des Sozialstaats dazu, dass Ansprüche zurückgedrängt und Zumutbarkeiten erhöht werden. Das bekommen dann die KlientInnen der Sozialen Arbeit am stärksten zu spüren, da sie ja von sozialstaatlichen Leistungen abhängig sind.

Lebenslagen sind also Ermöglichungs- wie Verwehrungskontexte. Sie zeigen die Zusammenhänge auf zwischen Einkommen, Bildung, Wohnqualität, Konsumkraft soziokultureller Vernetzung und den damit verbunden Möglichkeiten und Chancen. Gleichzeitig aber auch die Grenzen und Risiken, wenn Ansprüche zurückgedrängt und Zumutbarkeiten erhöht werden. Dabei wird auch deutlich, dass Lebenslagen und Bewältigungskulturen miteinander vermittelt sind. Niedriges Einkommen, unzureichende Bildung, beengte Wohnverhältnisse schränken nicht nur die Bewältigungsressourcen ein, sie beeinflussen auch das Bewältigungsverhalten. In sozial marginalisierten Milieus wächst der Abspaltungsdruck.

Bewältigungslagen

Da die Soziale Arbeit nur bedingt sozialstrukturell, d. h. in ökonomische und rechtliche Bedingungen der Lebenslage intervenieren kann, sondern personenbezogen agiert, ist es deshalb in einem weiteren Schritt notwendig, den entsprechenden sozialpädagogischen Zugang zur Lebenslage zu suchen. Das heißt nun nicht, dass die Soziale Arbeit das lebenslagenbezogene sozialstrukturelle Wissen nicht bräuchte. Im Gegenteil: Es ist als Hintergrund- und Bezugswissen unabdingbar, steckt es doch die Reichweite und die Grenzen der sozialpädagogischen Intervention genauso ab, wie es diese sozialpolitisch rückkoppeln kann. Die Soziale Arbeit gilt zwar als verlängerter Arm der Sozialpolitik, indem sie die biografischen Ausformungen sozialer Risiken zum Gegenstand der Intervention hat. Sie kann allerdings die zentralen Spielräume der Lebenslage – Einkommen, Arbeit und Beruf, Rechte – nicht oder kaum verändern. Dafür aber die sozialen und kulturellen Spielräume, soweit sie pädagogisch interaktiv beeinflussbar sind. Diese versuche ich mit dem Konzept der *Bewältigungslagen* zu erfassen.

Um diese operationalisieren zu können, ist es sinnvoll, erst einmal nach den Mitteln zu fragen, die der Sozialen Arbeit für einen Zugang zu den Lebenslagen zur Verfügung stehen. Dies sind *Sprache, Beziehungen, Zeit und Raum.* Über das Bewältigungsmodell konnten wir erkennen, dass ein Zwang zur Abspaltung – selbstdestruktiv nach innen, antisozial nach außen – dann entstehen kann, wenn die KlientInnen ihre Hilflosigkeit nicht zur Sprache bringen, nicht ausdrücken, thematisieren können. Das verweist auf eine Bewältigungslage, die stumm und unfähig zur *Thematisierung* macht, Abspaltungsdruck erzeugt. Gleichzeitig wissen wir, dass kritische Lebenskonstellationen dann thematisiert werden können, wenn sie als soziale Probleme *anerkannt* sind, nicht allein den Einzelnen angelastet, zugeschuldet werden. Wir fragen deshalb auch nach den Anerkennungs- und Unterstützungsmöglichkeiten im sozialen Umfeld. Wir fragen aber genauso nach den *Abhängigkeitsverhältnissen,* die jene Hilflosigkeit erzeugen, wie wir sie bei Betroffenen in Zwangsverhältnissen beobachten. Ebenso nach den negativen und defizitären Zuschreibungen, die ihnen darin immer wieder entgegengebracht werden und in denen sie sich in entsprechenden KlientInnenkarrieren „eingerichtet" haben. In der sozialräumlichen Dimension schließlich interessieren uns vor allem auch die sozialräumlichen *Aneignungsmöglichkeiten und -verwehrungen* als Bedingungen erweiterter Handlungsfähigkeit. Insgesamt lässt sich also das Konstrukt der Bewältigungslage – als Brückenkonzept zwischen Lebenslage und Lebensbewältigung – vierfach (die vier A) dimensionieren:

- in der Dimension des *Ausdrucks* (als der Chance wie der Verwehrung, seine innere Befindlichkeit thematisieren zu können und nicht abspalten zu müssen),
- in der Dimension der *Anerkennung* (als der Chance wie der Verwehrung, sozial wahrgenommen und entsprechend integriert zu sein),
- in der Dimension der *Abhängigkeit* (als der Chance wie der Verwehrung, selbstbestimmt handeln zu können),
- in der Dimension der *Aneignung* (als der Chance wie der Verwehrung, sich in seine sozialräumliche Umwelt personal wie sozial erweiternd einbringen zu können).

Diese vier Dimensionen der Bewältigungslage sind eng miteinander verwoben. Wer z. B. in massiver *Abhängigkeit* leben muss, hat in der Regel wenige Chancen, diese zu thematisieren *(Ausdruck)* und leidet meist unter verwehrten *Aneignungs*möglichkeiten und mangelnder *Anerkennung.* Dies kann man von jeder Dimension aus durchspielen.

Ausdruck – Thematisierung

Seine Betroffenheit aussprechen, *thematisieren* zu können und darin sich aus seinem Ausgesetzt-Sein, seiner Ohnmacht lösen und sich zu anderen in Beziehung setzen zu können, nicht mehr unter dem Druck zu stehen, es antisozial oder autoaggressiv abspalten zu müssen: Hier haben wir es mit einer Grundkonstellation der Sozialen Arbeit zu tun, an der sich Diagnose wie Intervention in der Hilfebeziehung zusammenführen lassen. Nicht nur bei Kindern und Jugendlichen, genauso bei Erwachsenen in prekären Lebenskonstellationen. Sprache wird hier als soziales Medium sichtbar, in dem und mit dem man sich mit sich selbst und seiner Umwelt auseinandersetzt, sich seiner selbst im Sozialen vergewissern und soziale Beziehungen eröffnen kann. Im Mittelpunkt jeder Beratung steht die Sprache. Beratung kann deshalb durchaus als Hilfe zur Thematisierung jener Lebensschwierigkeiten verstanden werden, die eine Hilflosigkeit des Selbst erzeugen, welche die Betroffenen von sich aus nicht mehr zur Sprache bringen können. Die Betroffenen stehen unter Abspaltungsdruck, der im Verlaufe des Beratungsprozesses abgebaut werden kann. Ziel ist die Wiedergewinnung innerer Autonomie, eines selbstbestimmten Zugangs zum eigenen Innen, von dem aus das Verhältnis zu sich und zur sozialen Umwelt neu geordnet werden kann. Die Sprache ist das Medium dafür.

Aus dem Bewältigungskonzept wissen wir, dass der innere Abspaltungsdruck in der Regel deutliche geschlechtsdifferente Ausprägungen – bei Frauen eher innen-, bei Männern eher außengerichtet – aufweist. Bei Männern sind es vor allem ihre „Sprachlosigkeit" und „Stummheit", die gegen sich selbst und im Hinblick auf das, was sie bedroht, gerichtet ist. In der Männerberatung versucht der Berater, den Klienten so weit zu bringen, dass er über diese seine negativen Gefühle, seine Hilflosigkeit sprechen kann. Der männliche Klient dagegen hat Angst vor dieser Hilflosigkeit in sich, Angst davor, sie aussprechen zu müssen. Er ist bestrebt, sie nach außen abzuspalten. Er fürchtet, dass er die Kontrolle über sich und die Situation verliert, und versucht alles, um sich und seine Lage erst einmal zu rechtfertigen, sein Problem zu „rationalisieren", den Berater auf seine (Männer-)Seite zu ziehen. So oder so ähnlich kann man die inzwischen vielfältigen Erfahrungen aus der Männerberatung zu einem Modell des „Sprechkonflikts" zusammenfassen, den es im Beratungsprozess aufzulösen gilt. Männlichkeit steht quer zur Beratung, weil sie immer dort nach außen strebt, wo die Beratung nach innen will. Bei der Beratung von Frauen wiederum stoßen wir auf das Grunddilemma, dass sie meist ganz das Problem auf sich genommen, sich die Schuld zugesprochen haben, bevor sie in den Beratungsvorgang eingetreten sind. Sie müssen also *anders* über das Problem sprechen lernen, über Sprache eine ordnende Distanz zu ihrer sozialen Umwelt und darin zu sich selbst finden können.

Vor allem Kinder müssen früh erfahren können, dass sie aus sich selbst heraus etwas sind, sie müssen fühlen können, dass das, was aus ihnen kommt, nicht von vornherein abgewertet wird. Sie brauchen die Erfahrung, dass ihre Gefühle *aussprechbar* sind, dass sie auch so aufgenommen werden, wie sie sind, dass sie etwas bewirken, indem auf sie eingegangen wird. Rigide soziale Anpassung und Abwertung der kindlichen Gefühle erzeugen dagegen innere Hilflosigkeit, die abgespalten werden muss und die sich später, im Laufe der Zeit, als Hass auf das Schwache in sich selbst und als Hass auf alles Hilflose, Schwache, Fremde in der Umwelt äußern und verfestigen kann. Dies verweist auf Familienstrukturen, wie sie Winnicott (1984) als Hintergrundstruktur antisozialer Tendenzen bei Kindern beschrieben hat: Entweder sind die Erwartungen seitens der Erwachsenen, die auf dem Kind lasten, zu rigide, werden zu nicht integrierbaren Belastungen, oder die Familie selbst ist in sich so destruiert, dass sie als unzerstörbare Umwelt ausfällt, die kindlichen Affekte ungebremst und damit für das Kind selbst sehr bedrohlich werden und die familiale Umwelt zur feindlichen Umwelt gerät. In beiden pathogenen Modellen sind die intrafamiliären Ausgangsbedingungen für das Kind von Inkonsistenz und Willkür gekennzeichnet. In beiden Fällen bekommt das Kind seine Gefühle nicht zurückgespiegelt, kann sich kein (sozial akzeptiertes) Bild von sich selbst machen, sich selbst nicht zur Sprache bringen.

Anerkennung

Im unbedingten Streben nach biografischer Handlungsfähigkeit – so habe ich es bewältigungstheoretisch hergeleitet – ist auch das Streben nach Anerkennung um jeden Preis enthalten. Mit dem Bewältigungskonzept können wir zeigen, wie mit antisozialem Verhalten – unbewusst – auf sich aufmerksam gemacht werden soll; Auffälligkeit wird zum gleichsam letzten Mittel der Suche nach Anerkennung und Anschluss. Axel Honneth z.B. sieht in diesem Sinne soziale Pathologien als Folgen verwehrter Anerkennung:

> „Der Kampf um Anerkennung scheint sich […] in das Innere der Subjekte verlagert zu haben, sei es in Form von verschiedenen Versagensängsten, sei es in Formen von kalter, ohnmächtiger Wut. […] Das Streben nach Selbstachtung durch die Gesellschaft stirbt ja nicht einfach ab, sobald einmal keine normativ regulierten Sphären für seine verlässliche Befriedigung vorhanden sind, aber es kann sich an kein legitimierendes Prinzip anlehnen, wird also eigentümlich ortlos und begibt sich auf die Suche nach alternativen Formen der Entäußerung. Wir können diese gesellschaftliche Lage als eine soziale Pathologie bezeichnen: Für diejenigen, die vom Zugang zu den etablierten Anerkennungssphären abgeschnittenen sind, bedeutet eine derartige Situation, über keine Wege mehr zu verfügen, um Selbstachtung aus der Partizipation am gesellschaftlichen Leben zu schöpfen" (Honneth 1992: 44f.).

Deren Suche nach Anerkennung „findet daher heute in den verwilderten Form eines bloßen Erkämpfens von öffentlicher Sichtbarkeit oder kompensatorischen Respekt statt" (ebd.). Wir kennen die „Stigmaaktivisten" der antisozialen Szenen, die sich nicht ob ihrer destruktiven Auffälligkeit schämen, sondern ihr Stigma stolz vor sich hertragen, weil es für sie die einzige Möglichkeit ist, ihre dahinterliegende Hilflosigkeit auszudrücken und so Anerkennung (durch Auffälligkeit) zu bekommen. Der neokapitalistische Druck hat die Kultur der Anerkennung von Hilflosigkeit zurückgedrängt, die der Sozialstaat leidlich gefördert hat. Sie zumindest im kommunalen Bereich zusammen mit bürgergesellschaftlichen Initiativen und sozialen Bewegungen mit aufzubauen sollte eine Zukunftsaufgabe der Sozialen Arbeit sein.

Anerkennung ist wohl die Dimension der Bewältigungslage, die alle anderen Dimensionen durchzieht: die Entwertung, die in der Abhängigkeit steckt, Anerkennung als Voraussetzung des Über-sich-sprechen-Könnens und Anerkennung als „Verstärker" von Aneignungsprozessen. Nicht umsonst wird von der sozialen Anerkennung als „transitorischer Identität" gesprochen. „Aufgrund ihres intersubjektiven Charakters ist den alltäglichen Praktiken zwischenmenschlicher Anerkennung ein Zwang zur Reziprozität eingelassen […]. Die Anerkennung des Gegenübers wird zur Bedingung des eigenen Anerkanntseins" (ebd.: 38). Aus der sozialpädagogischen Erfahrung heraus wissen wir allerdings, dass die interpersonale und gesellschaftliche Dimension sozialer Anerkennung auseinanderfallen können. Der türkische Nachbar ist okay, aber die Türken …!? Auch SozialarbeiterInnen ertappen sich nicht selten dabei, dass sie zwar eine gute Beziehung zu ihren AdressatInnen aufgebaut haben, zu deren Herkunftsmilieu aber lieber auf Distanz gehen. Das ist so, weil die meisten Professionellen nicht nur aus anderen Lebenswelten kommen, sondern auch nach Normen sozialisiert worden sind, die denen der Herkunftsmilieus der KlientInnen oft gegenläufig sind. Man muss dies für sich thematisieren, in eine Balance zur personalen Anerkennung der AdressatInnen bringen können.

In diesem Zusammenhang ist es fachlich notwendig, zwischen funktionaler und personaler Anerkennung zu unterscheiden. Funktionale Anerkennung ist der Kern akzeptierender Sozialer Arbeit: Ich muss als SozialarbeiterIn erkennen und akzeptieren (nicht gutheißen!) können, dass das antisoziale oder selbstdestruktive Verhalten der AdressatInnen, dem ich gemäß Auftrag entgegenwirken soll, für diese oft – als einzig erreichbares Mittel der Bewältigung – positiv besetzt ist. Kommt im Hilfeprozess eine persönliche Beziehung hinzu, sollte sie immer in eine Balance – Nähe und Distanz – zur funktionalen Anerkennung gebracht werden können.

Im *akzeptierenden* Zugang sollen die Betroffenen spüren können, dass man als SozialarbeiterIn nicht nur nachvollziehen kann, welche Bewältigungsenergien sie aufbringen müssen, sondern genauso, dass in ihnen manches steckt, was bei gängiger Defizitorientierung nie als Stärke anerkannt wurde und deshalb nie zum Zuge kommen konnte. Es macht einen Unterschied, ob ich – in der Familienhilfe – die betroffene Familie nur als desorganisiert betrachte oder beeindruckt bin, wie diese Familie es in den letzten Jahren geschafft hat, trotz der widrigen Bedingungen einigermaßen über die Runden zu kommen.

Personale Anerkennungsprozesse müssen, sollen sie gelingen, wechselseitig sein. Die SozialarbeiterInnen sollen den Betroffenen signalisieren können, dass sie auch von ihnen anerkannt und wertgeschätzt werden wollen und dass es bei der Hilfearbeit um eine gemeinsame Arbeit geht. Auch darüber erhalten die Betroffenen Anerkennung. So wird Anerkennung zum interpersonalen Medium, in dem Grenzen im Verhältnis zu den Adressaten gesetzt werden können, die sie auch meist – nun im gegenseitigen Respekt – akzeptieren (vgl. Heeg/Paul 2013).

Abhängigkeit

Der Begriff der sozialen Abhängigkeit steht immer in Spannung zu der sozialen Tatsache, dass Menschen als soziale Wesen aufeinander, also auf andere, angewiesen sind. Im Prozess der gesellschaftlichen Arbeitsteilung stellt – in der Spannung von sozialer Differenzierung und sozialer Integration – das strukturelle Aufeinander-angewiesen-Sein eine zentrale Voraussetzung gesellschaftlicher Stabilität dar. Dasselbe gilt für die Stabilität alltäglicher sozialer Interaktion. Diese Spannung ist besonders in den Sphären der Erziehung und der sozialen Hilfe ausgeprägt und konfliktträchtig. Kinder sind auf Eltern angewiesen, pädagogische Generationenbeziehungen in Familie und Schule brauchen, sollen sie gelingen, eine leidliche Balance zwischen Abhängigkeit und Eigenständigkeit. Hilfebeziehungen in der Sozialen Arbeit wiederum sind von ihrer Struktur her Abhängigkeitsbeziehungen mit einem entsprechenden Machtgefälle. Dass SozialarbeiterInnen und AdressatInnen in Hilfeprozessen aufeinander angewiesen sind, soll die Hilfe gelingen, tritt dahinter oft zurück. „Das Risiko der Abhängigkeit, einer Beschränkung von Autonomie, Differenzen, unterschiedliche Handlungsstrategien und Interaktionskonflikte sind in Hilfeprozessen normal. Das nötigt zu einer fortlaufenden Verständigung“ (Schefold 2011). Das heißt, KlientInnen dürfen nicht als Fürsorgeobjekte behandelt werden, die lernen sollen, Hilfen anzunehmen und sich interventionsgerecht zu verhalten, sondern sie sollen die Chance und den Raum haben, ihr Bewältigungsbemühen als eigene biografische Leistung zu betrachten und diese auch sozial – nicht nur fachlich – anerkannt zu bekommen. Hier nimmt die Strategie des *Empowerment* eine Dimension an, die weit über das Fachliche hinausgeht. Denn wenn wir die KlientInnen primär als zu unterstützende Subjekte und nicht nur als Adressaten für Angebote begreifen, müssen wir nicht nur ihre biografische Individualität, sondern auch ihre gesellschaftliche Selbstständigkeit – als Rechtssubjekte – anerkennen. Nun geht dieser Aspekt in der modernen Fachdiskussion, in der entweder der lebensweltliche Zuschnitt der Hilfen oder die Kundenorientierung der Dienstleistung gefordert wird, ungewollt – weil eben fachlich nicht begreifbar – unter. Dem lebensweltlichen Blick entgeht oft, dass die KlientInnen auch einen öffentlichen Bürgerstatus haben. Denn sie sind ja nicht nur Subjekte in einer Hilfebeziehung, aus der heraus sie wieder sozial in die Gesellschaft zurückfinden sollen, sondern genauso *Rechtssubjekte.* Und in diesem Status bleiben sie – solange ihnen keine Bürgerrechte aberkannt sind – Mitglieder der Gesellschaft wie alle anderen, auch wenn sie sich sozial abweichend verhalten oder sozial ausgegrenzt sind.

Abhängigkeitsstrukturen entwickeln sich vor allem auch in Gruppenbeziehungen. JugendarbeiterInnen und StreetworkerInnen können ein Lied davon singen, wie in devianten Cliquen Jugendliche um der Zugehörigkeit zur Gruppe willen Verhaltensauffälligkeiten zeigen oder gar Delikte verüben, die sie als Einzelne nicht zeigen oder tun würden. Etikettierungsprozesse können Abhängigkeitsprozesse in der Form erzeugen, dass die Betroffenen diese Etiketten mit der Zeit unbewusst übernehmen und damit gleichsam den stereotypen Erwartungen der Kontrollinstanzen entsprechen. Abhängigkeit kann immer auch ein Zwangs- und damit Gewaltverhältnis sein, in dem die Bewältigungslage durch Entwertung, Stigmatisierung, faktische Entmündigung, Verwehrung von Teilhabe und Optionsverlust massiv eingeengt ist. Abhängigkeit und Ausgesetzt-Sein gehen dann ineinander über. Abhängigkeit hat viele Gesichter und reicht bis in die Zone indirekter Betroffenheit, die als „Co-Abhängigkeit“ bezeichnet wird. SozialarbeiterInnen in Frauenhäusern haben es oft mit Frauen zu tun, die immer wieder vom Mann ihre Lebensbestätigung erhalten wollen und deshalb wenig eigene Bezüge zu anderen Frauen entwickeln. Die sozialpädagogische Strategie des Empowerment zielt hier auf Selbstständigkeit als tendenzielle Aufhebung von Abhängigkeit.

Aneignung

Der Aneignungsbegriff wird in der Sozialen Arbeit meist in seiner *sozialräumlichen* Bedeutung verwendet: Territoriale Räume in den besiedelten Zonen der Gesellschaft sind keine toten Räume, in ihnen bildet sich Gesellschaftliches auf besondere Weise ab. Räume werden, indem Menschen in ihnen tätig werden und sie dadurch verändern, zu *Sozialräumen.* In der Anlage von Gebäuden, Siedlungsstrukturen, in den funktionellen Festlegungen, den räumlichen Verdichtungen und Segregationen bilden sich auch soziale Probleme ab. Armut und Ausgrenzung werden im Bild der „heruntergekommenen Quartiere“ wahrnehmbar. Diese räumliche Wahrnehmung ist – wie in diesem Beispiel – gesellschaftlich vorgeformt, sie kann aber auch je individuell unterschiedlich sein. In der Psychologie des Raumes wird deswegen davon gesprochen, dass die Gegenstände der räumlichen Umwelt – auch wenn sie längst erbaut und gestaltet ist – ihre zweite, je individuelle Produktion in den Menschen selbst, die ihnen gegenübertreten, erfahren (vgl. Holzkamp 1973). Anders ausgedrückt: Wir erkennen nicht nur die räumlichen Bezüge wieder, die wir hergestellt haben, wir erkennen uns selbst in den räumlichen Bezügen wieder.

Sozialräumliche Aneignungsprozesse gelten deshalb auch als identitätsstiftende Prozesse. Die Entwicklungspsychologie erkennt der räumlichen Aneignung entwicklungsfördernde Bedeutung zu: Kinder entwickeln sich danach vor allem auch dadurch, dass sie ihren Nahraum mit zunehmendem Alter – gleichsam in sich konzentrisch ausdehnenden Kreisen – immer mehr erweitern. Im Jugendalter verläuft der sozialräumliche Aneignungsprozess vor allem über die Peergroup und die über sie vermittelte gemeinsame Aneignung von Räumen und Stilen. Aneignungs- und Bewältigungsperspektive gehen vor allem dort ineinander über, wo Stadtentwicklungen immer weniger Räume zulassen, in denen sich Jugendliche öffentlich bemerkbar machen (Anerkennung) und darstellen können (Selbstwirksamkeit). Dabei spüren viele, dass sie über „ihre" Räume und Muster der Raumaneignung und -erweiterung nicht in die Gesellschaft hineinkommen können, sondern eher ausgeschlossen werden. Damit steigt die Tendenz, dass sie Räume abseits der Öffentlichkeit suchen und Gruppen bilden, die sich demonstrativ antisozial inszenieren. Sozialräumliche Ausgrenzung kann also zu antisozialen Abspaltungen führen. Auf der anderen Seite kann auch sozialer Rückzug – *Verhäuslichung* – die Folge sein. In der sozialpädagogischen Arbeit geht es darum, die Bewältigungslage der KlientInnen sozialräumlich zu erweitern. Dabei kommt es vor allem darauf an, dass die KlientInnen nicht in der Hilfebeziehung stecken bleiben und sich entsprechend Abhängigkeit verstetigt, sondern Möglichkeiten der Erweiterung der Hilfebeziehung über Milieubildung und Anschluss an lokale Netzwerke geboten werden (vgl. Kap. 11).

In den Sozialwissenschaften wird auch dort von Aneignung gesprochen, wo es allgemein um kulturelle Praktiken geht. Wie eigne ich mir Inhalte und Funktionen an, d.h., wie integriere ich sie in mein Vermögen und Selbstbild. Für uns ist in diesem Bedeutungszusammenhang die Verwendung des Aneignungsbegriffs im Bereich der Arbeit interessant. In prekären Arbeitsverhältnissen wird der Sinn der Tätigkeit nicht mehr sichtbar, kann kein entsprechender persönlicher Bezug zur Arbeit entwickelt werden. Klaus Dörre (2012) hat am Beispiel von Leiharbeitern gezeigt, dass solche Arbeitsverhältnisse zu Verlusten von (männlicher) Identität führen können. Hier haben wir es mit einer mehrfach problematischen Bewältigungslage zu tun: Prekäre Arbeitsverhältnisse genießen auch wenig oder keine soziale Anerkennung und stellen zudem besondere Abhängigkeitsverhältnisse dar. Da prekär Beschäftigte kaum Zugang zu gewerkschaftlicher Organisation haben, fehlt auch der Aufforderungskontext, in dem sie ihre Ohnmacht thematisieren könnten.

Rückwirkungen

Über die Dimensionen der Bewältigungslage lässt sich nicht nur der sozialpädagogische Zugang zu Lebenslagen finden, vor allem kann – in der Bewältigungsperspektive – auf die *Handlungsfähigkeit in prekären Lebenslagen* Einfluss genommen werden. Wenn es gelingt, Betroffene aus regressiven Handlungskonstellationen herauszubringen, können wir Rückwirkungen auf die Lebenslage erwarten: zum einen in dem Sinne, dass die eigene Lebenslage eher bewältigt, d. h. mit ihren Risiken besser umgegangen werden kann; zum anderen, dass sich Chancen eröffnen, Möglichkeiten der Verbesserung der Lebenslage im Sinne der Erweiterung ihrer Spielräume wahrnehmen und aktivieren zu können. Nehmen wir als Beispiel die Angebote der Jugendberufshilfe: Dort geht man nicht vom Arbeitsstatus (Lebenslage), sondern von den biografischen und milieuspezifischen Bedingungen der Bewältigungslage der Jugendlichen aus. Denn es handelt sich ja vor allem um Jugendliche, die der Arbeitsmarkt erst einmal nicht aufnimmt. Das Leitziel sozialpädagogischer Beschäftigungsprojekte sind deshalb die psychosoziale Stabilisierung und sozialräumliche Erweiterung der Bewältigungslage „prekärer Übergang“ in der Perspektive der Ermöglichung von Aneignung und Anerkennung. Aus der Grunderkenntnis heraus, dass Jugendliche ohne Arbeit oder in prekären Arbeitsverhältnissen massive Entwertungsprozesse erfahren und zunehmend in die soziale Isolation geraten, legitimiert sich die sozialpädagogische Arbeit dahingehend, dass diese jungen Leute hier erfahren können, dass sie auch außerhalb des Arbeitsmarktes etwas wert sind und etwas können, dass sie die Chance des Zugangs zu neuen sozialen Kontakten erhalten und zunehmend in der Lage sind, ihre Betroffenheit zu thematisieren und dadurch wieder kommunikative Anschlüsse zu finden. Dies wird als unbedingte Voraussetzung dafür gesehen, dass die Jugendlichen Warteschleifen und überbetriebliche Umschulungen durchhalten, auch außerhalb des ersten Arbeitsmarktes längerfristige Beschäftigungsmöglichkeiten oder auch neue Zugänge zum Arbeitsmarkt finden können. Dieses Beispiel ist für mich exemplarisch für die Kraft des bewältigungsorientierten sozialpädagogischen Zugangs: Ohne die Wiederherstellung von Selbstwert und Anerkennung in Hilfebeziehungen oder sozial erweiterten Hilfeprojekten sind die Betroffenen nicht in der Lage, sich als Akteure zu erkennen und sich mit ihren Lebensbedingungen aktiv auseinanderzusetzen, in ihnen handlungsfähig zu werden.

11 Eine Theorie der Sozialen Arbeit muss Handlungsaufforderungen enthalten

Da für unsere Disziplin eine deutliche handlungswissenschaftliche Komponente charakteristisch ist, sollten sozialpädagogische Theorien nicht nur Zusammenhänge erklären, sondern auch Handlungsaufforderungen enthalten und darin Hinweise auf das methodische Vorgehen geben können: Welche handlungsrelevanten Zugänge empfehlen sich also aus unserem Konzept heraus? Aus dem Bewältigungskonzept lässt sich ja als Grundthese ableiten, dass antisoziales und/oder selbstdestruktives Verhalten immer auch Bewältigungsverhalten in kritischen Lebenssituationen und -konstellationen ist und dass sich das in der Bewältigungsperspektive enthaltene Streben nach Handlungsfähigkeit oft auch ohne Rücksicht auf geltende Normen realisiert. Ziel der sozialpädagogischen Intervention muss dementsprechend die Wiedererlangung psychosozialer Handlungsfähigkeit sein, einer Handlungsfähigkeit, die die KlientInnen sowohl innerpersonal stabilisieren als auch wieder ins prosoziale Spiel bringen kann. Ich unterscheide dabei zwischen *einfacher* und *erweiterter* Handlungsfähigkeit. Von einfacher Handlungsfähigkeit spreche ich, wenn die KlientInnen in der Lage sind, ihren Alltag wieder sozial verträglich und darin subjektiv befriedigend zu organisieren. Der Begriff „erweiterte Handlungsfähigkeit" betont hingegen den Aspekt der sozialen Gestaltung, der über die subjektive Begrenztheit der Alltagsbewältigung hinausgeht. Dazu gehört vor allem die Fähigkeit, soziale Netzwerke und Unterstützungszusammenhänge aktiv wahrnehmen und in ihren Handlungsbedingungen und Spielräumen einschätzen zu können. Hier trifft sich die Bewältigungs- mit der Agency-Perspektive, die ebenfalls diesen aktiven Aneignungskontext thematisiert (vgl. dazu Homfeldt et al. 2008). Als sozialpädagogisches Ziel ist „erweiterte Handlungsfähigkeit" bei der meist prekären, psychosozial engen Bewältigungslage der Klientel sehr hoch gegriffen. Schon das Erreichen „einfacher

Handlungsfähigkeit" muss als Erfolg verbucht werden, auch wenn dies in der öffentlichen Bewertung oft nicht so eingeschätzt wird. Gerade deshalb ist es immer wieder notwendig, dieses nur scheinbar „kleine" Ziel in seiner Bedeutung bewältigungstheoretisch zu begründen.

Der handlungspraktische Zugang muss in bewältigungstheoretischer Konsequenz ein *akzeptierender* sein, d.h. einer, der die subjektive Bedeutung des Verhaltens für die KlientInnen anerkennt, ohne dies gutheißen zu müssen. Diese Haltung kann dann eine *emphatische* sein, wenn sie aus dem unbewussten dialogischen Verstehen der Verletzlichkeit erwächst. Im Kapitel 3 habe ich versucht, dies aufzuschließen. Und weiter, dass man die KlientInnen erst zum Sprechen bringen kann, wenn sie nicht mehr von ihrem antisozialen oder selbstdestruktiven Verhalten abhängig sind, das ihnen ja auch immer wieder zumindest situative Handlungsfähigkeit verschafft hat. Dies müssen sie in Settings erfahren können, in denen sie Anerkennung und Selbstwirksamkeit jenseits ihres bisherigen Verhaltens spüren und erfahren können. Denn es handelt sich meist um KlientInnen, die aus ihrer sozialen Herkunft heraus oder/und im Verlaufe ihrer Biografie nicht die Chance hatten, soziale und kommunikative Fähigkeiten der Empathie und Selbstkontrolle zu erlernen, die sie befähigt hätten, sich in kritischen Lebenskonstellationen prosozial zu verhalten.

Grundlegend ist hier die Perspektive des *Reframing*, die Neurahmung und Umdeutung des gezeigten dissozialen Verhaltens. Daran schließt die Erkenntnis an, dass man den Betroffenen Spielräume eröffnen muss, in denen sie Anerkennung erhalten und damit Distanz zu ihrer bisherigen Situation gewinnen und darüber ihre Befindlichkeit thematisieren können. Dies kann mit der Gestaltung *funktionaler Äquivalente* erreicht werden. Hier kann dann deutlich werden, dass in den Betroffenen vieles steckt, was man mit einlinigen kasuistischen Zugängen nicht erschließen kann. Daran kann dann die Perspektive der *Aktivierung* ansetzen, in der das traditionelle Konzept des Empowerment bewältigungsorientiert gefasst werden kann. Dabei ist es wichtig, dass die Soziale Arbeit selbst diese ihre Hilfesettings als Bewältigungskulturen begreift und gestaltet. Dies wollen wir mit dem methodischen

Zugang der *Milieubildung* versuchen. Bei all dem wird immer wieder deutlich, wie notwendig der geschlechtsdifferente Ansatz ist, wenn wir bewältigungstheoretisch argumentieren. Auch bietet es sich zwingend an, die verschiedenen methodischen Zugänge aufeinander zu beziehen.

Akzeptierende Haltung

Problematisch ist es, wenn ich von vornherein nur ein Verhaltensbild vor Augen habe, auf das ich die KlientInnen hinführen möchte, und dann mit Betroffenen konfrontiert werde, die dem überhaupt nicht entsprechen, ja wo ich gar keinen Weg sehe, sie dahin zu bringen. Bewältigungsorientierte Soziale Arbeit ist *akzeptierende* pädagogische Arbeit. Das heißt, ich muss erst einmal akzeptieren (nicht gutheißen), dass die KlientInnen so, wie sie sind, sich behaupten wollen. Ich muss aber auch annehmen können, dass in ihnen auch andere Möglichkeiten stecken und dass für manche – gemäß der Erkenntnis des Bewältigungskonzepts – das antisoziale oder selbstdestruktive Verhalten das einzig verbliebene Mittel ist, um auf sich aufmerksam machen, Selbstwert und Anerkennung zu erlangen. Ich darf also ihr Verhalten auf keinen Fall schlechtreden, ich muss aber auch nicht verbergen, dass es mich befremdet, dabei aber auch zeigen, dass sie mich von ihrer Persönlichkeit her neugierig machen. Dies ist natürlich ein moralischer Konflikt, den die SozialarbeiterInnen mit sich selbst ausmachen und aushalten müssen. Denn sie sollen sich auf etwas verstehend einlassen, das ihrer Lebenswelt fremd ist, das sie ablehnen oder gar verabscheuen. Im Kapitel 3 habe ich den Begriff des dialogischen Verstehens eingeführt, der auf dem gemeinsamen Band der Verletzlichkeit basiert und deshalb Empathie erzeugen kann. Das verlangt aber die Trennung von Person und Delikt: die Tat missbilligen, verurteilen, im Täter aber genauso den bedürftigen, in seinem Inneren hilflosen und verletzbaren Menschen sehen. Hier kann schnell das Missverständnis entstehen, man wolle die Tat billigen. Deshalb ist es ja so wichtig, dass man bewältigungstheoretisch firm ist, um diese intrapersonalen

Probleme aufzeigen und vermitteln zu können. Dabei muss ich im Kopf, aber auch im Gefühl haben, dass ich etwas anbieten muss, das Selbstwert und Anerkennung so vermitteln kann, dass die KlientInnen spüren können, dass sie nicht auf das problematische Verhalten angewiesen sind und sich dennoch weiter als anerkannte Personen in nun aber einem anderen Rahmen fühlen können (s. u. die „funktionalen Äquivalente").

Bewältigungsdynamisches Verstehen und Grenzen-Setzen

Die Fähigkeit bzw. Unfähigkeit zur Thematisierung der eigenen inneren Befindlichkeit ist das Schlüsselproblem gestörter Handlungsfähigkeit. Im Bewältigungsmodell wurde immer wieder darauf hingewiesen, dass es sich um KlientInnen handelt, die in ihrer bisherigen Biografie nie oder kaum die Chance hatten, ihre innere Hilflosigkeit auszusprechen, zu thematisieren. So wird aus einem Drogenprojekt berichtet:

> „Viele der drogenabhängigen Jugendlichen hatten seit frühester Kindheit derart ungünstige Entwicklungsbedingungen, dass sie für viele ihrer existenziellen Probleme keine Sprache haben entwickeln können. Sie blieben, vor allem im Bereich der zentralen Konfliktthemen und schweren Traumatisierungen, buchstäblich sprachlos. […] Wir [stehen] hier vor dem Problem, dass die Störungen der Adoleszenten lebensgeschichtlich so früh stattfanden, dass sie nicht oder erheblich verzerrt in den sprachlichen Ausdruck gelangen" (Morgenroth 2010: 54).

Alfred Lorenzer (1976) spricht hier von einer *Sprachzerstörung*. Da er Handlungsfähigkeit in der Einheit von Sprache, Verstehen und alltäglicher Lebenspraxis sieht, bedeutet Sprachzerstörung das Auseinanderfallen von Lebenspraxis und sprachlichem Bezug zum eigenen Leben, den Zustand der Unfähigkeit zur Thematisierung. Die „ungünstigen Entwicklungsbedingungen", von denen hier die Rede ist, ergeben sich für Arno Gruen daraus, dass den Betroffenen seit ihrer Kindheit das, was aus ihrem inneren

Selbst gekommen ist, nie anerkannt, sondern zurückgewiesen wurde. Andere sprechen davon, dass die Balance zwischen Selbstbehauptung und Anerkennung nie geglückt ist (z. B. Crain 2005).

> „Wie soll sich ein Kind schon fühlen, das derart ignoriert, vernachlässigt wird? Verzweifelt, wütend, hoffnungslos. Damals könnte M. in solche Zustände geraten sein, die sie sprachlich nicht ausdrücken konnte; sie beginnt stattdessen, Inszenierungen, sprechende Szenen zu gestalten (selbstverletzendes Verhalten, Schulschwänzen, Drogen), aber selbst diese massiven Zeichen wurden nicht verstanden [...] Sie muss daher weiter provozieren, die Dramatik eskalieren und sucht Schutz und Trost in Ersatzfamilien (zunächst in der Peergroup, in der es zu Drogengebrauch und sexuellem Missbrauch kommt)“ (Morgenroth 2010: 63 f.).

Bewältigungsdynamisches Verstehen ist also immer dann angesagt, wenn das Verhalten der Betroffenen mit „logischem Verstehen“ (Lorenzer) nicht mehr erreichbar ist. Wenn ein Jugendlicher in einer Einrichtung Betreuten Wohnens einvernehmliche Regelungen dauernd übertritt, der Erzieher ihn dann regelkonform sanktioniert, der Jugendliche aber ausflippt, sich der Sanktion aggressiv entzieht, ist das nicht mehr logisch zu verstehen, wird in diesem Verständnis das Verhalten des Jugendlichen irrational. Nun schalte ich das Verstehen nach dem Muster des Bewältigungsmodells ein und komme zu den biografisch verfestigten Selbstwert- und Anerkennungsstörungen, der entsprechenden Abspaltungsdynamik und der triebhaften Suche nach Anerkennung über aggressive Auffälligkeit. Nach diesem Modell besteht ja die – unter anderem auf obigen Projekterfahrungen begründete – Hoffnung, dass Kinder und Jugendliche in funktionalen Äquivalenten (s. u.) die nachholende Chance des Aus-sich-heraus-sprechen-Könnens erhalten. Dazu braucht es Milieus, in denen sich das entfalten kann, was früher versagt blieb, verweigert wurde. Im Projektbeispiel M.

> „war die entscheidende Voraussetzung [...] gewiss die Entscheidung, das pathologische Milieu ihrer Clique sowie der gewalttätigen Eltern

> (Vater aktiv, Mutter passiv gewalttätig) zu verlassen. […] Diese Erfahrung der absoluten Verlässlichkeit [im nun neuen Projektmilieu, L. B.] ermöglicht M. eine allmähliche Revision ihres inneren Arbeitsmodells von Bindungsbeziehungen; sie entwickelt Vertrauen zu unterstützenden Menschen" (ebd.: 70).

Diese Unterstützung fußt vor allem darauf, dass nicht die Defizite, sondern die in den szenischen Botschaften vermuteten Stärken der Betroffenen interventionsleitend werden. „Reframing" (s. u.) ist angesagt.

So glatt läuft es aber in der Praxis oft nicht ab. Wir haben ja schon an früherer Stelle über die paradoxe Situation gesprochen, dass KlientInnen gerade gegenüber denen, die ihnen Hilfe anbieten, aggressiv werden (vgl. Kap. 8). SozialarbeiterInnen stehen eben nicht in wissenschaftlicher Distanz zu den Jugendlichen, sondern sie sind ja in den Abspaltungsprozess involviert, der sich direkt oder indirekt gegen sie richtet. Ich muss also weiterfragen, welche Rolle z. B. die Interaktion zwischen SozialarbeiterInnen und Jugendlichen spielt, wenn der Jugendliche ausflippt, ich muss fragen, was sich da in *bestimmten („gerade in diesen") Situationen* so aufschaukelt, dass die Störungen und die damit verbundene Hilflosigkeit beim Jugendlichen wieder hervorbrechen. In der psychoanalytischen Pädagogik wird hier das Modell der *Übertragung und Gegenübertragung* (vgl. Trescher 1985) angewandt, dessen Grundprinzip zumindest ansatzweise auch in der sozialpädagogischen Hilfebeziehung wirkt: Der Jugendliche projiziert seine innere Hilflosigkeit auf den/die ErzieherIn, dessen/deren Reaktionen darauf wirken auf den Jugendlichen zurück, und dies wiederum beeinflusst den weiteren Abspaltungsprozess. Es kommt also darauf an, was ich in den Aggressionen der KlientInnen spüren kann und wie ich das erwidere. Spüre ich die abgespaltene Hilf- und Schutzlosigkeit und kann Schutz signalisieren? Spüre ich die erlebten Erniedrigungen und kann Wertschätzung vermitteln? Dazu muss ich aber die KlientInnen aushalten können, und dazu brauche ich meist eine(n) Dritte(n), den/die ich ins kollegiale Vertrauen ziehen kann.

Aushalten heißt aber nicht, dass man der Klientin/dem Klienten ausgeliefert ist. SozialarbeiterInnen müssen in solchen Situationen auch eigene Sicherungen aufbauen können. Eine solche Sicherung ist für mich das *Grenzen-Setzen im Angewiesen-Sein.* Denn viele Beispiele zeigen ja, dass Verbote und Appelle an die Einhaltung gemeinsam aufgestellter Regeln nichts mehr nützen, wenn es keine sprachlich-rationale Verständigungsbasis mehr gibt. Den SozialarbeiterInnen bleibt aber die Möglichkeit, die emotionale Karte des Angewiesen-Seins auszuspielen. Aus dem Wissen, besser dem Gespür heraus, dass die KlientInnen auf die Zuwendung seitens der SozialarbeiterInnen angewiesen sind, kann man ihnen signalisieren, dass *bei einem selbst* jetzt die Grenze erreicht ist und man sich gezwungen sieht, aus der Beziehung auszusteigen. Natürlich kann hier eingewandt werden, dass man sich die Bewältigungslage der KlientInnen, ihre Abhängigkeit von den Hilfen zunutze macht. Ich würde sagen, dass man diese sonst negative Komponente hier positiv wendet. Sicher ist es keine pädagogische Methode, sondern eher ein Akt der „pädagogischen Notwehr". Aber schließlich befinden wir uns hier an den Grenzen pädagogischer Einflussnahme überhaupt.

Einen anderen Zugang zum Sprechen-Können finden wir in der therapeutischen Arbeit mit Erwachsenen z. B. in der Männerberatung. Wo Sprache versagt, sollen Bilder das Sprechen ermöglichen. Bilder aus der Kindheit, Fotos werden gemeinsam angesehen:

> „Wir suchen nach Spuren, Verbindungen zum Heute, benennen Brüche und Veränderungen, würdigen den inneren Jungen und schaffen etwas Ordnung, wo viel Chaos ist. Der Junge bekommt so allmählich ein Gesicht, eine Geschichte […]. Die große therapeutische Chance bei der Arbeit mit dem inneren Jungen besteht darin, dass dieser zumeist noch einen recht guten Zugang zu den eigenen Impulsen hat, der erwachsene Mann also […] in Kontakt zu seiner inneren Welt gelangen kann. Hinzu kommt, dass einem kleinen Jungen […] Gefühle der Hilflosigkeit oder Angst und Bedürfnisse nach Nähe und Schutz viel eher zugebilligt werden als einem erwachsenen Mann. Männliche Klienten können also über den ‚Umweg' des inneren Jungen dahin kommen, sich selbst diese bislang abgespaltenen

> und abgewehrten Impulse ein- und zuzugestehen“ (Neumann/Süfke 2004: 89).

Schmerzliche Ereignisse aus der Kindheit werden zurückgerufen, der „innere Junge“ wird aufgerufen. Dabei „können die Kräfte aus der Zeit, als der innere Junge noch stark und lebendig war, für das Sprechen, für den Zugang zum eigenen Selbst genutzt werden“ (ebd.: 90). Der frühere Junge wird als Person im therapeutischen Raum gegenwärtig, ansprechbar, die schmerzlichen Rückerinnerungen können nicht mehr abgewehrt werden, denn der Junge im Mann drängt zum Benennen und zur Anerkennung von Hilflosigkeit, fordert endlich Fürsorglichkeit heraus.

Reframing

Das Abspaltungsmodell des Bewältigungskonzepts fordert die Methode des *Reframing* geradezu heraus. Reframing bedeutet Umdeuten und Umrahmen des Problems, indem man die dahinterliegenden, durch das problematische Verhalten oder die prekäre Lebenslage verdeckten Möglichkeiten in den Vordergrund rückt und zum Bezugspunkt der sozialpädagogischen Intervention macht. Also: hinter offensichtlichen Defiziten und Schwächen die dennoch vermuteten Stärken zum Ansatzpunkt machen, hinter den aggressiven Selbstinszenierungen das Streben nach Selbstwert und Anerkennung, das sich darin ausdrückt, sehen und daran ansetzen. Ich erinnere an das Beispiel der desorganisierten, „zerrütteten“ Familie: Im Reframing sehe ich sie nicht mehr gleich als gescheitert an, sondern ich frage, wie sie es geschafft hat, unter diesen katastrophalen Umständen so lange durchzuhalten, und frage weiter, welche Kräfte sie dabei entwickelt hat, die aber durch ihr Scheitern verdeckt sind. Diese anzuerkennen und darauf aufbauend das Rollengefüge der Familie neu zu ordnen kann dem Hilfeplan eine Richtung geben, an der die Familie weiter beteiligt sein kann. Allerdings:

> „Die familiäre Wirklichkeit darf nicht willkürlich umgedeutet werden, sondern nur an den Punkten, wo Veränderungen des Systems in Gang gesetzt werden sollen. Umdeutungen, auch wenn sie in einem positiven Sinne vorgenommen werden, stellen eine Herausforderung an das System dar, der sich die Familie bisher nicht gestellt hat. Sie haben daher immer auch konfrontativen Charakter, insofern bisher in der Familie abgewehrte Anteile bewußt gemacht werden" (Goldbrunner 1996: 127).

Oder nehmen wir einmal das Fallbeispiel eines auffälligen Jungen, dessen Verhalten relativ deutlich darauf zurückzuführen ist, dass ihm der Vater die Anerkennung verweigert und ihn dies massiv spüren lässt. In dieser Verweigerung liegt aber auch gleichzeitig die Bedürftigkeit des Vaters, die er auf den Sohn abspaltet. Das Reframing beginne ich, indem ich nun diese Bedürftigkeit des Vaters und nicht die Auffälligkeit des Sohnes zum Ausgangspunkt nehme. Denn der Sohn wiederum spürt diese Bedürftigkeit, das wird mir im Gespräch mit ihm deutlich. Er kann diese väterliche Bedürftigkeit aber nicht zulassen, da er unter dem Zwang steht, seine Ohnmacht gegenüber dem Vater über eigenes antisoziales Verhalten bis hin zur Gewalttätigkeit abzuspalten. Wenn die SozialarbeiterInnen diese Spannung nicht im Kopf haben, dann werden sie weder dem Kind noch dem Vater gerecht. Natürlich kompliziert die Bedürftigkeit des Vaters den „Fall". Deshalb ist es wichtig, nach Lösungen zu suchen, in denen diese Spannung nicht zur Blackbox wird, sondern entlastet werden kann. Der Junge soll die Chance erhalten – z. B. im Betreuten Wohnen –, sich einen neuen Anerkennungsraum aufzubauen, und es soll ihm gleichzeitig ermöglicht sein, von da aus Beziehungen zum Vater aufrechtzuerhalten und neu zu ordnen. Gleichzeitig muss aber versucht werden, den Vater in einen Beratungsprozess einzubinden, da er den Auszug des Sohnes in der Regel als Kontrollverlust bzw. eigenes Versagen begreift, was seine Bedürftigkeit nur noch steigert und die Gefahr ihrer gewalttätigen Abspaltung erhöht.

Schreibt man diesem Vater-Sohn-Beispiel exemplarischen Charakter zu, so lässt sich strukturell Ähnliches auch im weiblichen Fallbeispiel darstellen: Eine Frau ist von ständigen Depressionen heimgesucht, vernachlässigt ihre Familie. Es ist der klassische Fall, in dem das Interpretationsmodell der systemischen Familienhilfe auf den Plan gerufen und nach Substitution der Mutterrolle, nach Entlastung der Frau in der Familie gesucht wird. Biografiezentrierte Gespräche bringen es an den Tag, dass die Frau an einer geschlechtstypischen Verlusterfahrung leidet. Sie selbst kommt aus einer Familie, in der sie wenig Zuneigung und Anerkennung erfahren hat, von Eltern, um die sie sich aber nun mit zunehmendem Alter kümmern muss und aus ihrem Verständnis der Frauenrolle heraus auch kümmern will. Die Liebe, die ihr entgangen ist, sucht sie nun bei ihrem Kind, spürt aber, dass sie damit keine richtige Mutter sein kann. In dem Schuldgefühl, keine gute Mutter sein zu können, kann sie ihre Sorge um sich selbst nicht ausleben und versinkt deshalb in Depressionen. Hier setzen wir beim Reframing nicht am Verhalten der Vernachlässigung an, sondern an der (hier nun weiblichen) Bedürftigkeit. Sie will eine gute Mutter sein, aber es ist ihr verwehrt. Die innere Abspaltung (durch Schuldübernahme) wird erkennbar. Es kommt nun darauf an, inwieweit es den SozialarbeiterInnen gelingt, das Leiden der Frau daran, keine gute Mutter zu sein, obwohl sie psychisch gar nicht dazu in der Lage ist, zu erkennen und *anzuerkennen.* Das heißt, ihr Recht auf das Kind muss angenommen, anerkannt werden, und trotzdem und gleichzeitig muss ihr deutlich werden, dass sie diese Mutterrolle nicht praktizieren kann. Beides muss aber praktisch so aufeinander zugeführt werden, dass es für die Frau vereinbar ist, dass sie handlungsfähig bleiben kann und ihr Bewältigungsgleichgewicht nicht in der Depression suchen muss. Es bietet sich hier z.B. eine Pflegestelle an, bei der gesichert ist, dass die Mutterbeziehung zu dem Kind – ohne konkurrierend zu sein – aufrechterhalten werden kann. Es müssen deshalb auch Pflegeeltern gesucht werden, die bereit sind, in dieses Netzwerk zu treten, und selbst aushalten können, dass die Mutter noch in Beziehungen zu ihrem Kind steht.

Ein weiteres Beispiel, nun aus dem Problemfeld der Arbeitslosigkeit. Hier drückt sich das Reframing in der Faustregel der

Arbeitslosenarbeit aus: Nur wenn es gelingt, die Betroffenen erfahren und spüren zu lassen, dass sie auch außerhalb des Arbeitsplatzes etwas wert, sozial anerkannt sind und in entsprechenden Projekten etwas bewirken können, kann man sie in die Lage versetzen, Arbeitslosigkeit zu bewältigen und sich in Alternativen von Tätigkeit neu zu finden. Sie werden nicht als arbeitslose, sondern als *tätige* Menschen angesprochen.

Und schließlich und gar nicht so abwegig: Wenn man bei auffälligen Jugendlichen hinter die Fassade der Auffälligkeit schaut, wird man vielleicht ihr Talent zum Inszenieren und geschickten Provozieren erkennen und dies in Spiel- und Theaterprojekte einbauen können. Wenn sie dort eine Rolle erhalten, bekommen sie Anerkennung und spüren Selbstwirksamkeit und sind nicht mehr auf das auffällige Verhalten angewiesen. Damit sind wir wieder bei der Methodik der „funktionalen Äquivalente“ (s. u.).

Ein bewältigungstheoretischer Zugang zur Niederschwelligkeit

Akzeptierende Haltung und bewältigungsdynamisches Verstehen ermöglichen einen Zugang zu den KlientInnen, der nicht am äußeren Verhaltensbild stehen bleibt, sondern die innere Befindlichkeit erreicht. Damit eröffnet sich uns auch eine neue Dimension in der Auseinandersetzung mit dem zentralen Problem der Niederschwelligkeit. „Niederschwelligkeit“ in der Sozialen Arbeit wird in der Regel als Problem der lebensweltlichen Passung von Hilfen thematisiert. Sei es bezogen auf die institutionellen Deutungs- und Definitionsmuster, die räumliche und zeitliche Erreichbarkeit, die Organisationsstruktur der Hilfen, aber auch bezogen auf die unterschiedlichen Milieus aus denen KlientInnen und HelferInnen kommen. Dabei werden vor allem Methoden vorgestellt, mit denen Barrieren abgebaut, Zugänge geöffnet werden können. Es ist meist der Blick von außen, von den Institutionen der Hilfe und ihren Verfahren her, der den Niederschwelligkeitsdiskurs bestimmt. Wenn es um die KlientInnen selbst geht, wird Niederschwelligkeit vor allem in der Dimension der Beteiligung in den Hilfeverfahren zum Problem. Aber auch die Beteiligungsstudien bleiben an der Oberfläche hängen. Wie sich Barrieren im personalen Inneren der KlientInnen wie der SozialarbeiterInnen entwickeln und tiefendynamisch aufbauen, wird selten untersucht. Gerade solche Erkenntnisse aber werden gebraucht, wenn man z.B. das Abwehrverhalten von KlientInnen SozialarbeiterInnen gegenüber, aber auch deren Sicherungsbestrebungen verstehen will. Denn auch wenn die institutionellen Barrieren weitgehend abgebaut, die Zugangsschwellen gesenkt sind, bleiben solche tiefer liegenden Barrieren in der Hilfebeziehung selbst. Hilfeprozesse sind soziale Lern- und Bewältigungsprozesse auf *beiden Seiten.* Niederschwelligkeit zu thematisieren heißt deshalb, innere Lernbarrieren und Bewältigungsprobleme sowohl bei den KlientInnen als auch bei den SozialarbeiterInnen selbst zu identifizieren. Im Kapitel zum Verhältnis von Bildung und Bewältigung (vgl. Kap. 13) werden wir den Begriff des „defensiven Lernens" näher kennenlernen. So viel vorab: Von defensivem oder widerständigem Lernen wird dann gesprochen, wenn Lerninhalte vermittelt werden, die die Entwicklungsbedürfnisse von Kindern und Jugendlichen übergehen, diese aber gezwungen sind, sich anzupassen, um ihre *Handlungsfähigkeit* zu erhalten. Wieder sei daran erinnert: Wenn wir in der Hilfebeziehung die Bewältigungsdynamik übergehen, in der sich die Betroffenen Anerkennung durch Auffälligkeit und damit immer wieder subjektiv gefühlte Handlungsfähigkeit suchen, wenn dies nicht verstanden und akzeptiert wird, ist Widerstand zu erwarten. Hier liegen die verborgenen Barrieren bei den KlientInnen, an die eine außendefinierte Niederschwelligkeit so schwer herankommt. Das Problem wird aber noch dadurch komplexer, dass – wenn wir Niederschwelligkeit als interaktiven Prozess betrachten – sich auch bei den SozialarbeiterInnen selbst innere Barrieren auftun. Sei es durch die überfordernde Dynamik der Interaktion, sei es durch die institutionellen Bedingungen, die ihre Arbeit bestimmen. So wie wir das Problem der Handlungsfähigkeit bei den KlientInnen diskutieren, müssen wir uns auch mit der Frage der Handlungsfähigkeit der Professionellen beschäftigen. Auch bei ihnen können sich Anerkennungs- und Selbstwirksamkeitsstörungen entwickeln, wenn sie spüren, dass sie keinen Zugang zu den KlientInnen finden oder in ihren Arbeitsbedingungen eingeengt sind. Das Schwellenproblem liegt dann auch auf ihrer Seite.

Mit dem Bewältigungskonzept kann man solche Barrieren erkennen. Denken wir an die bereits im achten Kapitel angesprochene zentrale Problematik, dass der sozialpädagogische Auftrag, antisozialem und autoaggressivem Verhalten entgegenzutreten, mit der Bewältigungstatsache kollidiert, dass dieses Verhalten für die Betroffenen (unbewusst) meist das letzte und einzige Mittel ist, um Selbstwert und Anerkennung (durch Auffälligkeit) und damit Handlungsfähigkeit zu erlangen. SozialarbeiterInnen sind damit erst einmal eine Bedrohung für ihre KlientInnen, da sie in deren Augen prinzipiell die sind, die ihnen dieses letzte Mittel nehmen. Sie wollen sich für die KlientInnen öffnen, ihnen entgegenkommen und bauen dabei unbewusst eine neue Barriere auf. Man muss sich also immer wieder vor Augen halten: Aus der Bewältigungsperspektive ist die Hilfebeziehung eine Konfliktbeziehung. Es stehen sich schließlich in der Regel zwei widersprüchliche Interessenpositionen gegenüber: Das antisoziale oder selbstdestruktive Verhalten der KlientInnen hat für diese – wie oben beschrieben – erst einmal eine subjektiv positive Funktion. Dieser Funktion steht die sozialpädagogische Interventionsabsicht gegenüber, die das Antisoziale und Selbstzerstörerische des Verhaltens sieht und deshalb negativ bewertet, bewerten muss. Die gemeinsame Perspektive der Konfliktaustragung und schließlich des Kompromisses als Verständigung zwischen SozialarbeiterInnen und KlientInnen entwickelt sich dann in einer Methodik des Akzeptierens und der funktionalen Äquivalente (s. u.). Dazwischen liegen immer wieder konflikthafte Interaktionssituationen, die auch die Handlungsfähigkeit der SozialarbeiterInnen selbst beeinträchtigen können. Handlungsfähigkeit und Konfliktfähigkeit laufen hier zusammen. Konfliktfähigkeit ist deshalb eine professionelle Kompetenz, die erlernt werden muss, zumal Sozialarbeiterinnen und Sozialarbeiter ja häufig aus anderen Schichten kommen als ihre Klientel. Sie müssen sich mit Einstellungen und Verhaltensweisen auseinandersetzen, die sie sich für sich überhaupt nicht vorstellen können, die sie aber aushalten müssen.

Wenn wir Niederschwelligkeit als interaktiven Prozess betrachten, lösen wir uns von gängigen Schema des *einseitigen Zugangs,* das den/die SozialarbeiterIn als gleichsam festen Punkt sieht, von dem aus gefragt wird, wie die KlientInnen erreichbar sind. In der interaktiven Perspektive können wir uns genauso an die Frage wagen, ob und wie die KlientInnen Zugang zu den Professionellen finden und wie hoch oder niedrig bei denen die Schwellen sind. Niederschwelligkeit wird so zur *reflexiven Kategorie,* die *vor* den verschiedenen raum-zeitlichen und kommunikativen Verfahren des Zugangs steht.

Aktivieren

Ist man sich einigermaßen sicher, dass man so Zugang zur Befindlichkeit der KlientInnen gefunden hat, kommt es nun darauf an, diese selbst aktiv ins Hilfespiel zu bringen. *Aktivieren, Ermächtigen (Empowerment)* und *Befähigen* geistern immer wieder als Zauberworte durch die Soziale Arbeit. Die KlientInnen sollen als KoproduzentInnen der Hilfe betrachtet werden. Da wird dann von „Ressourcen" bei den Betroffenen geredet, an die man anzuknüpfen habe, wird auf Beteiligung und Selbstbestimmung gepocht. Gern wird das Bild des autonomen Subjekts gebracht, das über sich selbst verfügen kann. Wir sind aber inzwischen bewältigungstheoretisch so geschult, dass wir diesem Autonomieoptimismus nicht so einfach auf den Leim gehen. Wir wissen um die bewältigungsdynamischen Blockaden und Widersprüchlichkeiten, die in den Subjekten stecken, und erinnern uns wieder an den Grundsatz, dass das ambivalente Streben nach Handlungsfähigkeit die pädagogische Ausgangslage bestimmt. Wir müssen damit rechnen, dass die äußere Bereitschaft des Klienten/der Klientin von der inneren Tücke des Subjekts immer wieder durchkreuzt wird. An vielen unserer Beispiele ist deutlich geworden, dass man deshalb alternative Gelegenheiten der Anerkennung und Selbstwertstärkung schaffen muss, um die Betroffenen so ins Spiel bringen zu können, dass sie erst einmal zu sich kommen und daraus dann aktivierende Kräfte gewinnen können.

Dies kann mit der Methodik der „funktionalen Äquivalente“ gelingen.

Funktionale Äquivalente

Kommen wir auf das gängige und erst einmal nicht dramatische Beispiel einer Schulstörung aus dem ersten Kapitel zurück. Ein zwölfjähriger Junge zieht den Mitschülern und dann auch der Lehrerin gegenüber Fratzen, spielt feixend den Kasper, die Klasse johlt. Die Lehrerin ist hilflos, das verstärkt noch die kurze chaotische Situation. Das auffällige Verhalten des Jungen häuft sich im Laufe der Zeit, tritt in immer kürzeren Abständen auf. Der Schulpsychologe wird eingeschaltet.

Meist ist es ein Junge, der in der Klasse eher leistungsschwach, in seiner Clique (Peergroup) außerhalb der Schule aber eine schräge Nummer ist. In der Schule leidet er an der mangelnden Anerkennung. Da er sie sich nicht über schulische Leistungen oder prosoziales Verhalten erwerben kann, sucht er sie unbewusst in der Auffälligkeit. Es treibt ihn geradewegs dazu, denn sonst könnte er im Schulsystem nicht handlungsfähig bleiben, wäre permanent der Underdog, der er ja außerhalb der Schule – zumindest in seinem subjektiven Gefühl – nicht ist. Das auffällige Verhalten und die damit immer wieder verbundene Ausnahmesituation lässt ihn für kurze Zeit zum King werden, er beherrscht für einige Minuten die Klasse. Über die Lehrerin, sonst in der schulischen Hierarchie weit über ihm, triumphiert er. Das Ganze hält aber nur kurze Zeit an, fällt dann üblicherweise in sich zusammen. Werden dem Schüler keine alternativen Anerkennungsangebote gemacht, wird er – in immer kürzeren Abständen – das antisoziale Verhalten wiederholen. Er braucht es, um seinen Selbstwert irgendwie aufrechtzuerhalten. Das Verhalten kann so zur Sucht werden, der Junge wird so zum „notorischen“ Störer.

Deswegen müssen für diesen Jungen in der Schule Möglichkeiten der Anerkennung geschaffen werden, in denen er spüren kann, dass er nicht auf Auffälligkeit angewiesen ist, wenn er – wie seine MitschülerInnen auch – Selbstwert, Anerkennung und

Selbstwirksamkeit sucht. Das können soziale wie musische Gruppenprojekte sein, in denen er eine seinen Fähigkeiten entsprechende Rolle erhält. „Seinen Fähigkeiten entsprechend" bedeutet in diesem Zusammenhang, dass man versucht, nicht nur seine Impulsivität in nun durch die Rolle geregelten Bahnen zu nutzen, sondern auch, in Gesprächen mit ihm und MitschülerInnen (Peer-Conference) nach Fähigkeiten zu suchen, die im Unterricht nicht zum Zuge kommen (können), also verdeckt sind. Das verlangt aber auch den LehrerInnen eine selbstreflexive Haltung ab. Oft haben sie längst den Jungen als „auffällig" typisiert (etikettiert) und sein gesamtes Verhalten in dieses Schema eingepasst. Nun gilt es, wieder umzurahmen, also nicht nur zu fragen, welche Botschaften hinter seinem Verhalten stecken (z.B. mangelnde Anerkennung), sondern auch, was ich als Lehrperson möglicherweise umgehe und ausblende, wenn ich ihn nur aus diesem typisierenden Schema heraus betrachte. Ist es mir möglich, ihn auch einmal anders als bisher zu beobachten?

Unter der *Schaffung und Gestaltung von funktionalen Äquivalenten* verstehen wir also – wie in diesem exemplarischen Beispiel gezeigt – eine Methode der Erweiterung, die von der Pädagogik her initiiert werden kann. Funktionale Äquivalente sind Projektsettings, in denen die KlientInnen Gelegenheiten (Beziehungen, Rollen) vorfinden, in denen sie mit der Zeit erfahren können, dass sie ihr antisoziales oder autoaggressives Verhalten nicht brauchen, um Selbstwert, soziale Anerkennung und Selbstwirksamkeit zu erreichen. Dabei ist zu beachten, dass die funktionalen Äquivalente – gemäß ihrer begrifflichen Bedeutung – eine ähnliche Aktivitätsstruktur aufweisen wie das vorgängige antisoziale Verhalten. Gewalttätige Jugendliche z.B. wird man nicht so ohne weiteres in musische Projekte stecken können, sie brauchen eben erst einmal symbolisch „gewaltnahe" Angebote (American Football, Kampfsport etc.), nun aber mit Regeln, Grenzen, Verantwortlichkeiten und Rollenübernahmen. Dann kann man weitersehen, was sich darauf an gewaltfernen Projekten aufbauen lässt.

PädagogInnen wird eine akzeptierende Haltung abverlangt, wenn sie funktionale Äquivalente in Gang setzen wollen. Wieder gilt: Sie müssen wahrnehmen können, dass die Betroffenen das antisoziale oder autoaggressive Verhalten für sich selbst als positiv empfinden. Natürlich wissen sie – im Sinne des Bewältigungsmodells –, dass hinter dem Verhalten Botschaften der Hilflosigkeit stecken. Aber darüber können sie mit den Betroffenen nicht gleich reden, denn diesen geht ja die Fähigkeit zum Thematisieren ab. Sie sind gleichsam kognitiv verschlossen. Also muss man akzeptieren, dass man erst einmal den emotionalen Verhaltensfaden aufnehmen und in funktionalen Äquivalenten weiterziehen muss und erst dann darauf vertrauen kann, dass Befindlichkeit und Verhalten später, d. h. erst dann thematisiert werden können, wenn die Betroffenen gespürt haben, dass sie auf ihre bisherigen Verhaltensmuster nicht mehr angewiesen sind, um handlungsfähig zu sein. Dann kann man mit ihnen über ihr früheres antisoziales Verhalten sprechen. Funktionale Äquivalente bedeuten Umwege und brauchen Zeit.

Milieubildung

Hilfebeziehungen können durch Milieubildung erweitert werden. Im sozialpädagogischen Projektmilieu können die KlientInnen soziale Entlastung, sozialen Rückhalt und Zugehörigkeit erfahren. Das Projektmilieu schützt die Einzelnen, vor allem wenn sie Gefahr laufen, wieder in ihr früheres antisoziales oder selbstdestruktives Verhalten zurückzufallen. Mit dem Begriff „Milieu“ beschreibe ich einen sozialräumlichen und sozialemotionalen Kontext der Gegenseitigkeit und sozialen Bindung, in dem sich prosoziale Bewältigungskompetenzen entwickeln können. Projekte werden zu Milieus, wenn es gelingt, gegenseitige Strukturen der Verantwortlichkeit und Rituale des Vertrauens zu entwickeln, sodass sich ein Wir-Gefühl einstellen kann. Die Soziale Arbeit ist dabei von der Perspektive der „offenen Milieubildung“ geleitet, denn nur offene demokratische Milieus in der gelungenen Balance von Kollektivität und Individualität können Bewältigungskompetenzen im Sinne erweiterter Handlungsfähigkeit aktivieren. Im Begriff des „offenen Milieus“ ist der Respekt vor der Integrität des anderen innerhalb und außerhalb der Milieugrenzen als strukturierendes

Charakteristikum enthalten. Regressive Milieus dagegen sind dadurch gekennzeichnet, dass in ihnen Rückhalt, Geborgenheit und Gegenseitigkeit auf Kosten anderer, ja über die Unterdrückung und Ausgrenzung anderer gesucht wird. Gewalttätigkeit z. B. geschieht oft vor dem Hintergrund regressiver, ethnozentrierter Milieubildung. Weil also der Begriff „Milieubildung" für sich allein so ambivalent ist, braucht es die begriffliche Präzisierung des „offenen Milieus". Das schließt aber nicht aus, dass wir – im Sinne *akzeptierender* Jugend- und Sozialarbeit – erst einmal verstehen, warum sich KlientInnen bisher in regressiven und autoritären Milieus geborgen und wohl fühlten. Wir haben ja erfahren, wie Hilflosigkeit abgespaltet, auf Schwächere projiziert und wie der Anschluss an Gruppen und Milieus gesucht wird, in denen dieses Verhalten ausgelebt werden kann. Erst wenn wir diesen Zusammenhang verstehen und als subjektiven Schritt der KlientInnen akzeptieren, können wir Angebote anderer, offener Milieubildung machen.

Vertrauen und Autorität sind hier die Schlüsselbegriffe. *Vertrauen* (vgl. Wagenblass 2004) meint eine gegenseitig gefühlte und darin geteilte Sicherheit und Verlässlichkeit in den alltäglichen Interaktionen. Über Vertrauen kann die Anerkennung von Hilflosigkeit mitteilbar und für die KlientInnen spürbar werden. Milieurückgebundenes Vertrauen als „Milieuklima" bildet den Kontext, in dem Beratung gerade mit denen möglich ist, die ihre Probleme nicht so ohne Weiteres zu einem festen Zeitpunkt oder auf einen adäquaten sprachlichen Ausdruck (z. B. Jungen und Männer) bringen können, denn Beratung bezieht sich ja auf emotionale Befindlichkeiten und Betroffenheiten, und die lassen sich nur in sozialräumlich geschützten, also „vertrauten" und sich deshalb sozialemotional öffnen könnenden Arrangements aufschließen. *Autorität* wiederum bietet Orientierung, zeigt Grenzen auf und gibt Alltagssicherheit, wenn es sich um eine milieuvermittelte Autorität handelt, die also auf gemeinsam erfahrenen und geteilten Bindungen beruht. Dieser Aspekt der auf Bindungen beruhenden Autorität ist in der sozialpädagogischen Diskussion dort vernachlässigt, wo sie nur auf „diskursive" Autorität über kritisches Aushandeln zwischen PädagogInnen und KlientInnen setzt und dabei oft übersieht, dass die in solchen Verhandlungsformen ungeübten KlientInnen von dieser Kritikzumutung überfordert sind und sich dann nicht selten in autoritäre Gesellungs- und Unterordnungsformen ziehen lassen.

Gemeinwesenorientierung

Milieubildende Projekte sind in die Nahräume des Gemeinwesens eingebettet. Die Pädagogik der Milieubildung und die Gemeinwesenarbeit stehen also in einem konzeptionellen Verhältnis zueinander. Wenn man Gemeinwesenarbeit nicht nur als Methode, sondern als Arbeitsprinzip der Sozialen Arbeit versteht (vgl. Galuske 2009), dann bietet sich das Konzept Lebensbewältigung/ Bewältigungslage durchaus als Reflexionsrahmen an. Gemeinwesenarbeit ist angezeigt, wenn es um die Förderung der sozialen Integration in kommunalen und regionalen Räumen, um die Aktivierung und Beteiligung sozial benachteiligter und sozialräumlich ausgegrenzter Gruppen geht. Sozial desintegrative Gemeinwesenprozesse spiegeln sich in den Befindlichkeits-, Orientierungs- und Handlungsstrukturen der betroffenen Bewohner wider, können ihre psychosoziale Handlungsfähigkeit und ihre Suche nach sozialem Anschluss beeinflussen. Prozesse der sozial isolierenden Verhäuslichung und regressiven Milieubildung sind in der Regel die Folge. In der Sprache des Konzepts Lebensbewältigung kann man diesen Zusammenhang wie folgt formulieren: Sozial desintegrative Gemeinwesenprozesse setzen immer wieder kritische Lebenskonstellationen frei und zwingen die betroffenen BewohnerInnen in ihrem Streben nach sozialer Handlungsfähigkeit zu sozial regressiven Verhaltensmustern. Aufgabe der Gemeinwesenarbeit ist es in diesem Zusammenhang, soziale Handlungsräume und damit die verengte Bewältigungslage zu erweitern.

Für eine bewältigungsorientierte Einordnung der Gemeinwesenarbeit ist neben der Ausdrucksdimension (im Sinne der Herstellung von Öffentlichkeit) vor allem die sozialräumliche Aneignungsdimension von Interesse. Die Möglichkeiten der Aneignung und damit der Erweiterung und Sichtbarmachung der Bewältigungslage sind gerade für sozial Benachteiligte oft deutlich segmentiert. Benachteiligte Bevölkerungsgruppen werden in „pockets of poverty konzentriert, die sie erst recht in ihren Partizipationschancen benachteiligen“ (Berger/Schmalfeld 1999: 328). Dies kann sich auf die Lebenslagen sozial benachteiligter Gruppen so auswirken, dass sich regressive Milieus bilden, die nach außen abgeschottet sind, sich nach innen aber aggressiv verdichten können. Tragende Gruppe sind hier vor allem junge Erwachsene in prekären Übergangslagen, die unter dem Druck stehen, aus ihrer Lebenslage der Verwehrung heraus ihre eigenen antisozialen Ermöglichungsperspektiven abzuspalten. Je stärker Jugendliche und junge Erwachsene sozial unter Druck sind, desto dringender suchen sie nach Räumen als Bewältigungszonen. In dem Maße aber, indem sie Räume über ihr jugendkulturelles Experimentieren hinaus als Bewältigungsräume gebrauchen – um sichtbar zu werden, auf sich aufmerksam zu machen und dadurch anerkannt und wirksam zu werden –, wird die Raumaneignung brisant, bekommt sie den Charakter eines Kampfes um Räume. Gerade Kinder und Jugendliche mit Migrationshintergrund sind oft über die Sprache ausgeschlossen, auch ihre sozialen Beziehungen sind auf ihr Milieu zentriert und eingeschränkt. Sie kommen so auch nicht in öffentliche Beteiligungskulturen hinein. Was ihnen bleibt, ist der Raum als Schlüssel, um öffentlich zu sein. Allerdings werden ihre räumlichen Aneignungsformen schnell stigmatisiert und als Auffälligkeit etikettiert.

Dass Jugendliche eine eigene räumliche Öffentlichkeit suchen, lässt sich jugendtheoretisch aus der sozialräumlichen Aneignungsdynamik des Jugendalters erklären. Jugendliche brauchen Räume, um sich zu spüren, zu erproben, auf sich aufmerksam zu machen, um sichtbar werden zu können. Im Drang nach räumlicher Öffentlichkeit spiegelt sich die jugendtypische Spannung zwischen der Suche nach jugendkultureller Eigenständigkeit und der verdeckten Sehnsucht nach dem Erwachsen-Werden wider. Aus Ersterer entsteht Abwehr gegenüber der Erwachsenenwelt, aus der Zweiten das Verlangen nach Anerkennung. Subkulturelle Raumaneignung und die Suche nach Anerkennungsräumen gehen bei Jugendlichen ineinander über. Für die Erwachsenenwelt provoziert das Konflikte. Damit – wenn wir den Konflikt und seine Austragung als Schlüsselthema des Politischen ansehen – zeigt die jugendkulturelle Suche nach räumlicher Öffentlichkeit ihre politische Seite. Parks, Verkehrs-, Einkaufs- und Vergnügungszonen sind für Erwachsene in erster Linie Funktionsräume. Für Jugendliche aber stellen sie Aneignungsräume mit hohem Aufforderungscharakter dar. Solche Funktionsräume sind aber meist so angelegt, dass sie nonkonformes bis abweichendes Verhalten ausgrenzen. Damit werden sie für Jugendliche zu Kontrollzonen, vor allem für solche Jugendliche, die auf diese Räume angewiesen sind, um sichtbar werden zu können. So kann sich eine doppelte Konfliktstruktur entwickeln, Aneignungs- und Kontrollkonflikte gehen ineinander über, laden sich gegenseitig auf. Statt zur politischen Auseinandersetzung kommt es dann aber oft zur Kriminalisierung, die dann die eigentlich jugendpolitische Grundstruktur des Konflikts überdeckt.

Gemeinwesenarbeit hat hier unter anderem eine intergenerational vermittelnde Aufgabe. Auch für die Bevölkerung ist es in diesem Zusammenhang wichtig, dass sie erkennt, dass in- wie ausländische Jugendliche oft Räume besetzen, um einen Aneignungsraum zu haben, und nicht, um Gewalträume zu schaffen. Die Erfahrung mit entsprechenden Projekten zeigt, dass, wenn gegenüber diesen Jugendlichen anerkannt wird, dass sie den Raum als Aneignungsraum brauchen, diese auch bereit sind, den Raum mit anderen Gruppen zu teilen, sich mit ihnen oder auch anderen Bewohnern des Viertels zu verständigen.

Sekundäre Krisenintervention

Die bisher dargestellten Handlungsperspektiven und methodischen Anregungen haben sich vor allem auf den Kontroll- und Interventionsbereich der Sozialen Arbeit unterhalb der Ebene der Justiz bezogen. Das Bewältigungskonzept kann uns aber auch methodische Hinweise bei Ereignissen der Gewaltkriminalität geben, in denen der polizeiliche Eingriff an erster Stelle steht und die sozialpädagogische Intervention erst danach organisiert wird. Ich denke hier vor allem an Situationen häuslicher und außerhäuslicher Gewalt, bei denen den Tätern auf der Stelle in einer Krisenintervention Einhalt geboten werden muss. Die spätere sozialpädagogische Begleitung – z. B. während der Untersuchungshaft – kann man deshalb als *sekundäre Krisenintervention* bezeichnen. Ich will dies im Folgenden am Beispiel jugendlicher Straftäter entwickeln.

Erfahrungsgemäß hat eine kritische Konstellation wie die des Straffällig-Werdens zwei Bewältigungsebenen. Zum einen die der *akuten Situation*, die sich auf die Bewältigung des Vorgangs und der Umstände der Festnahme und Strafverfolgung selbst bezieht; zum anderen die *biografische Konstellation*, die der Delinquenz vorgängig ist, sie aber – gerade bei Mehrfachtätern – in gewissem Sinne „aufgebaut" hat. Deshalb mündet die kurzfristige Krisenintervention in der Regel in einen mittel- bis längerfristigen Beratungsprozess ein. Entsprechend müssen Krisenintervention und Beratung eng miteinander verknüpft sein. Diese sekundäre Krisenintervention kann also nur dann gelingen, wenn den Betroffenen die Beratung *sofort* angeboten werden kann. Im Falle straffälliger Jugendlicher bedeutet das, dass sie nicht erst ein halbes Jahr nach der Anzeige ihr Urteil erhalten und dann erst die Chance eines Zugangs zur psychosozialen Beratung bekommen, wenn dies entsprechend vom Richter angeordnet worden ist. Sekundäre Krisenintervention ist dann nicht mehr möglich. Deshalb ist es unabdingbar, dass Angebote der Krisenintervention *gleichzeitig* mit der strafrechtlichen Verfolgung und Ahndung gemacht werden.

> „Nur durch eine schnelle Reaktion […] kann dem Phänomen des Ausweichens und Zurückfallens in destruktive Bewältigungsmuster Erfolg versprechend begegnet werden. [So] sinkt die Akzeptanz gegenüber Hilfen sehr schnell ab, wenn die Betroffenen […] auf sich gestellt bleiben. Eine schnelle Reaktion muss *zweipolig* erfolgen. Das bedeutet, dem devianten Verhalten Grenzen zu setzen und zeitnah dazu Bewältigungsalternativen aufzuzeigen" (Enke 2013: 470).

Die Festnahme ist für die Jugendlichen ein einschneidendes kritisches Lebensereignis, in dem sie auf sich selbst zurückgeworfen sind. Das damit verbundene Erlebnis der Hilflosigkeit muss deshalb als Erstes in der Beratung so aufgegriffen werden, dass ihm die Bedrohung genommen wird. Es gilt also, Vertrauensbezüge zu schaffen, in denen das bedrohte Selbst positiv angesprochen und aktiviert werden kann: Ich kann über meine Hilflosigkeit sprechen, sie dadurch annehmen, und ich habe jemanden als Gegenüber, der nicht die Hilflosigkeit, sondern *mich* in ihr erkennt und annimmt. Deshalb ist die Methode der *Trennung von Person und Delikt* für die sozialpädagogische Krisenintervention und die spätere psychosoziale Beratung so zentral. Denn wenn man am Delikt ansetzt, machen die Jugendlichen erfahrungsgemäß zu oder schieben es auf die Gruppe und auf die Umstände, rechtfertigen sich, wollen nicht zugeben, dass sie nicht funktionieren. Sie finden dagegen alle Gründe dafür, dass sie eigentlich alles unter Kontrolle haben, auch die Beratungssituation. Sie spalten es so nach außen ab.

Der/die BeraterIn weiß, dass dies eine innere Schutzwand ist und der Klient die Abspaltung braucht, weil er nicht gelernt hat – weil es ihm in seiner bisherigen Biografie verwehrt war –, mit seinen Gefühlen der Hilflosigkeit umzugehen. Er hat Angst vor ihnen. Diese in der Erfahrungsregel voraussehbare Ambivalenz macht sich der/die BeraterIn zunutze, indem er/sie das Gespräch behutsam, aber zielstrebig auf die Befindlichkeit des Jugendlichen lenkt, über Eltern, Verlusterlebnisse und Sehnsüchte, Freundin, Träume und Ängste. In dieser Beratung erfährt der Jugendliche, dass er aus der stressigen Bedrängnis des Unwohlseins herauskommen kann, indem er über Erlebnisse erzählt, in denen er sich wohlgefühlt hat und in denen spürbar war – für den Jugendlichen und für den/die BeraterIn gleichermaßen –, dass und wie er zum Wohlfühlen und damit zu sich selbst fähig ist.

An dieser Schilderung ist unschwer zu erkennen, dass es sich hier vor allem um männliche Jugendliche handelt. Gerade die Krisenintervention, die wohl dem Ausgesetzt-Sein und Auf-sich-zurückgeworfen-Sein der betroffenen Jugendlichen am nächsten ist, kann ohne geschlechtstypische Bezugnahme nicht funktionieren. Während das nach außen gerichtete männliche Bewältigungsmuster den Jugendlichen immer wieder zu Rationalisierungen drängt, die den Selbstbezug des Jungen abzuwehren versuchen, um sich dem Berater gegenüber immer wieder als doch funktionierender Mann präsentieren, ihm Männlichkeit beweisen zu können, drängt das mehr nach innen gerichtete weibliche Muster die Mädchen und jungen Frauen eher zum Beharren auf individueller Schuldübernahme und Abforderung dementsprechender Bemitleidung. Auch hier muss der/die BeraterIn aufpassen, dass er/sie solche geschlechtstypischen Übertragungen nicht annimmt, und auf der explorativen Rolle beharren. Erst mit der Zeit wird sich eine Gegenseitigkeit von BeraterIn und KlientIn entwickeln, die dann durchaus in eine Vertrauensbeziehung münden kann.

Geschlechtshomogene Gruppenintervalle

Die Geschlechtstypik des Bewältigungsverhaltens fordert schließlich auch zu entsprechenden methodischen Konsequenzen auf. So zur geschlechtshomogenen Gruppenarbeit. Diese Methode ist der geschlechtsreflexiven Erfahrung geschuldet, dass die Thematisierung von Hilflosigkeit vor allem für Jungen und Männer in der Gegenwart von Mädchen und Frauen besondere Schwierigkeiten bereitet. Das gilt in gewissem Maße auch für Mädchen und Frauen, wobei hier das Ziel der Erlangung weiblicher Selbstständigkeit im Vordergrund steht. In der *Jungenarbeit* z.B. werden geschlechtshomogene Gruppenintervalle deshalb als sinnvoll erachtet,

> „weil viele Problemthemen in koedukativen Gruppen unter Anwesenheit der Mädchen nur verzerrt besprochen werden können, wenn sie nicht überhaupt von den Jungen abgewehrt werden. Die Jungen geraten bei Anwesenheit von Mädchen und Frauen einerseits in einen Selbstdarstellungsdruck, in dem sie sich vor den Frauen präsentieren und darstellen müssen, andererseits geraten sie unter einen Rechtfertigungsdruck, indem sie versuchen, ihr männliches Handeln

> zu verteidigen. In der geschlechtshomogenen Jungengruppe fehlt diese Erschwernis. Die Erfahrung zeigt, dass Jungen hier viel leichter über Ängste, Gefühle und schwierige Themen sprechen und arbeiten können. Die Geschlechtshomogenität ermöglicht es ihnen auch, sonst von Mädchen ‚besetzte' Rollen und Handlungsweisen für sich zu erproben, ohne sofort der Beurteilung ausgesetzt zu sein" (Sturzenhecker 2002: 43 f.).

Die jungenpädagogischen Möglichkeiten der geschlechtshomogenen Gruppe lassen sich vor allem in *erlebnispädagogischen* Projekten aufschließen. Das sind meist Outdoor-Veranstaltungen wie Klettern, Rafting oder Höhlenerkundungen, können aber genauso Abenteuerspiele im Gelände der Schule oder des Jugendhauses sein. Im Mittelpunkt stehen Grenzerfahrungen, die die Jungen dazu bringen können, eigene Grenzen zu spüren und vor sich und anderen zuzugeben und das Angewiesen-Sein auf die anderen schätzen zu lernen. Erlebnispädagogik wird gern als „Handlungslernen" bezeichnet, ich würde es eher als *Bewältigungslernen* sehen. Denn wenn man an Grenzen gehen muss, entstehen Situationen von Hilflosigkeit, die man thematisieren, aussprechen muss, wenn man das Projekt nicht gefährden will. Die Bereitschaft, Ängste in der Gruppe auszusprechen, gehört zu den Bedingungen für das Gelingen erlebnispädagogischer Projekte.

Auch in der *Mädchenarbeit* wird mit geschlechtshomogenen Gruppenintervallen gearbeitet. Mädchen wollen heute nicht mehr als „Defizitwesen" gelten. Das führt bei manchen aber dazu, dass sie in ihrem selbstbewussten Lebensgefühl zu Harmoniemodellen greifen, sich an sie klammern. Gerade die Erfahrungen mit Mädchen, vor allem aus inkonsistenten Familienbezügen, mit Brüchen in ihrem Verhältnis zum Elternhaus, zeigen immer wieder die Ambivalenz und Widersprüchlichkeit ihres Lebensgefühls, ihr Bewältigungsdilemma. Auf der einen Seite schlittern sie immer wieder in riskante Beziehungs- und Verhaltenssituationen, andererseits sehnen sie sich nach Harmonie in familialen und partnerschaftlichen Beziehungen. Ein typisches Beispiel: Ein Mädchen hat einen Freund gefunden, schwelgt in Harmonie. Die

Mädchen können sich in der Gruppensituation in ihrer Selbstständigkeit gegenseitig bestärken, damit sie gewappnet sind, wenn der Freund sie verlässt oder mit seinen eigenen massiven Problemen kommt, obwohl sie selbst immer noch fragil sind und deshalb vor allem bei ihm Halt suchen. Wenn die Harmonie dann zusammenbricht, müssen Mädchen einigermaßen darauf vorbereitet sein, dass mit der Harmonie nicht alles kaputt ist, sondern dass solche Einbrüche auch sein müssen und nicht gleich zu ihren Lasten gehen.

In der *Männerberatung* wird die Frage, wie lange eine Einzelberatung mit dem Klienten dauern muss, dahingehend beantwortet, dass beide – Berater und Klient – spüren müssen, dass der Klient zu sich gekommen ist, dass es ihm möglich ist, aus sich selbst ohne Abwertung anderer zu sein und sich dabei wohlzufühlen. Die Abhängigkeiten der ersten Stunden – abhängig von Frauenabwertung, von Dominanzstreben und Kontrolldruck – sind in den Hintergrund getreten. Nun ist es Zeit, dass sich die Beziehung Berater/Klient sozial öffnet und der Klient die Gelegenheit erhält, in eine Gruppe einzutreten, in der Gleichbetroffene zusammen sind. Diese Gruppe ist ein „geschützter Raum", in dem der Mann erfahren kann, dass ihm sein nun anderes Selbst sozial zurückgespiegelt wird. Der Erfolg der Einzelberatung verlängert sich nicht so einfach in die Gruppe hinein, da die Gruppe wieder ihre eigene Dynamik entwickelt, die entlang einer ambivalenten „Grundlagenmatrix" verläuft: Zum einen geraten Männergruppen nahezu zwangsläufig in eine männerbündnerische Dynamik hinein, in der Abwertung des Weiblichen, Bestärkung der männlichen Dominanz und Scheu vor Intimität wieder aufkeimen, gleichzeitig sind die Männer oft erst einmal hilflos in diesem intimen Schutzraum, der sie symbolisch dazu zwingt, Intimes – Ängste, Sehnsüchte, Verstörungen – aus sich heraus preiszugeben, wo doch der männliche Raum der Raum der Rationalisierung und oft zwanghafter Selbstkontrolle ist. Gleichzeitig bringen sie aber auch die Sehnsucht aus der Einzelberatung mit, das nun Erreichte sozial – vor allem an anderen Männern – zu testen und das vorher sozial gefürchtete Gespenst der „Unmännlichkeit" zu verscheuchen.

12 Ein bewältigungstheoretisches Konzept muss Anforderungen an die Organisationen der Sozialen Arbeit entwickeln können

Wie aus lebensweltorientierten Handlungsprinzipien organisatorische Maximen für die Soziale Arbeit entwickelt werden können, hat der Achte Jugendbericht (BMFSFJ 1990) vorgemacht (vgl. auch Kap. 14 Lebensweltorientierung). Gerade weil die dort propagierte lebensweltorientierte Jugendhilfe immer in Spannung zu den Organisationen steht, die die Tendenz haben, von den lebensweltlichen Gegebenheiten zu abstrahieren, sah es der Bericht als notwendig an, Maximen der Jugendhilfeorganisation aus lebensweltlicher Perspektive zu formulieren. Diese Maximen sind heute noch und auch für eine bewältigungsorientierte Soziale Arbeit gültig, da diese ja genauso lebensweltlich eingebettet ist. Als wichtig wurde damals die Dezentralisierung und Regionalisierung der Jugendhilfe erachtet, die Einbettung der Arbeit in lokale Kontexte und deren Eigenheiten. Die Jugendhilfe soll sich danach nicht nur fachlich, sondern auch lokal-regional so verorten, dass die in dieser Region Betroffenen die Angebote und Maßnahmen auch aus ihrem Alltagsverständnis heraus annehmen können. Das bedeutet, dass die Angebote der Sozialen Arbeit im Alltag und aus dem Alltag heraus erreichbar („niederschwellig") sind. Als zentral und auch für eine bewältigungstheoretische Orientierung weiterführend, sehe ich die organisatorischen Ausführungen zur Problematik von Hilfe und Kontrolle:

> „Die Chance der pluralen Träger- und Zuständigkeitsstruktur der Jugendhilfe muss dahingehend genutzt werden, dass Institutionen und Maßnahmen voneinander unabhängig arbeiten, ihre eigenständig unterschiedlichen Positionen wahrnehmen und gegeneinander behaupten und ausspielen. Mobile Jugendarbeit zum Beispiel ist sinnvoll in eigenen Vereinen organisiert, die dem Jugendamt gegen-

> über ebenso wenig auskunftspflichtig sind wie der Jugendgerichtshilfe oder der Polizei. Frauenhäuser zum Beispiel werden so lange akzeptiert, wie sie in ihrer Arbeit selbstständig sind".

Für die SozialarbeiterInnen kommt es dabei darauf an,

> „dass sie in ihrem Status unabhängig sind, also nur ihrer Fachlichkeit und ihrem Gewissen verantwortlich, so wie es die Mitarbeiter der Erziehungs- und Konfliktberatungsstellen für sich erkämpft haben und wie es für Pfarrer und Ärzte selbstverständlich ist" (ebd.: 89 f.).

Dies spielt in die zentralen Prinzipien bewältigungsorientierter Sozialen Arbeit hinein. Da wäre zum einen die Maxime, dass die im Bewältigungsverhalten steckenden Botschaften und die oft übergangenen Fähigkeiten der KlientInnen einen eigenen Interpretationsraum erhalten und nicht in der herkömmlichen administrativen Logik der Fallbearbeitung untergehen. Das bedeutet praktisch, dass Teams mit den KlientInnen arbeiten, in denen die unterschiedlichen bis widersprüchlichen Bewertungen zum Zuge kommen können. Zum anderen geht es um die Frage, wie in administrativen oder verbandlichen Organisationen Konflikte anerkannt, thematisiert und ausgetragen werden können. In diesem Sinne werden sie zu Bewältigungskulturen. Viele Ämter haben inzwischen konflikthaltige Fallkonstellationen nach außen an eigenständige Organisationen abgegeben. Im Achten Jugendbericht wurden als Beispiele die Mobile Jugendarbeit und die Frauenhäuser genannt. Schließlich der Kooperationsauftrag und die Netzwerkorientierung, die für die Entwicklung funktionaler Äquivalente wichtig sind. Funktionale Äquivalente sind eine Schlüsselstelle des Bewältigungskonzepts (vgl. Kap. 11). Wenn funktionale Äquivalente gebraucht werden, können sie meist nur zusammen mit anderen Organisationen und Projekten realisiert werden. Kommunale Netzwerke gehen über die Grenzen des Jugendhilfesystems hinweg, bilden eigene Zuständigkeiten aus. So kann sich hier eine lokale Infrastruktur der Sozialen Arbeit entwickeln.

Das verlangt aber auch eine offene Milieubildung in den Organisationen der Sozialen Arbeit selbst, damit solche Anschlüsse nach außen möglich sind. In die Organisationen der Jugendhilfe wirkt aber die Ambivalenz von Hilfe und Kontrolle hinein und verstärkt die Tendenz zum geschlossenen, regressiven Milieu, das durch den KlientInnenstatus weiter eingeengt ist. Sozialpädagogisches Ziel ist deshalb auch hier eine offene Milieubildung. Diese zielt auf innere Demokratisierung als Voraussetzung äußerer Vernetzung im kommunalen Raum.

Das Regressive an Organisationsmilieus besteht darin, dass sie zentrale Milieufaktoren wie gleichgerichtetes Denken und gemeinsames Handeln in ihrer Selbstreferenzialität so zu steuern versuchen, dass ihre Systemstabilität gewahrt bleibt und nicht durch ‚systemfremde' Einflüsse gefährdet ist. Als ‚systemfremde Einflüsse' gelten vor allem die lebensweltlichen Strömungen, die die Organisation oft verdeckt durchziehen. Indem Milieus lebensweltliche Erfahrungsräume sind, und die Organisation nicht nur funktional, sondern auch lebensweltlich in ihrer sozialen Qualität erfahren wird, steht die lebensweltliche Erfahrung in Organisationen prinzipiell in Spannung zu der systemischen Funktionslogik, der sich die Mitglieder der Organisation unterordnen müssen. Dennoch ist das organisatorische System auf sozialen Support angewiesen, wenn es funktionieren soll. Organisationen brauchen also soziale Milieubildung, auch wenn es dabei zwangsläufig zu einem typischen Konflikt zwischen lebensweltlichen Ansprüchen und systemischen Imperativen kommen muss. Das Augenmerk richtet sich nun darauf, wie dieser Konflikt ausgetragen wird.

In manchen Arbeitsfeldern der Sozialen Arbeit wird ein KlientInnen-Profiling verlangt, ohne dass darüber nachgedacht wird, ob man damit nicht in neue Etikettierungsprozesse hineinschlittert. Denn das, was im Menschen steckt und was er kann, ist nicht im Test und/oder über die Akte abrufbar, sondern braucht funktionale Äquivalente, aktivierende und anerkennungshaltige Settings, in denen die AdressatInnen die Chance bekommen können, zu erfahren, zu was sie sozial fähig sind und was sie dabei erreichen können. Die Bewältigung kritischer Lebenskonstellationen, mit der es nun einmal die Soziale Arbeit auch in Zukunft zu tun haben wird, ist nur bedingt berechenbar. Nicht messbare Verhaltensergebnisse, sondern Verhaltens*potenziale* treten bei einer bewältigungsorientierten Evaluation in den Vordergrund, die Prozesse werden wichtig. Wenn wir wissen, dass z. B. abweichendes Verhalten in den meisten Fällen eine Form von Bewältigungsverhalten darstellt, hinter dem Selbstwert-, Selbstwirksamkeits- und Anerkennungsstreben liegen, dann werden wir nicht eine Wirkungskette am Verhalten selbst aufbauen, sondern soziale Arrangements – auch als ‚Umwege' – entwickeln, in denen Selbstwert und Anerkennung über funktionale Äquivalente erlangt werden können. Dann kann man sehen, zu was die Jugendlichen fähig sind, wenn ihnen bestimmte Möglichkeiten eröffnet werden.

AdressatInnen erleben und bewerten die Angebote und Maßnahmen der Sozialen Arbeit ganz unterschiedlich. Wie oft hat man die Erfahrung gemacht, dass die Befragung Jugendlicher zur Bedeutung und Attraktivität ihres Jugendzentrums zu Enttäuschungen für die Jugendarbeit führt. Im Ranking der für sie attraktiven Orte liegt ihr Jugendzentrum meist in der Mitte oder gar weiter hinten, obwohl es doch nach modernen und lebensweltlichen Prinzipien offener Jugendarbeit gebaut und organisiert ist. Die Disco, Szenen-Events, Parks und andere kommerzielle oder öffentliche Plätze machen das Rennen. Die Jugendarbeit läuft dann leicht Gefahr, dass in der Gemeindepolitik gesagt wird: Wozu brauchen wir eigentlich Jugendhäuser, wenn sie von den Jugendlichen gar nicht so geschätzt werden? Dabei wissen wir: Die Existenz und das Angebot des Jugendhauses ist für die meisten Jugendlichen etwas *Selbstverständliches,* das sie nutzen, auf das sich viele ihrer Aktivitäten beziehen und von dem manche Aktivitäten ausgehen. Gleichzeitig denken viele Jugendliche an Reglementierungen bezüglich Kiffen und Alkohol, an den Zoff mit den JugendarbeiterInnen, wenn sie das Jugendzentrum bewerten sollen.

Anders sieht es aus, wenn wir ehemalige BesucherInnen des Jugendhauses befragen. 20- bis 25-Jährige, die wir ins Jugendhaus einladen, eine Gruppendiskussion mit ihnen machen und sie von ihren früheren Erfahrungen und Erlebnissen im Haus erzählen lassen. Auf einmal sieht die Einschätzung ganz anders aus. Die damals beklagten Konflikte mit den JugendarbeiterInnen, ja auch ihre Reglementierungen werden nun als positiv betrachtet. Man erzählt von Alltagsflips, aber auch erlernten Lebenstechniken, von Erfahrungen, wie man mit Beziehungen umgeht, und von kleinen sozialen Erfolgen, die in einem mehr haften bleiben als die damaligen Leistungserfolge in der Schule. Und man hört heraus, dass sie auch heute noch in ihrem jetzigen Leben Erinnerungsbezug darauf nehmen. Die Jugendarbeit wirkt also biografisch nach. Ich nenne dies *biografische Nachhaltigkeit.* Man kann das auch mit einem entsprechenden Fragebogen machen, wenn die Ehemaligen lokal nicht mehr so erreichbar sind. Wir haben das in Dresden auch mit Ehemaligen aus dem Bereich des Betreuten Wohnens durchgeführt.

Aber wie kann man das organisieren, wenn die Zeit im Alltag der Sozialen Arbeit zu knapp ist? Wie kann man die Verwaltung überzeugen? Wer hilft einem bei der Konzeption und Auswertung? Die Verwaltungen haben sich sicher meist eingeigelt in quantitativen Profilverfahren und Interaktionsstatistiken, die zwar auflisten, was alles gemacht wird, aber verbergen, wie es gemacht wird, welche Prozesse ablaufen und was es den AdressatInnen bringt. Man braucht Mittelsleute, die diese qualitativen Informationen in die Gremien einbringen können. Ich plädiere ja immer für die lokale Vernetzung von Jugendhäusern oder Jugendhilfeprojekten in einem Beirat, dem unterschiedliche Persönlichkeiten der Gemeinde oder des Quartiers angehören, die der Jugendarbeit und der Jugendhilfe nahestehen oder selbst Ehemalige sind. Die können diese Form der Evaluation in die Organisationen vermitteln. Und inzwischen gibt es ja in Deutschland überall regional erreichbare Hochschulen für Soziale Arbeit, die solche Evaluationsvorhaben auch über Qualifikationsarbeiten fördern und begleiten können.

13 Bewältigung und Bildung gehen ineinander über

Dem Bewältigungskonzept wird bisweilen entgegengehalten, dass es sich doch vor allem auf dissoziale Konstellationen und psychosoziale Lebensschwierigkeiten beziehe, Bildungsprozesse – die doch auch sozialpädagogisch durchwirkt sind – aber nicht thematisiere. Abgesehen davon, dass die Soziale Arbeit in ihren Aufgaben vor allem auf die Sphäre psychosozialer Probleme bezogen ist, hat der Bewältigungsansatz seinen Bildungsbezug vor allem dort, wo es um die Spannung zwischen Bewältigung und Bildung geht. Sei es in der offenen Jugendarbeit, in der Schulsozialarbeit oder in der sozialpädagogischen Beschäftigungsförderung, wo Bildungsprozesse nur in Gang gesetzt werden können, wenn gleichzeitig die psychosozialen Bewältigungsprobleme bearbeitet werden. In die offene Jugendarbeit kommen vor allem auch sozial benachteiligte Jugendliche mit oft regressiven Einstellungen, die nichts über ihre Fähigkeiten, aber viel über ihre soziale Lage sagen. Sie brauchen Anerkennungs- und Selbstwerterlebnisse, aus denen heraus sie erst formalen Bildungsangeboten zugänglich sind. Ähnlich ist es in der Schulsozialarbeit, wo von der Schule an den Rand gedrängte SchülerInnen in sozialpädagogischen Projekten zu sich kommen und Fähigkeiten an sich entdecken können, die im Unterricht übergangen werden oder nicht gefragt sind. Und wenn Jugendliche oder junge Erwachsene dauernd bei der Arbeitssuche scheitern und entsprechende Entwertungsprozesse durchlaufen, braucht es sozialpädagogische Begleitungs- und Projektangebote, in denen sie auch wieder spüren können, dass sie auch außerhalb der Erwerbsarbeit etwas wert und darin fähig sind, neue Zugänge zu Ausbildung und Arbeit zu finden. Auch hier sind Bewältigung und Bildung miteinander verschränkt. Diesen Zusammenhang darf man nicht übergehen, wenn man von „informellen Bildungsprozessen" spricht, die in der Sozial- und Jugendarbeit ablaufen. Denn die damit gemeinten sozialen Kompetenzen werden meist erst in Bewältigungsprozessen erfahrbar. Ob und inwieweit sie in erweiterte Handlungsfähigkeit eingehen, hängt wiederum von den Bewältigungskulturen ab, in denen man sich bewegt.

Dieses in sich notwendige Verhältnis von Bildung und Bewältigung zeigt sich aber auch im Alltag des Lernens. Der lerntheoretische Zugang zu dieser Erkenntnis war nicht von ungefähr lange Zeit verschüttet, verweigerte sich doch die hier gemeinte „kritische Lernpsychologie" von Klaus Holzkamp (1995) den kognitiven Optimierungskonzepten, wie sie für die Leistungsschule immer intensiver entwickelt wurden. Holzkamps Ansatz des *expansiven* wie des *widerständigen Lernens* versucht, Lernprozesse als Erweiterung, aber auch Blockierung subjektiver Erfahrungs- und Handlungsmöglichkeiten aufzuschließen. Menschen lernen nicht – so Holzkamp –, weil sie dazu angehalten werden, sondern wenn sie spüren können, dass sie ihre Aneignungs- und Handlungsspielräume erweitern können. Von widerständigem oder defensivem Lernen spricht Holzkamp dann, wenn Lehrinhalte und -formen vermittelt werden, die die Entwicklungsbedürfnisse von Kindern und Jugendlichen übergehen, diese aber gezwungen sind, sich anzupassen, um ihre situative Handlungsfähigkeit zu erhalten.

> „Damit wäre bei defensiv begründetem Lernen aber genau genommen gar nicht die Überwindung einer Lernproblematik, sondern die Überwindung einer durch Lernanforderungen gekennzeichneten Handlungsproblematik die dominante Intention, womit auch die [...] Lernhaltung [...] tendenziell auf eine bloße Bewältigungshaltung reduziert wäre" (Holzkamp 1995: 192 f.).

Bewältigungstheoretisch interpretiert handelt es sich also beim defensiven Lernen um Lernzwänge und damit um kritische Lebenssituationen, die Hilflosigkeit und Selbstwertprobleme erzeugen, die dann lernmechanisch abgespalten werden, um handlungsfähig bleiben zu können. Expansives Lernen hingegen ist in einen Rahmen der Förderung von Anerkennung und Selbstwirksamkeit eingelassen. Wichtig ist dabei – und so verstehe ich Holzkamp –, dass der Bewältigungsaspekt nicht dem Lern-/Bildungsaspekt vorausgeht, gleichsam als seine Voraussetzung, sondern beide ineinander verschränkt sind. In der Bewältigungsdimension entscheidet sich der Lern- und Bildungserfolg.

In dieser Verschränkung entfaltet sich auch der eigene Bildungsgehalt von Bewältigung als erweiterte Handlungsfähigkeit. Anerkennung und Selbstwirksamkeit als „Bewältigungsprotektoren" sind interaktive Kategorien, die Gegenseitigkeit verlangen. Anerkennung kann man nur erhalten, wenn man sie auch anderen zukommen lässt, Selbstwirksamkeit braucht positive soziale Resonanz und erfordert Respekt gegenüber den sozialen Resultaten anderer. So können sich im Bewältigungsprozess *Lebenskompetenzen* herausbilden: Empathie- und Konfliktfähigkeit, Aushalten von Differenzen und Fähigkeit zur Thematisierung der eigenen Probleme.

Hier kommt die Jugendarbeit ins Spiel. Sie kann Anerkennung und Selbstwirksamkeit über Beziehungen und Räume vermitteln: Anerkennung durch SozialarbeiterInnen als „andere Erwachsene", die sich den Jugendlichen gegenüber öffnen können, anders als viele LehrerInnen und KommunalpolitikerInnen, die sich hinter ihren Statusmasken verstecken. Selbstwirksamkeit über Jugendräume und Jugendprojekte, die sich Jugendliche selbstbestimmt aneignen und gestalten können. Ein Ort der Alltagsberatung, wenn man Beratung als Hilfe versteht, innere Bedrängnis und Hilflosigkeit zu thematisieren. Das kommt Jungen zugute, die es oft schwer haben, das was in ihnen ist, auszusprechen und daher leicht unter Druck geraten, dass was sie im Inneren bedrängt, nach außen aggressiv zu kompensieren. Davon profitieren aber auch die Mädchen, die sich in entsprechenden Jugendprojekten eigene Räume aneignen, eigene Öffentlichkeiten schaffen und sich nicht dauernd zurücknehmen müssen. Denn Jugend ist für viele zumindest temporär zur kritischen Lebenskonstellation geworden, in die soziale Probleme hineinreichen, die eigentlich in der Entwicklungs- und Experimentierphase Jugend nichts zu suchen haben. Jugendarbeit wird damit nicht nur zum Bewältigungsort, sondern auch zum Ort sozialer Bildung.

Der bewältigungsbezogene Blick auf Bildung und Lernen geht

heute über das Kindes- und Jugendalter hinaus. „Lebenslanges Lernen" angesichts des Wandels der arbeitsgesellschaftlichen Strukturen ist zum Schlüsselbegriff des Diskurses zur Wissensgesellschaft geworden. Unter „Wissensgesellschaft" wird in diesem Zusammenhang eine Gesellschaft verstanden, deren ökonomische Produktivität sich nicht mehr primär in Kategorien von industrieller Massenarbeit errechnet, sondern auf wissensbasierter Technologie beruht. Bildung und Ausbildung sind in dieser neuen Sichtweise nicht mehr nur Voraussetzungen von ökonomischer Produktivität und Wachstum, sondern direkt Produktionsfaktoren. In der neueren wirtschaftswissenschaftlichen Wachstumsforschung besteht Konsens darüber, dass Wachstum – besonders in rohstoffarmen Ländern wie in Deutschland – immer mehr von wissensbasierten Innovationen anhängt. Gleichzeitig enthalten die auch durch den globalisierten Wettbewerb verursachte Beschleunigung und Veränderungsintensität der technologischen und ökonomischen Abläufe einen permanenten Aufforderungs- und Bewährungscharakter in der Richtung, dass der Umgang mit neuem Wissen und neuen Technologien immer wieder und eben neu erlernt werden muss. In einer wissensbasierten Gesellschaft ist die gesellschaftliche Teilhabe an aktivierbare und erweiterbare Bildungspotenziale der Individuen gebunden, soziale Verdrängung droht zunehmend denen, die in der Bildungshierarchie unten stehen. Oft wird aber im neueren Bildungsdiskurs zum lebenslangen Lernen übersehen, dass sich die Lebensläufe entgrenzt haben und somit offene und riskante Übergangskonstellationen freigesetzt werden, die bewältigt werden müssen. Gerade im Erwachsenenalter bedeuten Umlernen und Umschulung immer auch ein Aufgeben, einen Verlust biografisch erworbener Erfahrung. Der psychosoziale Druck, biografische Brüche und Entwertungen durchstehen zu müssen, und gleichzeitig der Druck, Neu- und Umqualifikationen ausgesetzt zu sein, stehen meist nebeneinander, werden weder bildungs- noch sozialpolitisch hinreichend aufeinander bezogen. Deshalb gewinnen die nonformalen sowie informellen Lernorte eine strategische Bedeutung für die Erlangung biografischer Handlungsfähigkeit auch im Erwerbslebenslauf. Lernen in diesem nun ganzheitlichen Sinne hat nicht mehr nur der beruflichen Qualifikation zu dienen, sondern zielt wieder auf Lebenskompetenzen und damit auf immer wieder neu anzustrebende biografische Handlungsfähigkeit ab. Gerade auch hier wird der Zusammenhang zwischen Bewältigung und Bildung thematisierbar.

14 Wie verhält sich das Bewältigungskonzept zum Konzept der Lebensweltorientierung, zum Capability Approach und zum Programm einer Sozialen Arbeit als Menschenrechtsprofession?

Der Diskurs zur Sozialen Arbeit kann auf eine Reihe von Theorieansätzen und Konzepten verweisen. Es sind unterschiedliche Zugänge zum gleichen sozialpädagogischen Anliegen. Deshalb ist es sinnvoll, zu fragen, wie sich die Konzepte zueinander und natürlich auch zu dem der „Lebensbewältigung" verhalten, aber auch, wo sie ihre besonderen Akzente setzen. Ich greife im Folgenden drei Ansätze heraus, die meines Erachtens im gegenwärtigen sozialpädagogischen Diskurs hervortreten. Dies ist zum einen das etablierte Konzept „Lebensweltorientierung", und schließlich das Programm einer Sozialen Arbeit als „Menschenrechtsprofession".

Lebensweltorientierung

Immer wieder werde ich gefragt, wie sich denn der Bewältigungsansatz zu Hans Thierschs Konzept der Lebensweltorientierung verhält. Bewältigungsprozesse und die damit verbundenen Selbstäußerungen und Handlungen der AdressatInnen sozialer Hilfe seien doch auch lebensweltlich gebunden. Natürlich sind die psychodynamischen und soziodynamischen Komponenten der Bewältigung eingebettet in lebensweltliche Kontexte. Insofern hat auch das Bewältigungskonzept seine lebensweltliche Subjektseite. Gleichzeitig kann es aber diese lebensweltliche Seite bezogen auf die inneren Antriebe und das damit verbundene Handeln der Betroffenen in bestimmten Gesetzmäßigkeiten aufschließen und gesellschaftlich rückbinden. Hier liegt auch der wissenschaftstheoretische Unterschied: Während sich das Konzept der Lebensweltorientierung durch eine phänomenologisch-deskriptive Theorieperspektive ausweist, kann man das Bewältigungskonzept von seinem Theorieansatz als systematisch-deduktiv bezeichnen. Das Lebensweltkonzept geht von den unmittelbaren psychosozialen Erscheinungsformen aus und versucht, sie in einen Zusammenhang, gleichsam in eine Zusammenschau zu bringen und zu interpretieren. Der Bewältigungsansatz basiert auf Kernhypothesen (Bewältigungsmodell), von denen aus dann weiterführende Aussagen abgeleitet und in einer mehrdimensionalen Systematik erweitert werden. Ich will nun versuchen, das Verhältnis der beiden Konzepte weiter zu kontrastieren, sie aber auch aufeinander zu beziehen.

Dem sozialwissenschaftlichen Lebensweltparadigma (vgl. Berger/Luckmann 1969; Schütz/Luckmann 1975) liegen folgende für unsere Thematik relevante Annahmen zugrunde: Wir erleben die Welt aus unserer alltäglichen Erfahrung heraus. Diese Erfahrung ist aber nicht je individuell einzig, sondern sozial geteilt und vorstrukturiert, mithin typisiert. Unsere alltäglichen sozialen Zuwendungen und Abgrenzungen sind durch solche typisierende Einstellungen geprägt. Die alltägliche Erfahrung ist für uns selbstverständlich und verlässlich, wir sind bestrebt, diese Verlässlichkeit zu erhalten. Die alltägliche Erfahrungswelt stellt damit so etwas wie eine Grundwelt dar, aus der heraus wir sozial handeln und uns gesellschaftlich orientieren. Darauf bezieht sich auch der lebensweltliche Begriff der „Normalität". Hans Thiersch drückt das in seiner sozialpädagogischen Adaption so aus: „Alltäglichkeit ist charakterisiert durch die spezifische Form ihres Bezugs auf erfahrene Zeit, erfahrenen Raum, erfahrene Sozialbezüge, durch eine pragmatische Handlungsorientierung und die Sicherung durch Typisierungen und Routinen" (Thiersch 1992: 36). In dieser Verknüpfung von „erfahrenem Raum", „erfahrener Zeit", „erfahrenen sozialen Beziehungen, Typik und Routine" gelingt die handlungstheoretische Übertragung des Lebensweltbezugs. Darin ist aber auch die Ambivalenz lebensweltlichen Alltagshandelns thematisiert: „Typik" schafft Orientierung und Ausgrenzung gleichermaßen. „Routine“ widersteht dem Wandel genauso, wie sie Voraussetzung für soziale Sicherheit als Alltagssicherheit und damit „Hintergrundverlässlichkeit“ für das Sich-einlassen-Können auf soziale Prozesse ist. Diese Ambivalenz ist es auch, welche die pädagogische Problematik von Alltagszusammenhängen ausmacht. Es bedarf also einer kritischen Reflexivität, wenn man sozialpädagogische Ansätze auf dem Alltagskonzept aufbaut.

> „Die erfahrenen Räume und Zeiten sind oft verengend, einengend, ruinös: Soziale Bezüge schreiben Unterdrückungs- und Herrschaftsmechanismen fest und verbauen Alternativen […]. Gegebenheiten des Alltags also müssen problematisiert werden im Hinblick darauf, ob in ihnen […] Geborgenheit, Produktivität und die Erfahrung, Subjekt seines eigenen Lebens zu sein, möglich ist“ (Thiersch 1992: 38).

Hier kann sich das Bewältigungskonzept einfädeln. In der Sozialen Arbeit haben wir es ja meist mit KlientInnen zu tun, deren Alltagsbewusstsein verengt, durch Abspaltungen geprägt ist, KlientInnen, die unter dem Zwang stehen, alltägliche Handlungsfähigkeit auch um den Preis des antisozialen Verhaltens oder der Selbstdestruktion zu erreichen. Zu solchen Abspaltungen gehören auch jene Alltagstheorien, mit denen man sich die Welt auf Kosten anderer ordnet. Sei es nun die Abwertung von Migranten, um sich selbst sozial zu erhöhen und die eigene Hilflosigkeit zu kompensieren oder um sein Verhalten zu rationalisieren, d.h. in Ausflüchten zu begründen. Wir sehen also, dass wir erst mit dem Bewältigungskonzept in die Tiefenschichten lebensweltlicher Ausdrucksmuster vorstoßen können. Und wir haben ja an den Gesetzmäßigkeiten des Abspaltungsmodells gesehen, dass diese anders, ja gegenläufig zu dem aussehen können, was die lebensweltliche Oberfläche suggeriert. Der Bewältigungsperspektive kommt Thiersch nahe, indem er sie benennt, sie in ihren inneren Abläufen zwar theoretisch nicht aufschließt, ihre Erscheinungsformen aber beschreibt. Die Perspektive der Lebenswelt ist eben eine phänomenologische, also an den Erscheinungsformen orientierte. Da scheint auch die Ambivalenz, das Widersprüchliche auf, das die Bewältigungsperspektive erklären kann: Alltäglichkeit in ihrer Pragmatik und ihren Routinen bietet

> „entlastende Sicherheiten in den anfallenden Aufgaben. Indem die jeweilige Aufgabe, die Bewältigungsleistung zählt, ist Alltag nicht interessiert an Hintergründen und logischer Konsistenz in den Deutungs- und Handlungskonzepten; die Situation fordert und will bestanden sein. Charakteristisch ist schließlich der konfliktöse Charakter der Alltäglichkeit, sie ist der Ort des Kampfes […] um Anerkennung, der Ort der Durchsetzung von Interessen in Selbstdarstellung, Selbstbehauptung" (Grunwald/Thiersch 2014: 11 f.).

Aber auch: „In dieser Alltäglichkeit brauchen und lernen die Menschen Lebenskompetenzen, in der ‚Logik' der Alltäglichkeit finden sie ihren eigenen Lebensort, ihre Lebensposition, hier entwickeln sie ihr Selbstbewusstsein und ihren Stolz" (ebd.). Lebensweltorientierte Soziale Arbeit soll in diesem Sinne zur Ermöglichung eines „gelingenderen" Alltags beitragen. Hier ist einiges, an dem das Bewältigungskonzept ansetzen kann: Das Streben nach Handlungsfähigkeit, die damit verbundene Dimension der Anerkennung und schließlich auch die akzeptierende Haltung gegenüber den Selbstäußerungen der KlientInnen stehen beim Bewältigungsansatz im Mittelpunkt.

Thierschs Konzept einer „lebensweltorientierten Sozialen Arbeit" hatte seinen Ausgangspunkt in der Kritik der stigmatisierenden Definitions- und Kontrollpraxis sozialpädagogischer Instanzen – also von Jugend- und Sozialämtern und Organisationen der Wohlfahrtsverbände –, die oft nur Fälle und nicht die Menschen dahinter wahrnahmen. Die lebensweltlichen Betroffenheiten und Befindlichkeiten und die damit verbundenen Selbstdeutungen der AdressatInnen, die damit ausgeblendet blieben, ihre „Selbstzuständigkeit" (vgl. Thiersch 2020) sollten nun in den Vordergrund rücken. Die Rekonstruktion der Frage, wie die Menschen sich in Zeit, Raum und sozialen Beziehungen erfahren und wie sich in diesen alltäglichen Lebensmustern ihr Verhalten, vor allem auch ihr dissoziales und antisoziales Verhalten konstituiert und wie sie mit sozialpädagogischer Hilfe zu einem gelingenderen Alltag kommen können, steht jetzt im Mittelpunkt. Doch dieser Alltag ist gerade bei AdressatInnen der Sozialen Arbeit oft regressiv verengt, „borniert“, trotzdem aber stecken in ihm Anknüpfungspunkte für die Entwicklung von sozial erweiterter Handlungsfähigkeit. Das Lebensweltkonzept wurde seit den 1990er Jahren vor allem handlungspragmatisch – z. B. Dezentralisierung und Niederschwelligkeit der Hilfen, integrierte Hilfemodelle, partizipative Einbindung der Betroffenen – interpretiert und organisatorisch übersetzt (vgl. auch Grunwald/Thiersch 2014). In diesem praxisgeleiteten Prozess wurden aber die theoretischen Probleme des Konzepts nicht weiter bearbeitet. So die Frage nach den Psychodynamiken lebensweltlicher Befindlichkeit, die sich nicht selten gegenüber den lebensweltlichen Handlungsintentionen der Sozialen Arbeit sperren, die Schwierigkeiten des lebensweltlichen Sich-Einlassens bei den SozialarbeiterInnen selbst sowie das Problem der gesellschaftlichen Rückbindung des Konzepts, das zwar institutionen- und organisationskritisch weiterführend ist, seine gesellschaftsbezogene Absicht aber eher nur programmatisch einführen kann. So wird die Verbindung von Alltag, Lebenswelt und Gesellschaft eher zeitdiagnostisch plausibilisierend gesucht:

> „Gegenüber der erstarkenden Macht rational und technologisch bestimmter Produktions-, Konsum- und Lebensformen wurden Alltag und Lebenswelt als basale Voraussetzung allen – auch gesellschaftlichen – Lebens und als protestative Gegenwehr in der Moderne immer bedeutsamer“ (ebd.: 10).

Thiersch führt hier vor allen die Bürgerinitiativen und neuen sozialen Bewegungen an, die sich aus der Alltagsbetroffenheit heraus bilden (vgl. Thiersch 2020). Da es sich hier aber weniger um die Klientel der Sozialen Arbeit handelt, bräuchte es einen Begriff, der die Verdichtung individueller Alltagserfahrungen zu sozialen Zusammenhängen in der Welt unserer KlientInnen erschließen kann.

Hier würde ich den Milieubegriff und den pädagogischen Begriff der Milieubildung – so wie in Kapitel 11 entwickelt – vorschlagen. Milieu meint ja eine räumlich und zeitlich begrenzte Nahwelt, eine typische, meist gruppen- oder über das Gemeinwesen vermittelte emotionale Gegenseitigkeitsstruktur, die aber die lebensweltliche Individualität übergreift. Dabei wird Milieu als offen verstanden, indem es sich „als Zentrum räumlicher, zeitlicher und sozialer Orientierung ständig rekonstituiert" (Grathoff 1991: 414). Deshalb ist es auch möglich, Milieubildung sozialpädagogisch zu gestalten. In solchen „Projektmilieus" können bewältigungsstützende Komponenten wie Anerkennung und Erfahrung von Selbstwirksamkeit über die Beziehungen der SozialarbeiterInnen zu ihren KlientInnen hinaus aktiviert und sozial verbreitert werden. Milieu und Milieubildung sind in diesem Zusammenhang Brückenkonzepte zwischen je individueller Lebenswelt und übergreifender Sozialwelt, mit denen eine gesellschaftliche Seite des Konzepts der Lebensweltorientierung geöffnet werden kann.

Capability Approach

Der Capability Approach ist wohl nirgends im deutschsprachigen sozialwissenschaftlichen Diskurs so intensiv und bisweilen unhinterfragt rezipiert worden wie in der Sozialen Arbeit. Das hat meines Erachtens verschiedene Gründe. Zum einen verspricht der Ansatz, den für die Soziale Arbeit als Handlungswissenschaft so zentralen Ansatz des Empowerments subjektbezogen zu erweitern, zum anderen kann er sozial optimistisch aufgeladen werden, und schließlich verheißt er der Sozialen Arbeit als einer weitgehend national begrenzten Disziplin die Anschlussfähigkeit an einen internationalen Diskurs. Wenn ich im Folgenden den Ansatz kritisch untersuche, geht es mir vor allem um seine Tauglichkeit für eine Soziale Arbeit in einer sozialstaatlich verfassten Gesellschaft.

Der Capability Approach, wie er von Amartya Sen in den 1980er Jahren entwickelt wurde, ist eigentlich ein Ansatz zur Bekämpfung der Armut in den sozialpolitisch nicht entwickelten Gesellschaften Asiens, Afrikas und Südamerikas. Man kann ihn allgemein dahingehend auf den Begriff bringen, dass mit diesem Zugang versucht wird, einen Bezug herzustellen zwischen den Ressourcen, die in Menschen stecken, und dem, was sie daraus machen könn(t)en. Er ist eingebettet in eine Programmatik des guten Lebens, in der Grundbedürfnisse und Grundwerte in einem weltweit geteilten Verständnis von Humanität (analog etwa dem der Menschenrechtskonvention) in demokratischer Verständigung vorgestellt werden. Dabei kommt es Sen darauf an, dass das Erreichen dieser „primary goods" nicht nur allgemein anvisiert wird, sondern dass es vielmehr notwendig ist, sie in individuellen Fähigkeiten und Chancen ihrer Erreichbarkeit aufzuschließen (vgl. Sen 2002). Im Mittelpunkt stehen dabei die Freiheitsgrade der Erreichbarkeit: Welche Optionen habe ich, aus dem, was in mir steckt, etwas zu machen? Wie kann ich die Optionen eines guten Lebens für mich entwickeln und umsetzen? Als exemplarisches Beispiel für dieses Denken gilt die Forderung einer „Exit"-Option für Frauen, die in der asiatisch-arabischen und afrikanischen Welt immer noch verbaut ist: Können sie die Freiheit erreichen, prinzipiell für ein selbstständiges Leben außerhalb von familialer Partnerschaft zu optieren? Wenn ich dazu bemerke, dass dies ein Forderung ist, die von der dritten Frauenbewegung in Deutschland schon in den 1920er Jahren aufgestellt worden ist, so will ich nicht billig aufrechnen, sondern auf ein grundlegendes Problem der Rezeption hinweisen: Der Capability-Ansatz wird in eine Welt eingeführt, in der sich Rechte und Freiheiten in einem historisch-dialektischen Prozess entwickelt haben, in dem unterschiedliche Entwicklungsstufen der Erlangung von Rechten (vgl. Marshall 1992) und gesellschaftlich basale Konfliktdynamiken (vgl. Heimann 1929) zu jenem Sozialstaatskompromiss geführt haben, auf den sich Rechte und Freiheiten in unserer Gesellschaft beziehen. Von daher ist es wohl plausibel, dass der Capability-Ansatz dazu in Beziehung gesetzt werden muss, will man seine Relevanz für die hiesige Gesellschaft beurteilen.

Ansatzweise wird dies dort versucht, wo Capability- und Lebenslagenansatz in einer neueren sozialpolitischen Diskurslinie komplementär gesetzt werden. Der Capability Approach gilt sogar als „international verbreitete Variante des Lebenslagen-Ansatzes“ (Volkert 2005: 143). Dass man dem nicht folgen kann, liegt vor allem daran, dass das dort verwendete Konzept Lebenslage nur deskriptiv (als Set von Ressourcen und Spielräumen) und eben nicht historisch-gesellschaftlich verstanden wird. Denn um die „gesellschaftliche Eröffnung“ von Verwirklichungschancen (vgl. Otto/Ziegler 2008) aufschließen zu können, müsste der Capability Approach eine historisch-gesellschaftliche Theorie der Entwicklung und Ermöglichung von Lebensverhältnissen und Befähigungen aufweisen können, so wie dies über den oben dargestellten Lebenslagenansatz (vgl. Kap. 10) möglich ist. Gerade hier wird deutlich, worin die deutsche Rezeption des Konzeptes problematisch ist. Der Ansatz wird aus einem sozialhistorischen und entwicklungspolitischen Kontext, in dem er in den 1970er und 1980er Jahren angelegt wurde, in die wohlfahrtspolitischen Diskurse hierzulande versetzt. Gleichsam als Modul, das man nun mit sozialökonomischen Modulen ohne Rücksicht auf historisch-theoretische Anschlussfähigkeit glaubt kombinieren zu können. Sen hat das Konzept in einer sozialhistorischen und sozialpolitischen Landschaft entwickelt, in der – damals mehr als heute – eine sozialstaatliche Entwicklung europäisch-industriegesellschaftlicher Prägung überhaupt noch nicht absehbar ist.

Der Capability Approach ist ein normatives Konzept. Er setzt Ziele eines „guten Lebens“, die sich aus sozialanthropologischen Grunderkenntnissen und auch Inhalten weltweit vereinbarter Menschenrechte zusammensetzen. Martha Nussbaum hat einen entsprechenden Katalog der Befähigungen zu einem „guten Leben“ entwickelt. Sen ist gegen Festlegungen, möchte prinzipiell offene, den Einzelnen überlassene oder im demokratischen Diskurs vereinbarte Ziele sehen. Es geht ja um die Freiheit des Handelnden und um seine Optionen. Hier zeigt sich, wie schwierig bis problematisch es ist, universal und kollektiv rückgebundene Ziele mit individuellen Vorstellungen von einem „guten Leben“ zu verbinden. Sozialpolitisch gesehen haben wir es hier mit einer frei schwebenden Programmatik zu tun, da die Ziele und die Möglichkeiten ihrer Erreichbarkeit nicht an die sozialhistorischen und sozialstrukturellen Bedingungen und sozialen Konflikte rückgebunden sind, unter denen sie sich entwickeln und in denen sie erfahren werden können. Deshalb bevorzuge ich auch den emanzipatorisch gemeinten Begriff des „besseren Lebens" gegenüber dem des „guten Lebens", weil er den normativen Horizont auf die sozialempirischen Bedingungen der Lebenslage rückbinden kann. Schließlich war und ist es in den west- und mitteleuropäischen Gesellschaften der sozialstaatliche Diskurs, in dem die empirischen und damit erfahrbaren Niveaus eines menschenwürdigen Lebens entwickelt und immer wieder – vor dem historischen Hintergrund sozialer Konflikte – neu bestimmt werden. Dabei sei auch darauf verwiesen, dass sich der normative Horizont für die betroffenen Menschen erst klärt, wenn sie die Chance haben, ihr Betroffen-Sein in der Wahrnehmung von Kontrasten eines besseren Lebens durch Erfahrung von alternativen Möglichkeiten zu reflektieren. In der sozialpädagogischen Praxis hat längst die Erkenntnis Platz gegriffen, dass nicht die kognitive Aufklärung eine Veränderung normativer Haltungen verspricht, sondern das Angebot „funktionaler Äquivalente" (vgl. Kap. 11). In Projekten also, in denen man sich in veränderten sozialen Kontexten, die Selbstwert, Anerkennung und Selbstwirksamkeit fördern, neu erfahren kann. Erst wenn solche erfahrenen Alternativen vorhanden sind, können normative Vorgaben handlungsrelevant greifen. Dies gilt für die Menschenrechte genauso wie für die Prinzipien eines besseren Lebens.

Der für die Soziale Arbeit als auch sozialpolitisch rückgebundener Handlungswissenschaft wohl interessanteste Ansatz des Capability Approach ist der der Befähigung. Die Interventionslogik der Sozialen Arbeit ist in der KlientInnendefinition gefangen. Der Befähigungsansatz hingegen setzt radikal an der Verwirklichungsfreiheit der Person an und will die gesellschaftlichen Zustände daran messen, ob sie den Individuen „positiven Freiheiten" ermöglichen kann, aus denen heraus sich selbstbestimmtes Handeln und darin die Verwirklichung persönlicher und sozialer Ziele entwickeln können.

Weiterführend ist in dieser Forderung, dass die Menschen die Freiheit der Option haben sollen. Wenn wir dies sozialpädagogisch transformieren, führt uns das in den Kernbereich von Normalität und Abweichung. In der deutschen Rezeption des Capability Approach wird dies z. B. so assoziiert:

> „Der Capabilities-Ansatz stellt die Integration in Arbeit [...] nicht exklusiv in den Mittelpunkt. Vielmehr orientiert er sich an einer breiten, empirisch zu fundierenden, kontextsensiblen Konzeption von grundlegenden Fähigkeiten in verschiedenen Lebens- und Gesellschaftsbereichen" (Oelkers/Otto/Ziegler 2008: 89).

Das wird schon seit einigen Jahren in den Projekten der sozialpädagogischen Beschäftigungsförderung diskutiert und leitet sich dort eher aus konkreten Erkenntnissen der Bewältigungsforschung ab (vgl. dazu Muche/Noack/Oehme 2010).

Interessant ist in diesem Zusammenhang der aus dem Capability-Diskurs kommende Begriff der Befähigungsgerechtigkeit, der sich vor allem aus den neueren Arbeiten von Martha Nussbaum (2010) entwickeln lässt. Wir haben (vgl. Böhnisch/Schröer/Thiersch 2007) in ähnlicher Intention den Begriff der „Zugangsgerechtigkeit" entwickelt. Dieser zielt ebenso darauf ab, dass ein Gerechtigkeitsdiskurs die Anerkennung der Vielfalt unterschiedlicher biografischer Zugänge – eben unterschiedlicher Befähigungen – zu Lebenschancen im Mittelpunkt einer gesellschaftlichen Integrationspolitik stehen muss. Er ist aber immer noch in der Tendenz arbeitsgesellschaftlich und sozialstaatlich begrenzt, weil kontrakttheoretisch gemeint. Der Bezugspunkt von „Befähigungsgerechtigkeit" meint dagegen nicht ein vertraglich ermitteltes Niveau im Vergleich zu anderen, sondern bezieht sich grundsätzlich auf die Würde des Menschen. Ob es die Mindestlohndebatte oder der Diskurs um das Recht auf Arbeit ist: Referenzpunkt ist die Menschenwürde. Auch die Sozialhilfe hat sich nach diesem Verständnis nicht an Kontrakt- und Vergleichsgrößen, sondern am Gebot der Menschenwürde zu orientieren. Dieser gleichsam zum Grundaxiom der sozialpolitischen Ordnung erhobene Wert umfasst auch die Menschen, die – wie z. B. die Schwerstbehinderten – lebenslang zur Abhängigkeit verurteilt und denen damit gesellschaftliche Zugänge lebenslang versperrt sind. „Befähigungsgerechtigkeit" bedeutet für diese, dass gesellschaftlich anerkannt wird, dass sie unter dem Leitaspekt der Menschenwürde als menschlich Befähigte, wenn auch an der Verwirklichung der Befähigung Verhinderte, aber damit als Gleiche zu betrachten sind. Deshalb ist die Gesellschaft angehalten, dass sie so sozial und kommunikativ eingebunden werden, dass ihr Leben und Leiden als menschliche Lebensform anerkannt und von der sozialen Umwelt immer wieder aufrechterhalten und bestätigt wird. Das ist für Martha Nussbaum auch die Begründung für die gesellschaftliche Verpflichtung Schwerstbehinderten gegenüber. In ihnen spiegelt sich gleichsam die Menschenwürde, sie sind in ihrer Leiblichkeit Akteure des Lebens. Auch wenn sie nicht sozial agieren können, sind sie doch – über die Menschenwürde – in ein Netzwerk von „social agency“ eingebunden.

Natürlich kann eine so verstandene „Befähigungsgerechtigkeit“ gesellschaftlich erst konkret greifen, wenn sie in Spannung zum sozialstaatlichen Gerechtigkeitsmodell gesetzt wird. Auch wenn die Menschenwürde als Axiom sozialphilosophisch und per Konvention gesetzt wird, bedarf es einer entsprechenden historisch-gesellschaftlichen Entwicklung hin zu ihrer Durchsetzung. Deshalb ist der Capability Approach dort sozialpolitisch inspirierend, wo seine – konzeptionell belebende – Subjektperspektive an den sozialstrukturellen Entwicklungszusammenhang von Lebenslagen rückgebunden wird. Dadurch erhalten wir ein „von unten her“ entwickeltes Modell des Zusammenspiels von individueller Bewältigung, Befähigung und lebenslagenbezogener Ermöglichung.

Soziale Arbeit als Menschenrechtsprofession?

Die Programmatik einer Sozialen Arbeit als Menschenrechtsprofession wurde in den 1990er Jahren vom internationalen Berufsverband der SozialarbeiterInnen entwickelt und auch in Deutschland von manchen WissenschaftlerInnen als Professionsrahmen eingeführt (vgl. Staub-Bernasconi 2008). Menschenrechte und – diese überspannend – die Menschenwürde sind hier grundlegende Wertkategorien, die das Selbstverständnis und das Handeln der Sozialen Arbeit bestimmen sollen. Ihr Augenmerk richtet sie in dieser Programmatik auf alle vulnerablen (verletzlichen) Gruppen in der Gesellschaft, die unter manifester oder struktureller Benachteiligung leiden. Menschenrechte sind unveräußerlich und allen Menschen gleich zugehörig. Die Soziale Arbeit hat danach die Aufgabe, den Aspekt der Menschenrechte in ihr professionelles Reflexions- und Handlungssystem einzubringen und auf die konkreten Hilfeprozesse herunterzubrechen.

Das Problem besteht nun darin, ob und wie die professionelle Orientierung an den Menschenrechten über diesen metakritischen Bezug hinauskommen, also auch handlungsrelevant werden kann.

> „Die Abstraktheit und Abgehobenheit, die die Menschenrechte für die Breite der Praxis haben, resultiert meines Erachtens aus der Auffassung, die in den Menschenrechten erhobenen Forderungen nach Herstellung und Sicherung der Bedingungen/Voraussetzungen für ein menschenwürdiges Leben, ein Leben, das von den Menschen in Würde nach ihren eigenen Vorstellungen gestaltet werden kann, richteten sich an ‚die Gesellschaft', […] an Ökonomie und Politik. An Bereiche des gesellschaftlichen Lebens also, die nach allen historischen Erfahrungen der Sozialen Arbeit von ihr nicht wirklich erreicht und verändert werden könnten. Soziale Arbeit sei nun einmal in der Asymmetrie gefangen, sich an der Oberfläche gesellschaftlicher Erscheinungen mit den individuellen Auswirkungen strukturell produzierter Defizite abmühen zu müssen (der berühmt-berüchtigte Reparaturbetrieb). […] Wenn man sich für die Menschenrechte engagieren wolle, müsse man das außerhalb der Berufstätigkeit, etwa bei Amnesty, in antirassistischen Initiativen, bei Attac oder in der Humanistischen Union tun, bei Menschenrechtsorganisationen halt" (Kappeler 2008: 36 f.; vgl. auch Albrecht 1999: 31).

Sonst könnten sich ja alle Humanwissenschaften als Menschenrechtsprofessionen deklarieren. Auch die Medizin, die Jurisprudenz, die Bildungsprofessionen etc. sind der Menschenwürde und den Menschenrechten verpflichtet, ohne gleich damit eine berufliche Eigenart kennzeichnen zu wollen. Wo bleibt dann die professionelle Besonderheit der Sozialen Arbeit? Auch darf man nicht vergessen, dass die Soziale Arbeit von ihrer Geschichte her in Bezug auf die Menschenrechte befangen ist. Die Frage bleibt immer noch, wie sie ihre historische Hypothek der Menschenrechtsverletzungen, vor allem in der Heimerziehung, in diese optimistische Programmatik integrieren will.

Die VertreterInnen des menschenrechtsorientierten Professionskonzepts überspringen meist diese grundlegenden Bedenken und sehen demgegenüber in den Menschenrechten mehr als eine kritisch-reflexive Kategorie sozialpädagogischen Handelns, indem sie sie in ein System der Sicherung von Grundbedürfnissen vermitteln, die ein gutes und darin gelingendes Leben gewährleisten können und zu deren Erreichung alle Menschen befähigt werden sollen. Hier wird eigentlich das Konzept der Befähigungsgerechtigkeit eingeführt, wie wir es beim Capability Approach kennengelernt haben. Menschenrechte sollen so in ein psychosoziales Orientierungs- und Handlungssystem der Hilfe zur Befriedigung von grundlegenden Bedürfnissen eingebunden und so zu einer Mandatskategorie der Sozialen Arbeit werden.

> „Die eigentliche Verbindung von Menschenrechten und Bedürfnissen dürfte darin bestehen, dass wir definitiv bestimmter Dinge (materieller wie immaterieller Art) ‚bedürfen', die es uns erst überhaupt ermöglichen, ein menschenwürdiges Leben zu führen und unseren Menschenrechten praktischen Ausdruck zu verleihen" (Mührel/Röh 2016: 102).

Gleichzeitig stellen sich aber Protagonisten des Ansatzes selbst die kritische Frage, ob die Bedürfnisse zunächst postuliert werden oder ob es sich auch um empirisch nachweisbare Kategorien handelt (ebd.: 107).

So bleibt eine Rahmenkonzeption, die weder die Alltagsebene der Bedingungen und Logiken sozialpädagogischen Handelns noch die psychosozialen Strukturen der Betroffenheit und des Leidens der KlientInnen erreichen kann, wie das der Bewältigungsansatz für sich beansprucht. Es bleibt bei einem sozialethischen Rahmen, der in diesem Sinne von der Sozialen Arbeit, aber auch anderen Humanwissenschaften stärker als bisher in den Fachdiskurs einzubringen ist. Ob – wie behauptet wird – nur die Menschenrechtsorientierung die Soziale Arbeit aus ihrer nationalstaatlichen Enge herausbringt, sei dahingestellt. Denn auch der sozialpolitische Bezug zum Sozialstaat und zu sozialer Gerechtigkeit, wie er in diesem Buch favorisiert wird, ist transnational, da das Sozialstaatsprinzip in den meisten demokratischen Gesellschaften enthalten ist. Ähnlich wie beim Capability Approach ist wohl auch hier ein statuspolitischer Antrieb wirksam, sich mit der Internationalität der Sozialen Arbeit zu legitimieren.

Am weitesten ist wohl die sozialpädagogische Menschenrechtsorientierung im Bereich der Kindheit und der Kinderrechte ausdifferenziert. Die hier thematisierte Balance zwischen Schutz und Partizipation (vgl. Liebel 2008) kann in das Paradigma der Bewältigung von Kindheit eingebracht werden (s.u.). Hier beweist sie ihren kritisch-reflexiven wie korrektiven Wert, vor allem wenn sie den Machtanspruch der Erwachsenen, aber auch der Institutionen gegenüber Kindern infrage stellt. So macht uns die UN-Kinderrechtskonvention z.B. darauf aufmerksam, dass das Kindeswohl als zentrales Element der Kinder- und Jugendhilfe nicht nur einseitig dem Handeln der Erziehungsberechtigten abzuverlangen ist, sondern auch genuin im Menschenrecht und der Menschenwürde des Kindes selbst verankert ist. „Das Kindeswohl leitet sich [...] deutlich nicht aus dem Elternrecht ab, sondern das Kind selbst hat einen eigenständigen Anspruch auf den Schutz des Kindeswohls durch den Staat“ (Kerber-Ganse 2011: 28). Ebenso erinnert uns die Konvention an die Menschenwürde des Kindes, die mehr ist, als es im Begriff der „kindgerechten Erziehung“ zum Ausdruck kommt.

Die Soziale Arbeit ist im west- und mitteleuropäischen Raum eine überwiegend sozialstaatlich gebundene Profession. Deshalb ziehe ich als normativen Orientierungsrahmen das Prinzip der „sozialen Gerechtigkeit“ vor, das in die sozialstaatliche Verfassung eingeschrieben ist und übrigens auch Menschenrechtsqualität hat. Es eröffnet eher empirische Zugänge (vgl. Kap. 22). Die übergreifende Menschenrechtsorientierung bleibt dabei immer noch als metareflexiver Bezug.

Teil III
Mit dem Bewältigungskonzept kann die Sozialisationstheorie als Bezugstheorie Sozialer Arbeit neu formuliert werden – Bewältigungslagen im Lebenslauf

Die Sozialisationstheorie (mit Sozialisationsforschung) kann man als „Bezugstheorie" der Sozialen Arbeit verstehen. Dies begründet sich vor allem darin, dass uns die Kenntnis der Sozialisationsbedingungen und -verläufe der KlientInnen dazu verhelfen kann, eine Anamnese, eine biografisch-soziale Entwicklungsgeschichte des zu behandelnden Falles, zu erstellen. Antisoziales Verhalten und Scheitern können über sozialisationstheoretische Modelle in ihrer Vorgeschichte – als Prozess – rekonstruiert werden. Allgemein verhilft uns die Sozialisationstheorie zu einem Rahmen, in dem biografisch erlebte kritische Lebensereignisse an ein soziales Bedingungsgefüge rückgebunden werden können. Unter *Sozialisation* verstehe ich den Prozess des Aufwachsens und der biografischen Weiterentwicklung der Person im Verhältnis zu ihrer materiellen und sozialen Umwelt und darin auch im Einklang mit sich selbst. Sozialisation meint auch das Hineinwachsen in die Gesellschaft und die personale und soziale Entfaltung in gesellschaftlichen Zusammenhängen über den Lebenslauf hinweg. Sozialisation hat also gleichermaßen eine personale wie soziale/gesellschaftliche Dimension.

15 Sozialisation kann heute auch als biografischer Bewältigungsprozess interpretiert werden

Matthias Junge (2004) hat mit Blick auf den gesellschaftlichen Strukturwandel der Zweiten Moderne argumentiert, „dass die klassischen Sozialisationstheorien von modernen Handlungstheorien ausgehen“ und deshalb eine sozialisationstheoretische Weiterentwicklung in der Richtung anzustreben sei, dass die Theorien „den historisch neuen Bedingungen postmoderner Vergesellschaftung“ genügen. Dies müsse aber auch subjekttheoretische Konsequenzen in der Richtung haben, dass die Tragweite der Transformation von „Identitäts- in Identifikationsprobleme“, wie sie den flexiblen wie ausgesetzten Menschen der Zweiten Moderne bewegen, erkannt wird (Junge 2004: 46). Mit Junges Argumentation kann man meines Erachtens durchaus die Notwendigkeit einer sozialisationstheoretischen Relativierung des Identitätskonzepts zugunsten einer Hinwendung zur Bewältigungsperspektive begründen. Denn das traditionelle Konzept der Identitätsformation setzt stabile gesellschaftliche Kontexte und darin eingebettete Lebensläufe voraus. Identität als internalisiertes Bild von sich selbst in Interaktion mit anderen ist danach eingebunden in verlässliche soziale Milieus und institutionelle Arrangements. Dieses Konzept erweist sich den gesellschaftlichen Entgrenzungsprozessen der Zweiten Moderne gegenüber als zu starr. Entsprechend hat sich der sozialwissenschaftliche Identitätsdiskurs inzwischen dahingehend entwickelt, dass Einvernehmen darüber herrscht, dass die Identitätsformation in den Gesellschaften der Zweiten Moderne eher instabil und in Brüchen verläuft, Identität also immer wieder herausgefordert wird. Dies verweist auf biografische Bewältigungssituationen und -konstellationen, in denen das Individuum nicht nur seiner Identität in ihrer Fragilität gewahr wird, sondern sie auch immer wieder neu „herstellen“ muss. Für diesen Zusammenhang hat sich inzwischen der Begriff der *Identitätsarbeit* (vgl. Keupp/Höfer 1997) eingebürgert.

Dieser Begriff geht von einer Bestimmung des Verhältnisses von Subjekt und Gesellschaft aus, in dem die Frage im Vordergrund steht, wie es dem Einzelnen gelingen könne, in einer unübersichtlicher gewordenen sozialen Welt Identität für sich herzustellen, wie er gleichsam aus der sozialen Umwelt sich das herausnehmen kann, was ihm zu einer für ihn gelungenen Biografie verhilft. Begriffe wie „Bastel-" oder „Patchworkidentität" illustrieren inzwischen dieses Konzept. Identitäten – so wird argumentiert – seien nun wechselnd und fließend und lediglich in der Integrität der Biografie aufeinander bezogen. Die konsumkapitalistische Industrie hat längst auf diese Entwicklung reagiert und bietet entsprechende Module an. Sie bietet den Menschen Identität als lustvolles Aufgehen in der Welt der neuen Ökonomie, preist Erfüllung an, die sich in der neuen Arbeitswelt (vgl. Kap. 6) und im grenzenlosen Konsum sozial ungehemmt entfalten soll. Wie der Mensch in der sozial eingebetteten Alltagswelt dann mit sich und den anderen zurechtkommt, ist dagegen seine Sache. So verschwimmt der soziale Ort der Identitätsbildung. Egal, was um mich herum geschieht, ich muss versuchen, bei mir zu sein, *authentisch zu bleiben.* Dieser Begriff der Authentizität als Vorstellung von Identität, der die Interpretation der eigenen Lebensgeschichte zugrunde liegt, begegnet uns im heutigen Sozialisationsdiskurs immer wieder. „Die Selbstentwürfe von Einzelpersonen haben einen geringer werdenden Anspruch auf Dauerhaftigkeit und Verbindlichkeit". Sozial gerichtete Identität gelingt heute

> „häufig nur noch als punktuelle, szenische und primär ästhetische Inszenierung von Persönlichkeit. Die Gemeinschaften und die Gesellschaft […] stellen nicht länger Strukturen und Einflüsse bereit, die in Form von Identität […] in den Individuen auffindbar sind" (Liebsch 2002: 79 f.).

Auch dort, wo der Begriff der Identitätsarbeit gebraucht wird, wird nicht mehr von zu erreichenden Identitäten, sondern von

„postmodernen Selbsten" gesprochen (vgl. Keupp/Höfer 1997). Damit tritt nicht mehr so sehr der identitätsstabilisierende Kohärenzaspekt, sondern das Streben nach *Handlungsfähigkeit* in den Vordergrund der Analyse. Keupp argumentiert nun auch, dass man ein subjektives Bedürfnis nach Kohärenz nicht einfach voraussetzen könne. Es gehe heute nicht mehr um Kohärenz oder Gleichgewicht, sondern um ein wiederkehrendes „Herausgefordertsein" (Keupp 2006: 197).

Auch wenn die kritische Relativierung des Identitätskonzepts auf die Perspektive der Lebensbewältigung verweist, müssen wir die Grundideen des Identitätskonzepts nicht aufgeben. Identität wird weiter gesucht, aber diese Suche bewegt sich stärker denn je auf der brüchigen Linie des Strebens nach Handlungsfähigkeit. Diese bewältigungstheoretische Perspektive wird auch durch die These von der Krise des „flexiblen Menschen" (Sennett 2000) unterstützt, die vermuten lässt, dass der Individualisierungsprozess gerade im digitalen Kapitalismus einer ökonomisch-gesellschaftlichen Strukturierung unterliegt, welche die Sozialisationsmuster und die damit verbundenen Interaktionsstrukturen implizit in die Marktförmigkeit drängt. Die Subjekte können nicht mehr selbstverständlich über ihre Subjektivität verfügen. Subjektivität stellt sich vielmehr in ambivalenten Bewältigungsprozessen des Strebens nach Handlungsfähigkeit, die sich immer wieder der Selbstkontrolle der Einzelnen entziehen können, jeweils neu her.

Die Perspektive der Lebensbewältigung öffnet auch den Blick für die gesellschaftliche Sphäre der Sozialisation dergestalt, dass sie uns auf die *Bewältigungsaufforderungen* verweist, welche gesellschaftlich freigesetzt werden und das Streben nach biografischer Handlungsfähigkeit von dieser Seite her motivieren. Solche Bewältigungsaufforderungen ergeben sich heute vor allem aus der *Entgrenzung des institutionalisierten Lebenslaufs,* in den ja bestimmte Entwicklungs- und Sozialisationsbilder in die Lebensphasen eingeschrieben und als Sozialisationskontexte gesellschaftlich sanktioniert sind. Schließlich kann man mit dem Bewältigungskonzept auch in die personalen Tiefenstrukturen des Sozialisationsprozesses vordringen. Dieter Geulen beklagte schon früher, dass die Psychoanalyse als Bezugswissenschaft der Sozialisationstheorie mit der dominanten Stellung der Entwicklungspsychologie in der empirischen Sozialisationsforschung und mit der späteren konstruktivistischen Wende in den Hintergrund getreten, nicht mehr in ihren analytischen Möglichkeiten integriert ist. Das Bewältigungskonzept kann mit seiner Kenntnis der Psychodynamik des Bewältigungshandelns den Zugang zu dieser tiefenpsychischen Zone aufschließen. Dabei können vor allem auch die tiefenpsychischen Antriebe und Mechanismen aufgedeckt werden, die das Streben nach biografischer Handlungsfähigkeit gerade in entstrukturierten bis entgrenzten Lebenskonstellationen beeinflussen. Dabei zeigt sich, dass dieses tiefenpsychisch dynamisierte Streben nach Handlungsfähigkeit und sozialer Integration nicht unbedingt den sonst gewohnten Interaktionsmustern des gesellschaftlichen Normalitätspfades folgen muss.

Deviante Sozialisation

Die Maschinerie der Instanzen formeller sozialer Kontrolle, zu denen die Soziale Arbeit immer noch gehört, funktioniert stets nach dem gleichen Muster: Der Betroffene wird zum Fall, d.h., sein Verhalten wird von seiner Persönlichkeit losgelöst betrachtet, er verfügt nicht mehr über sich selbst, sein weiteres Handeln wird in die Logik der Falltypisierung eingeordnet. Seine Verhaltensmerkmale werden dann ähnlichen Fallmerkmalen zugeordnet, und es entwickelt sich ein Plausibilitätsmodell sozialer Devianz, auf das alles spätere Verhalten des Betroffenen, auch wenn er es subjektiv anders meint und empfindet, bezogen wird. Es entsteht eine Akte, die sich von ihm entfernt und verselbstständigt, die in der Sprache der Kontrollinstanz abgefasst ist und die den Maßstab für die Verhaltensbeurteilung bildet. Akten folgen einer anderen Rationalität als persönliches Verhalten. Sie müssen den Menschen zum „Fall", also vergleichbar mit anderen und so verallgemeinerbar machen, dass die kodifizierten Kontroll- und Sanktionsmaßnahmen auf ihn zutreffen. Die persönliche Befindlichkeit und die daraus erwachsenden Motivationen werden meist nur in den Ermessensspielräumen berücksichtigt, welche die Kontrollinstanzen ihrem Personal gewähren. So kann sich für die betreffenden Jugendlichen eine tückische Bewältigungsfalle auftun: Sie fühlen sich anders, als sie sozial und institutionell eingestuft werden. Es entsteht ein psychosoziales Ungleichgewicht, ein Selbstwerteinbruch, den viele Jugendliche durch Übernahme der negativen (Devianz-)Definition und entsprechende soziale Umorientierung im Kontext differenzieller Gelegenheiten zu bewältigen versuchen. Norbert Herriger (1987) beschrieb klassisch diesen Bewältigungsprozess als ein „eigenständiges Rollenspiel", in dem sich das abweichende Verhalten schließlich verfestigt:

> „Die Erfahrung nämlich, öffentlich als abweichend etikettiert und der kontrollierenden Aufsicht spezieller Institutionen unterstellt zu werden, schafft für die betroffene Person eine neue Realität: Es wird ihr unmöglich, sich in der Interaktion mit anderen so zu verhalten, als ob nichts geschehen wäre […]. Die öffentliche Zuschreibung eines abweichenden Status und in deren Gefolge die soziale Isolierung und Ausschließung lassen die ohnehin geringen Chancen des Abweichlers auf soziale Anerkennung und Wertschätzung weiter schwinden und machen konforme Handlungsalternativen immer schwerer erreichbar. Der zum ‚offiziellen Delinquenten' Gestempelte lockert – in Antwort auf diese schmerzlichen Stigmatisierungserfahrungen – seine Kontakte zu ‚Nicht-Auffälligen'. Er schließt sich denen an, die ebenfalls als ‚abweichend' definiert werden und übernimmt mehr und mehr das kulturelle Muster einer abweichenden Rolle. Die Erfahrungen dieses Individuums sind fortan um diese abweichende Rolle organisiert und schlagen sich allmählich in einem veränderten Selbstbild nieder. Er […] übernimmt die ihm in der Interaktion mit anderen vermittelten Fremddefinitionen des ‚sozial Auffälligen' in das eigene Selbstkonzept" (Herriger 1987: 158 f.).

Mit der Dauer der Erfahrung negativer Zuschreibung erhöht sich die Attraktivität devianter Konstellationen – z. B. delinquenter Cliquen –, die offensichtlich Selbstwert und gegenseitige soziale Anerkennung für das vermitteln, wofür man im „normalen Alltagsleben" stigmatisiert und mit Entzug von Anerkennung und damit mit Selbstwertverlust und Ausgrenzung bestraft wird. Die

Übernahme des devianten Selbstbildes ist nach den Erfahrungen, die wir z.B. mit jugendlichen Gewalttätern gemacht haben (vgl. Böhnisch/Fritz/Seifert 1997), keine resignative Anpassung, sondern ist bei jenen, die in ihrer bisherigen Biografie keine Zuwendung und Selbstachtung erfahren haben, geradezu ein „Suchen" nach Auffälligkeit. Hier wird das aktive „Hineinschlittern" der Jugendlichen in den Definitionskreisel von Devianz sichtbar und nachvollziehbar. Gleichzeitig ist damit der Vorgang der äußeren Abspaltung in seiner biografischen Entwicklung und damit als sozialisationswirksamer Prozess beschrieben.

16 Schon die Kindheit steht in der Spannung zwischen entwicklungsgemäßem Eigenleben und sozialem Bewältigungsdruck

Im neueren sozialwissenschaftlichen Kindheitsdiskurs werden Kinder als „kompetente Akteure“ (vgl. Moran-Ellis 2013) gesehen, die Eigenständigkeit im familialen und sozialen Umfeld entwickeln und damit Kindheit als Spannungsfeld zwischen Erziehung und Eigenleben erleben. In diesem Zusammenhang wird meist dann von einer gelingenden Kindheit gesprochen, wenn die Eltern dieses Streben nach Eigenständigkeit psychosozial zu begleiten wissen und die Kinder sich auf die innerfamiliale Bindungssicherheit verlassen können. Was aber ist mit Kindern aus sozial benachteiligten Familien, die diesen Rückhalt meist nicht haben, auf sich gestellt sind und sich in dieser kritischen Lebenskonstellation früh behaupten müssen? Dies sind ja die Kinder, mit denen es die Jugendhilfe in der Regel zu tun hat. Sie leben nicht in einer geschützten Familienkindheit, sondern in einer offenen Bewältigungskindheit. Sozial benachteiligte Kinder sind also Akteure unter Bewältigungsdruck.

Anfang der 1930er Jahre erschien das Buch „Kindheit und Armut“ (1931) der Wiener Psychologin Hildegard Hetzer. Eine der Kernaussagen dieses empirischen Berichts ist, dass das Armutserlebnis von Kindern sich nicht auf das Erleiden der materiellen Not beschränkt, sondern dass sich im *Bewältigungserlebnis* dieser Notlage ganz unterschiedliche leibseelische und soziale Mängelgefühle – als gefühlte Selbstwerteinbußen und erfahrener Mangel an sozialer Anerkennung – entfalten. Auf diese Bewältigungsdimension gelte es pädagogisch genauso einzugehen wie auf die materiellen Notlagen. Es müsse dort geholfen werden, „wo Mangel anderer Art erlebt wird“, so Hetzer, dies könne „den Erfolg der gebotenen Hilfe um ein Vielfaches erhöhen“ (ebd.). Beispielhaft zeigte Hetzer auf, dass arme Kinder vergleichbare

Konsum- und Erlebnisbedürfnisse entwickeln wie die Kinder aus bürgerlichen Familien. Sie wehrte sich damit vehement gegen die damals immer noch in Erziehung und Fürsorge verbreitete Ansicht, dass mit der eingeschränkten materiellen Lage der Armen zwangsläufig verengte und beschränkte Bedürfnisse einhergehen müssen. Obwohl sie keine gesellschaftliche Kontextanalyse liefert, findet man in *Kindheit und Armut* eine Reihe von Indikatoren dafür, dass sie die Bedürfnisse und Lebenseinstellungen der Kinder als konsumgesellschaftlich freigesetzt erkannt hat. Diese Freisetzung in den 1920er Jahren hatte die Kinder in allen sozialen Schichten vor allem in den Großstädten erfasst. Deshalb waren die konsumtiven Wünsche ebenfalls bei armen Kindern ausgeprägt, auch wenn sie nicht erreicht werden konnten. Das vom Kindes- zum Jugendalter hin zunehmende Bewusstsein von diesem anomischen Zustand steigere, so Hetzer, vielmehr noch das Gefühl der „Unterbefriedigung", denn die Kinder und Jugendlichen setzten sich auch bewusst mit ihrer Armutslage auseinander. Durch die Untersuchung zieht sich eine Linie kindlicher Selbstbehauptung.

Auch heutige Studien zu sozial benachteiligten Kindern zeigen, dass sie sich mit ihrer Lebenssituation vor allem in der mittleren Kindheit (sechs bis zehn Jahre) durchaus schon bewusst auseinandersetzen, soziale Ängste artikulieren und insbesondere in Bezug auf die Stabilität ihrer Bindung an ihre Familie besorgt sind (vgl. Hurrelmann/Andresen 2007). Stärker als jede andere Altersgruppe sind Kinder einem Armutsrisiko ausgesetzt (vgl. Walper 2007). Armut wird von den betroffenen Kindern meist zwiespältig erlebt. Sie stehen unter dem Zwang, sie nach außen zu verbergen, möchten sich aber gleichzeitig jemandem anvertrauen (vgl. Andrä 2000: 279). Diese ambivalente Situation erzeugt früh Gefühle der Benachteiligung, insbesondere im Vergleich zu Gleichaltrigen, die gerade in diesem Alter neben den Eltern die wichtigste Bezugsgruppe sind (vgl. Hurrelmann/Andresen 2007). Studien, die sich damit befassen, wie Kinder soziale Benachteiligung erleben und bewältigen, zeigen schon für die mittlere Kindheit ein Bewältigungsverhalten auf, wie es in unserem Bewältigungsmodell beschrieben ist (vgl. Richter 2000; Chassé et al.

2007; Zander 2010): Die Kinder müssen ihre Belastungen meist mit sich selbst ausmachen und geraten dabei zwangsläufig unter äußeren oder inneren Abspaltungszwang. Ihr Schicksal sozial thematisieren zu können, nach gegenseitiger Unterstützung in der Gleichaltrigenkultur oder sonst im sozialen Umfeld zu suchen ist den meisten verwehrt. Auch zeigt sich hier schon deutlich ein geschlechtsdifferentes Bewältigungsverhalten: Jungen spalten ihre Belastung eher nach außen, auch antisozial ab und können dadurch früh in Zonen der Kriminalisierung geraten. Mädchen halten es eher nach innen aus, was sich aber mit der Zeit blockierend auf ihre psychosoziale Entwicklung auswirken kann (vgl. Richter 2000).

Sozial benachteiligte Kindheit bewegt sich zwischen entwicklungsdynamischem Eigenleben und sozialem Bewältigungsdruck, zwischen Ausgesetzt-Sein und Selbstbehauptung, Abhängigkeit und selbstständiger Aneignung und zeigt sich darin als *ambivalente Bewältigungslage.* Die skizzierten Ergebnisse verweisen auf eine Lebenslage sozial benachteiligter Kindheit, die spezifische Bewältigungszwänge freisetzt, und damit auch auf einen Verwehrungszusammenhang, der sozial benachteiligten Kindern die Nutzung vieler Aneignungsmöglichkeiten versperrt, die das mittelschichtig orientierte und von entsprechenden Milieus getragene Bildungssystem innerhalb und außerhalb der Schule bereithält. Hier liegt eine weitere Dimension sozialer Benachteiligung. Die innerfamiliale Welt sozial benachteiligter Familien und die kulturelle Welt der Schule gehen oft auseinander. Diese kulturelle Spaltung zwischen unterschiedlichen Erziehungs- und Bildungsmilieus wird vor allem bei (hier muslimischen) Migrantenfamilien beobachtet. Besonders auffällig ist dabei der Unterschied zwischen den Erziehungsstilen. Da in vielen dieser Familien elterliche Behütung, Kontrolle und Einforderung kindlichen Gehorsams einen hohen Stellenwert besitzen, besteht eine Spannung zu einer Schulkultur, die eher auf die Autonomie der Kinder und Jugendlichen analog der Familienkultur der deutschen Mittelschicht ausgerichtet ist. Diese Erziehungskultur der Migrantenfamilien verdichtet sich oft in lokalen und regionalen ethnisch homogenen Netzwerken Verwandter und Bekannter. Hier haben sich gerade in den großstädtischen Ballungsgebieten gesuchte wie ökonomisch erzwungene Segregationen entwickelt:

> „Den positiven Auswirkungen von ethnisch homogenen Milieus [stehen] die erschwerte Einbindung in die Kommunikationsnetze der Mehrheitsgesellschaft sowie der erschwerte Zugang zu deren Normen, Werten und Gewohnheiten gegenüber. Kinder aus Migrantenfamilien erhalten auf diese Weise unzureichende Möglichkeiten, von Anfang an die deutsche Sprache zu erlernen, kulturelle Besonderheiten und Umgangsweisen des Zuwanderungslandes sowie plurale Lebensformen und Lebensorientierungen kennen zu lernen" (Zwölfter Kinder- und Jugendbericht 2005: 122).

In diesem Zusammenhang wird uns aus der sozialpädagogischen Perspektive auch deutlich, dass dieses mittelschichtsorientierte Bildungssystem Fähigkeiten der Kinder, die nicht in dieses System passen und deshalb auch nicht anerkannt werden, übergeht. Deshalb dürfen wir in der sozialpädagogischen Arbeit nicht zuerst auf Defizite und Anpassungsprobleme der Kinder in Bezug auf das schulische Bildungssystem schauen, sondern müssen ihnen die Gelegenheit geben, sich in Aneignungskontexten zu entfalten, in denen das zählt, was aus ihnen selbst ist, wo sie ihre in der Selbstbehauptung entwickelten Praktiken nun sozial kreativ einsetzen können und nicht dabei diskriminiert werden. Solche Projekte schaffen kleine Anerkennungsmilieus, in denen die Kinder Selbstwirksamkeit erfahren können (die ihnen die Schule oft verwehrt) und aus der heraus sie sich in ihren Befindlichkeiten artikulieren können (Bewältigungsdimension Ausdruck). Wir gehen also nicht einseitig aus der Bildungsperspektive, sondern aus der Bewältigungsperspektive – Anerkennung und Selbstwirksamkeit – auf die Kinder zu, Bildung und Bewältigung gehen hier besonders ineinander über. Die Erkenntnis, dass bei sozial benachteiligten Kindern Bildungswelt und außerschulische Alltagswelt meist nicht ineinander übergehen und damit die familiale Balanceleistung, die Mittelschichtfamilien in der Regel erbringen oder zu erbringen versuchen, nicht gegeben ist, fordert uns also sozialpädagogisch besonders heraus. Denn wir haben es ja gleichsam mit einer gespaltenen Lebenslage zu tun. Sozialpädagogische Projekte der Kinderarbeit können dies sicher nicht vollkommen ausbalancieren, denn sie haben wenig Einfluss auf die Familien. Wir können also nur aus der Erfahrung immer wieder darauf hoffen, dass die Kinder selbst ihre Eltern dazu bringen, dass sie wahrnehmen und anerkennen, dass ihnen das sozialpädagogische Projekt guttut und sie sich in ihrem Verhalten zum Kind darauf einstellen können.

17 Im Jugendalter lauern Bewältigungsfallen, in die vor allem sozial benachteiligte Jugendliche hineingeraten können

Ende der 1920er Jahre führte der ehemalige Mittelschullehrer und später in den USA als Sozialforscher berühmt gewordene Paul F. Lazarsfeld eine empirische Studie (Befragung) zum Thema des Übergangs Jugendlicher in den Beruf durch. Sie bezog sich vor allem auf die proletarische Wiener Großstadtjugend im berufsschulreifen Alter. Die Studie war dem Problem geschuldet, dass mit Beginn der 1920er Jahre Berufsschulen eingerichtet wurden, aber man herzlich wenig über die Jugendlichen wusste, die nun in diese Schulen hineindrängten. Man musste also mehr über die Lebensbedingungen dieser Klientel wissen, um mit ihnen auch pädagogisch umgehen zu können. Lazarsfeld sah die jungen Proletarier aber nicht nur als Lehrlinge, sondern eben auch als Jugendliche. Und hier war vor allem der Befund bedeutsam, nach dem junge Menschen gerade aus den unteren Schichten ihre Jugend kaum ausleben und jugendkulturell experimentieren konnten. Die meisten der proletarischen Jugendlichen hatten wenig Zeit, sich jugendkulturell zu entfalten. Er umschrieb dies mit dem Begriff der „verkürzten Pubertät“:

> „Der sozial benachteiligte Jugendliche ist in Zeit und Raum außerordentlich beschränkt und ist in einem Alter in die Lebensformen der Erwachsenen versetzt, in dem der ihnen der Entwicklung seiner Persönlichkeit nach nicht gewachsen ist; einer der Bereiche, in die er zu früh und dadurch unter besonders falschen Voraussetzungen kommt, ist die Berufsarbeit […]. Die Pubertät des Proletariers ist relativ verkürzt, und dadurch entgeht ihm ein Teil jener Quellen an Energien, Umwelterweiterungen und Zielsetzungen, die zu speisen die […] Funktion der Pubertät in der freien Entwicklung ist“ (Lazarsfeld 1931: 54).

Die Tendenz zur „verkürzten Pubertät" ist auch gegenwärtig zu beobachten. Natürlich erst einmal unter einem anderen, wenn nicht gar umgekehrten Vorzeichen. Denn Jugend als Bildungs- und Ausbildungszeit hat sich inzwischen deutlich verlängert, Jugend als unbefangene Zeit des Experimentierens steht aber dennoch für viele unter Druck. Eine latente Bildungskonkurrenz, riskante Übergangsperspektiven und eine zu frühe Belastung mit psychosozialen Problemen werden dafür verantwortlich gemacht. Jugend muss also auch heute wieder *ermöglicht* werden. In der Sozialen Arbeit, vor allem der offenen Jugendarbeit, die sich mancherorts diese *Ermöglichung von Jugend* zum Programm gemacht hat, haben wir es vor allem mit sozial benachteiligten Jugendlichen zu tun. Während die Bildungsjugend der Mittelschicht von ihren Familien jene materielle und kulturelle Hintergrundsicherheit erhält, die die Risiken abmildert oder umgehen hilft, sind sozial benachteiligte Jugendliche diesen Risiken ausgesetzt, ihre Jugend ist auch heute sozial überschattet. Die 17. Shell-Jugendstudie 2015 (vgl. Shell Deutschland Holding 2015) zeigt, dass sich die sozial benachteiligten Jugendlichen im Kontrast zu einer sozial optimistischen Mehrheitsjugend geradezu abgehängt fühlen. Sie erleben eine doppelte Benachteiligung: Sie können nicht an der Bildungsjugend teilhaben und haben trotzdem kaum jugendkulturelle Entfaltungsmöglichkeiten.

Auch sind es die neuen Formen des Übergangs ins Erwachsenenleben, die diesen Jugendlichen besonders zu schaffen machen (vgl. Kap. 20). Dieser Übergang ist durch *Offenheit* und *Ungewissheit* gekennzeichnet (vgl. Stauber/Walther 2013) und enthält *Bewältigungsfallen.* Mit dem Begriff der „Bewältigungsfalle" umschreibe ich potenzielle kritische Lebenskonstellationen, die in dieser Phase aufbrechen können, auf die die Jugendlichen in ihrer Gegenwartsorientierung nicht vorbereitet sind und die sie dann einem besonderen Bewältigungsdruck aussetzen. Solche unter Abspaltungsdruck stehenden arbeitslosen oder in prekären Arbeitsverhältnissen stehenden jungen Männer geraten leicht in eine *Segregationsfalle.* Das heißt, sie sind oft in marginale Stadtviertel abgedrängt, bilden dort regressive Milieus, die nach außen abgeschottet sind, sich nach innen aber aggressiv verdichten können. Je stärker Jugendliche und junge Erwachsene sozial unter Druck sind, desto dringender suchen sie nach Räumen als Bewältigungszonen. In dem Maße aber, indem sie Räume über ihr jugendkulturelles Experimentieren hinaus als Bewältigungsräume brauchen und sich aggressiv nehmen – um sichtbar zu werden, auf sich aufmerksam zu machen –, kann die Raumaneignung schnell in die Zone der Kriminalisierung geraten.

Der Experimentierraum Jugend hat sich inzwischen zunehmend in die Welt der virtuellen Medien verlagert. Hier wird Selbstwirksamkeit gesucht. Aber auch hier liegen die Chancen der erweiterten Aneignung und die Risiken der Verengung und Abspaltung eng beieinander. Im traditionellen Modell des Jugendmoratoriums wurde davon ausgegangen, dass Jugendliche geschützt werden müssen, damit sie risikolos experimentieren können. Der digitale Raum des Internets ist in diesem Sinne nicht schützbar. Jugendliche tappen hier leicht in eine *Medienfalle.* Es ist deshalb eine der zentralen Aufgaben der Jugendarbeit, solche geschützten Räume anzubieten und damit Jugend zu ermöglichen. Die MedienpädagogInnen sagen: Wir müssen den Jugendlichen die Kompetenz vermitteln, dass sie sich diese Grenzen im Umgang mit den Medien selbst setzen können. Sonst fällt das Grenzenlose des Internets auf sie zurück und liefert sie den virtuellen Projektionen und Abspaltungen aus. Wenn die Grenzen nicht im digitalen Raum hergestellt werden können – so die Medienpädagogik –, dann müssen die Jugendlichen sie eben in sich selbst herstellen können. Jugendliche sollen also „Medienkompetenz" dergestalt erwerben, dass sie das Moratorium gleichsam in sich aufbauen. Das würde aber bedeuten, dass Jugendliche die eigenen Folgen ihres Jugend-Seins schon in der Jugendzeit reflektieren müssen. Dies aber widerspricht dem Bild und dem Entwicklungssinn von Jugend als Grenzen erprobender Experimentierphase.

Eine Bewältigungsproblematik, die sich durch das ganze Jugendalter zieht, liegt im jugendkulturellen Risikoverhalten. Ihm wird eine subjektiv funktionale Bedeutung – eben auch als Bewältigungsverhalten – im Prozess des Aufwachsens zugeschrieben. Kids und jüngere Jugendliche setzen Risikopraktiken als „Reifesymbole“ ein, um zu zeigen, dass sie sich von der elterlichen Kontrolle absetzen und gegenüber älteren Jugendlichen als „nicht mehr Kind“ darstellen können. Jugendliche demonstrieren damit öffentlich ihre Eigenständigkeit bis hin zur (risiko)symbolischen Opposition gegen das normale, eingefahrene Leben der Erwachsenen. Man kann Aufmerksamkeit auf sich ziehen und Selbstwirksamkeit spüren. Es ist ein körperliches Erlebnis. Risikoverhalten ist – darüber hinausgehend – für beide Geschlechter ein Weg, um sich der Gruppensolidarität und -vitalität der Gleichaltrigengruppe gegenüber der Erwachsenenkultur zu vergewissern (vgl. Raithel 2005).

Entsprechende Forschungsergebnisse zeigen, dass Risikoverhalten im späteren Kindes- und im Jugendalter entwicklungs- und generationstypisch geprägt ist (vgl. Raithel 2004) und somit erst einmal zur Normalitätszone des Aufwachsens gehört. Damit ist auch eine wichtige sozialpädagogische Maxime vorgegeben: Wenn Risikoverhalten ein jugendkulturelles Phänomen im Kontext der Identitätsentwicklung und der Bewältigung von Entwicklungsaufgaben ist, dann geht es vor allem darum, Jugendlichen dabei zu helfen, die Selbstständigkeit ihres Handelns zu bewahren und nicht in Abhängigkeiten zu geraten. In der Perspektive des Bewältigungsansatzes ist damit gemeint, dass sie in der Lage sein sollen, ihre Befindlichkeit sozial zu thematisieren und der Gefahr entgehen, unter permanenten Abspaltungsdruck zu geraten. Perspektivisch kommt es darauf an, das Augenmerk darauf zu richten, dass sich das Risikoverhalten nicht über das Jugendalter hinaus verfestigt.

Der Risikobegriff signalisiert auch, dass die Jugendzeit sich von der gesellschaftlich eingerichteten Schonphase Jugend hin zur Risikophase Jugend entwickelt hat. Zum anderen ist damit gemeint, dass sich Jugendliche „riskant“ verhalten, d. h., vor allem sich selbst (aber auch andere) in ihrer leibseelischen Integrität gefährden oder diese gar zerstören, weil sie nicht mehr die Grenzen zwischen kulturellem Experiment und sozialem Bewältigungsdruck kalkulieren können und somit Opfer einer fortschreitenden gesellschaftlichen Diffusion der Adoleszenz geworden sind. Dieses widerfährt Jungen und Mädchen gleichermaßen, wobei es geschlechtstypische Unterschiede gibt: Männliches Risikoverhalten zeigt sich stärker in der Selbst- und Fremdgefährdung nach außen (Alkohol- und Verkehrsrausch, Körperverletzung, Randale, Einlassen in Gewaltszenen), weibliches Risikoverhalten richtete sich eher nach innen (Medikamentenmissbrauch, Magersucht). Beide treffen sich in der Drogenkultur (vgl. Raithel 2005). Risikoverhalten ist ein jugendsubkulturelles Bewältigungsverhalten in einem Lebensgefühl, in dem Wohlsein und Unwohlsein, Omnipotenzerleben und (dennoch nicht zu verscheuchende) psychosoziale Belastung nebeneinander bestehen. Solange sich – in der jugendkulturellen Dynamik – die Grenzen des Selbsterlebens hinausschieben lassen, so lange überwiegt der Rauschzustand des jugendkulturellen Kicks. Sind solche Grenzen erreicht, wird es kritisch, droht Depression, Leere oder „Zwang zur Gewalt“. Die gesellschaftlichen Individualisierungsschübe haben das Risikoverhalten noch stärker freigesetzt.

Inwieweit Risikoverhalten im Jugendalter in seiner jugendkulturellen Ausformung überdehnt wird und in antisoziales Bewältigungsverhalten umschlägt, das sich dann über die Jugendzeit hinaus verfestigen kann, hängt zum einen davon ab, wie stark das Jugendalter schon durch frühe Deprivations- und Ausgrenzungsverfahren sozialbiografisch belastet ist und gleichzeitig davon, über welche Schutzmechanismen (protektive Faktoren) der Einzelne verfügt, um die Risiken zu bewältigen. Mit dem Begriff der „protektiven Faktoren“ (Kolip 1993) werden solche Mechanismen bezeichnet, welche „die Wirksamkeit von Risikofaktoren und die dadurch ausgelöste erhöhte Verletzlichkeit für Abweichungen, Auffälligkeiten und Beeinträchtigungen […] abschwächen können“ (Hurrelmann 1994: 141). Solche Schutzmechanismen bildet das Selbst in seiner Befindlichkeit und Betroffenheit aus, sie entwickeln sich in der emotionalen Gegenseitigkeit in den Beziehungen in der Familie, zu engeren Freunden und nahestehenden Erwachsenen und sind schließlich auch im sozialen Stützsystem und Netzwerk der Gleichaltrigengruppe enthalten (wenn sie als solches funktioniert und nicht selbst durch Abweichendes Verhalten zusammengehalten wird).

Das Erleben des Risikoverhaltens als Mittel der Erlangung

von Selbstwirksamkeit und sozialer Anerkennung bildet den strategischen Punkt, an dem sich Risikofaktoren und protektive Mechanismen treffen und wo sich entscheidet, ob Ansätze von Risikoverhalten immer wieder abgeschwächt werden und aufgehen können in sozial konformem Verhalten oder ob sie umschlagen in verstetigte riskante Lebensformen. Reichen die biografisch verfügbaren protektiven Faktoren – Selbstvertrauen und soziale Anerkennung im Rahmen sozial konformer Lebensführung – nicht aus, gilt es Unterstützungsangebote zu entwickeln, die ein Erleben von Selbst und sozialem Erfolg vermitteln können, das nicht auf abweichendes Verhalten angewiesen ist („funktionale Äquivalente").

Teil IV
Die Soziale Arbeit erkennt soziale Probleme als Bewältigungslagen

Die Sozialpolitik hat es mit sozialen Problemen zu tun. Soziale Probleme – nun im Erwachsenenalter – beziehen sich in der Regel auf Lebensschwierigkeiten und soziale Konflikte, die gesellschaftlich verbreitet sind und aufgrund ihrer Häufigkeit und der Verstetigung ihres Auftretens öffentlich registriert werden. Weiter muss eine kollektive Verständigung darüber bestehen, dass sozialstaatlich – seitens der Sozialpolitik wie der Sozialen Arbeit – interveniert werden muss. Wesentlich für die Definition und Anerkennung sozialer Probleme ist die gesellschaftlich geteilte Vorstellung, dass ihr Auftreten eine potenzielle Gefährdung des Zusammenhalts einer Gesellschaft darstellen kann.

Die Sozialpolitik orientiert sich vor allem an allgemeinen, standardisierbaren Risikolagen – wie z.B. Armut, Arbeitslosigkeit, Migration –, die Soziale Arbeit hingegen an den davon betroffenen Personen und ihren besonderen biografischen Lebensschwierigkeiten. Die Soziale Arbeit wird manchmal auch als das lebensweltliche Inventar der Sozialpolitik bezeichnet. Die Sozialpolitik ist im Sozialstaat organisiert. Sozialstaatliche Sozialpolitik fragt nach den sozialstrukturellen Bedingungen, die Lebensverhältnisse und Lebenschancen beeinflussen, nach den Ermöglichungen und Verwehrungen, die in diesen Verhältnissen gegeben sind, und nach den Verwirklichungsmöglichkeiten, die Menschen vor dem Horizont sozialer Gerechtigkeit haben, und wie dies sozialpolitisch beeinflusst werden kann. Das habe ich über die Konzepte „Lebenslage“ und – für den besonderen sozialpolitischen Zugang der Sozialen Arbeit – über das Brückenkonzept „Bewältigungslage“ aufgeschlossen. Schließlich ist die Sozialpolitik über die Soziale Arbeit daran interessiert, nicht nur die sozialökonomischen Verhältnisse und das lebensweltliche Umfeld zu beeinflussen, sondern genauso danach zu fragen, wie die Menschen selbst befähigt werden können, vor dem Hintergrund sozialer Sicherung und im Rahmen sozialpädagogischer Unterstützung und Begleitung ihre Lebenschancen zu verbessern und sich darin zu verwirklichen. Allerdings: Dem Sozialstaat wird gegenwärtig nicht mehr viel zugetraut. Der Begriff „postsozialstaatlich“ machte sich in den letzten drei Jahrzehnten im sozialwissenschaftlichen Fachdiskurs breit. Wenn dem Sozialstaat solche

Grablieder gesungen werden, so ist damit natürlich nicht gemeint, dass er in Zukunft nicht mehr existieren wird. Soziale Regulation und basale Hintergrundsicherheit werden auch weiterhin für viele Personengruppen unabdingbare Stabilisatoren, Stützkorsette auch im neuen Kapitalismus sein. Es wird in der sozialstaatskritischen Literatur meist übergangen, dass – vor allem in Deutschland – das wohlfahrtsstaatliche Sicherungssystem in der Bevölkerung eine hohe Akzeptanz aufweist (vgl. Ullrich 2005). Was aber – auch aus der Sicht der Sozialen Arbeit – die Schwäche des Sozialstaates ausmacht, ist der Verlust an gesellschafts- und sozialpolitischer Gestaltungskraft.

18 Die Soziale Arbeit ist mit sozialen Problemen konfrontiert, die sich immer wieder neu formieren – Armut, Arbeitslosigkeit, Sucht, Obdachlosigkeit, familiale Gewalt, Kriminalität und Migration als Bewältigungslagen

Armut, Arbeitslosigkeit, Obdachlosigkeit, Alkoholsucht, familiale Gewalt, Kriminalität und *Migration* sind „klassische" soziale Probleme, mit denen es die Soziale Arbeit in den letzten hundert Jahren zu tun hatte. Sie zeigen zwar im Verlauf der Zeit eine jeweils neue Ausprägung, der alte Kern scheint aber doch immer wieder durch. Armut wird heute eher im Begriffskreis des „Armutsrisikos" und der „neuen Armut" diskutiert, Obdachlose heißen inzwischen Wohnungssuchende, was an ihrer Obdachlosigkeit aber nicht viel ändert. Ich will im Folgenden zeigen, welchen Zugang zu diesen Problemen wir mit dem Bewältigungsansatz und seiner geschlechtsreflexiven Differenzierung erreichen können. Wir schauen dabei hinter diese sozialen Probleme, legen die damit verbundenen *Bewältigungslagen* frei und versuchen, das *Bewältigungsverhalten* zu beschreiben, das in diesen kritischen Lebenskonstellationen freigesetzt wird. Ich beginne mit dem Problemkreis der *Armut.*

Armut

Eine Sozialhilfeempfängerin – Alleinerziehende und eigentlich nicht zu den gängigen „Armutskunden" gehörig – gibt jeden Monat ihre „Stütze" schon in den ersten zwanzig Tagen aus, um sich dann für den Rest des Monats mit allen möglichen Tricks und Schuldenmachen über Wasser zu halten, bis das dann auch nicht mehr geht, weil die neuen Schulden nicht mehr zu managen sind und die alltägliche Lebensführung zusammenbricht. Manche Sozialarbeiterinnen und Sozialarbeiter entrüsten sich oft über solche Fälle, meinen, dass die KlientInnen nicht mit ihrer Sozialhilfe haushalten, denn mit Geschick und Verzicht – man würde ihnen ja dabei helfen – müssten solche KlientInnen doch gut über die Runden kommen. Die so argumentierenden Sozialarbeiterinnen und Sozialarbeiter haben das Problem des „Arm-Seins in einer reichen Gesellschaft" nicht erfasst. Denn diese KlientInnen wollen ihre Armut nicht nur in der Öffentlichkeit verbergen, sondern sie auch vor sich selbst nicht eingestehen und ganz „normal", wie andere auch, konsumieren, um sich über den Konsum ihr Dabeisein, ihre Teilhabe an der Gesellschaft zu ermöglichen. Das Beispiel zeigt, dass diese Klientin Anschluss an soziokulturelle Bezüge bräuchte (z.B. Mütterzentren, erlebnispädagogisch ausgerichtete Selbsthilfegruppen), um in ihrer Selbstwert- und Statussuche nicht nur auf die Konsumdemonstration angewiesen zu sein. Gerade Frauen, die alleinerziehend, teilzeitbeschäftigt oder gering entlohnt in Armutszonen geraten, laufen Gefahr, mit der Zeit ihre Kompetenzen im Aufbau und in der Gestaltung sozialer Beziehungen zu verlieren, ihre Hilflosigkeit nach innen zu kehren. Statt ihre Lage thematisieren zu können, stehen sie unter dem Zwang, sie zu verbergen.

Diese Tabuisierung der *Armut in einer reichen Gesellschaft* verunmöglicht es nicht nur den von Armut Bedrohten, ihre Lage und Befindlichkeit öffentlich zu machen, sondern macht es auch der Sozialen Arbeit schwer, Zugänge zum Arm-Sein zu finden. Wenn ich in einer reichen Gesellschaft lebe, die Armut leugnet und behauptet, ihr Sozialhilfesystem verhindere sie prinzipiell, dann schäme ich mich meiner Armut, verstecke sie und versuche alles, um in der Öffentlichkeit demonstrativ den Anschein zu erwecken, dass ich „dabei" bin – oder ich ziehe mich zurück. Mit „Armut in einer reichen Gesellschaft" haben wir das Musterbeispiel einer durchgängig prekären Bewältigungslage vor uns: Die gesellschaftliche Anerkennung von „Armut in einer reichen Gesellschaft" und damit der prekären Lage der Betroffenen ist umstritten, ihre Thematisierung dadurch begrenzt, die soziale Isolierung der Betroffenen schränkt ihre sozialräumlichen Aneignungsmöglichkeiten ein und führt so zu einem lebensbestimmenden Status der Abhängigkeit von öffentlichen Versorgungsleistungen. Sie sind nicht mehr als Akteure erkennbar.

Neuerdings tendiert die Armutsdiskussion dazu, subjektives Armutserleben und objektive Lebenslage Armut auseinanderzudividieren. Dies nimmt dem Armutsdiskurs die sozialpolitische Kraft. Wenn man dagegen ernst nehmen würde, *was* in der Armut gefühlt wird, so käme man schnell darauf, dass es die soziale Isolierung *in der Gesellschaft* ist, die armen Menschen zu schaffen macht. Arme sind sozialstrukturell eingelassener Gewalt ausgesetzt. Diese äußert sich vor allem in den Segregationstendenzen, welche räumlich-körperlich gefühlt werden. Nicht nur Armut wird erlebt, sondern darin auch gesellschaftliche Gewalt:

> „Nichts ist irreführender, als die Armen als Ausgegrenzte zu bezeichnen. Zwar sind sie von den materiellen Segnungen des modernen Wirtschaftssystems weitgehend ausgeschlossen, aber nicht von diesem System selbst. Vielmehr sind sie seinen Zwängen am meisten ausgeliefert. […] Und das Diabolische dabei ist, dass man nicht aussteigen und irgendwo hingehen kann, wo man sich unbehelligt vom magnetischen Kraftfeld des Marktes eine eigene Existenz aufbauen könnte. Überall, wo man hinkommt, ist er schon da. Er lässt die, die er liegen lässt, gerade nicht los. Die am meisten von ihm Ausgeschlossenen sind die am meisten von ihm Eingeschlossenen“ (Türcke 1998: 126 f.).

Armut wird über denselben Markt freigesetzt, der Reichtum erzeugt.

Das Wechselspiel von Chancen und Risiken als Strukturierungsmerkmal individualisierter und pluralisierter Gesellschaften ist zwar für alle Gesellschaftsmitglieder lebensbestimmend, für die einen sind aber die Chancen eher erreichbar, die anderen sind den Risiken stärker ausgesetzt. Horizontale soziale Ungleichheit äußert sich also in den unterschiedlich verteilten, sozialstrukturell segmentierten Erreichbarkeiten und Zugängen. Wir sprechen von einem strukturellen Armutsrisiko, einer damit einhergehenden Pluralisierung und Biografisierung der Armut und entsprechend neuen Formen des Arm-Seins. Dieses Arm-Sein ist nicht mehr einem fürsorglich geregelten Kontrollstatus und damit einem öffentlich verwalteten Stigma unterworfen wie die klassische Armut, mit der sich die Betroffenen abfinden und die sie als ihr lebenslanges Schicksal hinnehmen mussten, sondern kann viele an Punkten der Biografie treffen, die sie von sich selbst aus nicht voraussehen können. Als „neue Armut" ist sie durch periodisches und unverhofft auftretendes Arm-Werden gekennzeichnet. Es sind Menschen, die aus der Gesellschaft herausfallen, als „Prekariat" freigesetzt werden und die nicht – wie die klassischen Armen – am Rande der Gesellschaft gelebt haben. In diesem Zusammenhang erhält die Sozialhilfe auch für diese Gruppen ihre Bedeutung als Bewältigungs- und Übergangshilfe.

Armut hat also viele biografische Gesichter. Schon die dynamische Armutsforschung der 1980er und 1990er Jahre hat die Unterschiedlichkeit von Armutsbiografien herausgestellt. Wenn aber so getan wird, als gäbe es heute so viele neue Mischungen von Armut, dass man nicht mehr von Armutslagen wie von Klassenlagen sprechen könne, dann rutscht man in eine individualisierte Perspektive. Arme erscheinen dann wie Multiproblemfamilien, die in einer gesättigten Gesellschaft so viele Probleme auf sich ziehen, dass sie sich als Armutslagen darstellen. Damit wird der sozialstrukturelle Blick noch weiter vernebelt, ein weiterer Schritt in Richtung der Klientelisierung der Armen ist getan. Dass es inzwischen neue strukturelle Kristallisationspunkte von Armut gibt, die nicht in die traditionelle Armutsdefinition passen – Armut in Arbeit, Kinder- und Jugendarmut, Prekarisierung –, wird dadurch verdeckt. Denn Armut ist auch in ihren Erscheinungsformen längst kein Randphänomen mehr, sondern eines, das sich als *Armutsrisiko* durch die Mitte der Gesellschaft zieht.

Armutsrisiken werden bis in die Mitte der Gesellschaft hinein nicht mehr als Furcht vor dem klassischen (materiellen) Arm-Sein gespürt. Das können sich die meisten angesichts einer Konsumgesellschaft, die suggeriert, dass alles erreichbar ist, auch gar nicht mehr vorstellen. Es ist vielmehr die diffuse Angst vor der Ohnmacht, dem „Der-Lage-nicht-mehr-gewachsen-Sein", die die Leute umtreibt. Diese Angst ist aber in unserer Gesellschaft weitgehend tabuisiert, findet keine öffentlichen Räume, in denen sie thematisiert werden kann. Im Gegenteil: Der gesellschaftliche Individualisierungs- und Segmentierungsprozess hat ein Sozialklima geschaffen, in dem die Einzelnen täglich immer wieder neu demonstrieren und kultivieren müssen, dass sie „dabei“ sind, „mithalten“ können, keine Probleme haben oder zumindest in der Lage sind, sie nicht zu zeigen. Man kann hier geradezu von einem Betonungssyndrom sprechen. Dies gilt durchaus auch für eine breite Schicht des unteren Mittelstandes, der – mit hohem Konsumniveau und sozialem Sicherheitsbedürfnis – hart an den Kreditlinien entlang lebt. In dessen Eigenheimen die Angst nistet, unvorhergesehene Einbrüche, wie Krankheit, Erwerbslosigkeit oder der Ausfall eines familialen Mitverdieners, könnten zum Absturz in die Armut führen. In diesem ambivalenten Sozialklima – Risikopotenziale und Kultivierung des Problemlosen liegen eng beieinander – gedeihen regressive, die Handlungsfähigkeit einengende Einstellungs- und Sozialmuster als Abwehrmechanismen gegen ein befürchtetes soziales Absinken und Abgeschnitten-Sein. Dies fördert wiederum Abspaltungsprozesse der Abwertung, wie wir sie mit der neuen Ausländerfeindlichkeit erleben.

Das Auftauchen neuer Armutsrisiken lässt auch das Problem der *sozialen Sicherheit* in der Gesellschaft in einem neuen Licht erscheinen. Sicherheit – so haben wir erfahren – ist nicht nur „äußere“ Sicherheit im Sinne der materiellen Absicherung bei Krankheit, Alter, Unfall und Arbeitslosigkeit, sondern ein inneres Sicherheitsempfinden, angesichts sozialer Herausforderungen handlungsfähig und einer Lage gewachsen zu sein. Dieses Sicherheitsgefühl, das in unserer Gesellschaft der Sozialstaat bisher wie selbstverständlich vermittelt hat, ermöglicht es den Menschen erst, für wechselnde Anforderungen so gerüstet und verfügbar zu sein, dass sie nicht fürchten müssen, abzustürzen, wenn im Beruf, in der Bildungsplanung für die Kinder oder bezüglich der Stabilität der Familie etwas schiefgeht. Dieser emotionale Aspekt der Sicherheit zielt direkt auf das Selbst, auf die Betroffenheit des Menschen und damit sein Bewältigungsvermögen. Deshalb darf die Diskussion um eine allgemeine Grundsicherung nicht nur einkommens- und lohnpolitisch geführt werden, sondern muss auch diese Bewältigungsdimension stärker berücksichtigen. Denn es werden sich nicht nur die prekären Lebenslagen ausweiten, „sie werden zugleich mit einer lebensweltlichen Verunsicherung in vielen Dimensionen verbunden sein“ (Chassé 2008: 73). Dass die personale und soziale Befindlichkeit in der alltäglichen Lebenswelt – ein über den Einkommensstatus hinausgehender Selbstwert, soziale Anerkennung und soziale Ausdrucksmöglichkeiten in alltagsbezogenen Netzwerken – für die Bewältigung von Armut wichtig ist, wird in der neueren Armutsforschung belegt (vgl. Mogge-Grotjahn 2008). Dies verweist wiederum auf die *Bewältigungslage Armut,* die im Mittelpunkt der sozialarbeiterischen Intervention steht.

> „Die Inblicknahme der Prozesse zunehmender Prekarisierung statt der Unterstellung fixer Armutslagen ist für die professionelle Soziale Arbeit von zentralem Interesse, da sie damit besser aufgeklärt Ansatzpunkte in der Vielfältigkeit der alltäglichen Bewältigungsstrategien und -taktiken suchen kann“ (Kessl et al. 2010: 544).

Arbeitslosigkeit

Mit der Arbeitslosigkeit kommen nicht selten Konflikte hoch, die vorher verdeckt waren und nun psychosozial destabilisierend wirken können. Andererseits wird berichtet, dass Familien noch enger zusammenrücken und zusammenhalten, um nicht an der Arbeitslosigkeit zu zerbrechen. Allerdings hat gerade auch diese Nähe ihre Tücken, weil sie gerade den Kindern – aber auch den Frauen, wenn die Männer lange arbeitslos sind – den eigenständigen Entfaltungsraum innerhalb der Familie – und über sie hinaus – nehmen kann. Dies ist vor allem bei Langzeitarbeitslosigkeit der Fall. Auf diese beziehen sich im Folgenden auch meine weiteren Ausführungen. Langzeitarbeitslosigkeit führt in die Abhängigkeit von der Sozialhilfe und ist damit in der Regel die Hauptursache von Armut. Aus diesem Bereich rekrutiert sich auch in der Hauptsache die Klientel von Arbeitslosigkeit. Dazu kommen Familien, die trotz der Tatsache, dass die Eltern Arbeit haben, unter die Armutsgrenze rutschen, weil das Einkommen zu gering ist („Armut in Arbeit“; vgl. dazu Ehrenreich 2001). „Armut in Arbeit“, also prekäre Arbeitsverhältnisse und Arbeitslosigkeit liegen eng beieinander.

Dass Männer besonders unter dem Verlust der Beschäftigung leiden, wird in der geschlechtsdifferenten Arbeitslosenforschung vor allem dort deutlich, wo Vergleichsmöglichkeiten mit Frauen bestehen. Männern ist eine familiale Ersatzrolle (wie den Frauen) nur begrenzt oder überhaupt nicht verfügbar, da sie auch ihre familiale Rolle meist über die Arbeit (als Haupternährer oder Familienvorstand) definieren. Männlichkeit und externe, von der Familie losgelöste Arbeit sind für viele Männer immer noch eins. Somit wird der Verlust von Arbeit auch oft als Verlust von Männlichkeit empfunden. Sie fühlen sich in weibliches Gebiet gedrängt, das sie bisher immer halbbewusst abgewertet haben und das sie nun in den Sog der Abwertung zu ziehen scheint. Nur wenige schaffen es, die Option, Hausmann zu werden, für sich zu realisieren. Da fehlt das gesellschaftlich gestützte Rollenbild. So geraten arbeitslose Männer von der Hilflosigkeit angesichts der Arbeitslosigkeit in eine männliche Hilflosigkeit und stehen unter einem besonderen Drang, sie abzuspalten. Das geschieht oft durch eine Verstärkung traditioneller maskuliner Muster: Der Mann ist bemüht, seine Männlichkeit zu bewahren, indem er die Kontrolle über die Familie erhöht und sie damit – meist ist es ihm nicht bewusst – zwingt, alle Familientätigkeiten auf die Stützung und Anerkennung seiner Männlichkeit auszurichten. Dies kann bis zum Syndrom der Co-Abhängigkeit der Frau und der Kinder vom Mann führen. Meistens fürchten solche Männer Autoritäts- und Beziehungsverluste. In der Männerberatung wird deshalb darauf hingearbeitet, dass der Mann zu sich kommen und neuen Selbstwert *aus sich heraus* aufbauen kann.

In unserer Gesellschaft sind arbeitslose Frauen eher als Männer ohne Arbeit akzeptiert. Wenn der Ehepartner als Einziger arbeiten geht und genug Geld nach Hause bringt, wird die Frau nicht als arbeitslos betrachtet, die Hausfrauenrolle wird als Ergänzungsrolle zur Arbeitsrolle des Mannes gesehen. Gleichzeitig aber sind viele der im Hause verbliebenen Frauen nicht nur materiell abhängig von ihren Männern, sie sind zudem der schleichenden Entwertung ihrer Qualifikationen ausgesetzt, die sie einmal beruflich erworben haben. Das erschwert ihren Wiedereinstieg in die Berufswelt. Deshalb gibt es einen verdeckten Risikozusammenhang zwischen der Beschränkung auf die Hausfrauenrolle und der Arbeitslosigkeit, der in Krisenzeiten (Ehescheidung, Partnerverlust) immer wieder aufbricht. Gleichzeitig gibt es immer noch einen geschlechtsspezifisch segmentierten Arbeitsmarkt, der Frauen in Berufe drängt, die am ehesten von Arbeitslosigkeit betroffen sind, oder in ungeschützte Berufe, wo sie als „flexibel" gelten und entsprechend wieder entlassen werden können. Das Problem der Benachteiligung von Frauen im Berufsleben scheint sich also verschoben zu haben: Es ist nicht mehr die Frage, ob Frauen genauso beruflich tätig sein können wie Männer; dafür aber ist das Problem entstanden, dass die Arbeitsplätze von Frauen stärker von Arbeitslosigkeit bedroht sind als die von Männern. So ist auch der Großteil der Teilzeitarbeitsplätze in Deutschland von Frauen besetzt.

Frauen mittleren Alters gehen sehr unterschiedlich mit ihrer Arbeitslosigkeit um. Dies hängt davon ab, wie sie ihre Entwertung bearbeiten können und wie diese Entwertung anerkannt und ernst genommen wird. Dies ist auch der entscheidende Punkt beim Angebot sozialarbeiterischer Hilfe für arbeitslose Frauen. SozialarbeiterInnen stoßen immer wieder auf zwei Bewältigungstypen: zum einen auf depressive Bewältigungsformen; die Frauen nehmen vermehrt Antidepressiva und zeigen auch eine höhere Sensibilität für Krankheiten. Auf der anderen Seite gibt es wiederum Frauen, welche die Arbeitslosigkeit zu nutzen versuchen, um sich umzuorientieren, und über Arbeitsbeschaffungsmaßnahmen Zugang zu alternativen Arbeits- und Lebensformen suchen.

Da es die Soziale Arbeit meist mit biografisch und sozial benachteiligten Frauen zu tun hat, braucht sie ein besonders professionelles Wissen, um diese Gruppe motivieren und aktivieren zu können. Gerade das verlangt – egal ob es sich nun um Einzelberatung, Selbsthilfeinitiativen oder Umschulungsprojekte handelt – eine geschlechtsspezifische Perspektive. Vor allem muss dem Stereotyp entgegengearbeitet werden, dass Frauen Arbeitslosigkeit besser aushalten als Männer, da sie sich doch in die Familienrolle zurückziehen können. Man spricht Frauen deshalb nicht selten Wut und Aggressivität in der Empfindung ihrer Arbeitslosigkeit ab und gibt ihnen dann auch keinen Raum, diese Aggressivität herauszulassen und in Motivationen und Aktionen umzuleiten. So werden sie wieder in innere Abspaltungen gedrängt. Ebenso gilt es zu verhindern, Frauen wieder in Familienstereotype zu drängen und ihnen darin die Aufgabe zuzuweisen, wenigstens den Status ihres Mannes aufrechtzuerhalten. Die Zurückweisung der weiblichen Arbeitsperspektive und ihr Zurückdrängen auf die Familie werden von Frauen oftmals als doppelte Entwertung empfunden.

Obdachlosigkeit

Die Obdachlosigkeit/Wohnungslosigkeit hat ihr typisches Straßenbild und zieht deshalb unweigerlich Zuschreibungen und Stigmatisierungen an. In der Regel sind es obdachlose Männer, die dieses Straßenbild prägen und bestätigen, umso mehr als sie versuchen, ihr Stigma selbst zu regulieren. So entsteht eine gewisse Kollusion, eine gegenseitige Einvernahme von Obdachlosen, die sich auf der Straße aufhalten, und Bürgerpassanten. Was dann im Raum steht, ist eine groteske Maskulinität, mit der sie sich schützen, niemanden an sich herankommen lassen, als Gruppe mit ihren Trinkritualen zusammenhalten und ihre nahe Straßenumwelt unter Kontrolle bringen wollen. Obdachlosigkeit als männliche Bewältigungsform? Die obdachlosen Frauen sind lange in ihren Lebenserfahrungen übergangen worden, sie gelten bestenfalls als Spielball und Haltepunkt der männlichen Launen und darin ihrer Hilflosigkeit, schlimmstenfalls als Provokation im Bild der „Schlampe".

Beileibe nicht alle Obdachlosen sind auf der Straße. Viele leben auch in Unterkünften oder in der Schwebe der Obdachlosigkeit, wenn sie vom Verlust ihrer Wohnung bereits bedroht sind. Oft liegt diese am Ende einer Karriere, die in der Familie begonnen hat: Gewalt und sexueller Missbrauch, Aussetzung oder Ausbruch, abgebrochene Ausbildung, Scheitern im Beruf, Scheitern am „gerade so eingerichtetem Leben" wegen Arbeitslosigkeit und danach Zusammenbruch der alltäglichen Lebensführung. Irgendwann ist der Lebensalltag nicht mehr zu bewältigen, die Fassade eingestürzt. Zahlungsunfähig und mit steigendem sozialem Stigma behaftet, werden die Chancen immer geringer, eine Wohnung zu bekommen. Das Obdachlosenschicksal ist dann das Ende einer Ursachenkette, in der personale, biografische und gesellschaftliche Faktoren zusammenspielen. Obdachlose scheitern an einer Konkurrenzgesellschaft, die sie gern als ihr Strandgut bezeichnet, die diese Karrieren aber mit aufbaut und sich erst um sie kümmert, wenn sie auffällig werden.

Dass mehr obdachlose Männer als Frauen auf der Straße sichtbar sind, darf nicht dazu verleiten, die Obdachlosigkeit hauptsächlich als Männerproblem einzuordnen. Hier wirkt der geschlechtsspezifische Mechanismus des Innen und Außen offensichtlich: Frauen versuchen nicht nur, ihre Straßenexistenz zu verstecken, sie lassen sich auch eher auf neue Abhängigkeits- und Gewaltbeziehungen mit Männern ein, weil sie nicht auf der Straße landen wollen. Denn die Straße ist in allen Belangen ein männliches Terrain, schon den Jungen ist die Straße zugänglicher als den Mädchen. Entscheidend also ist in diesem Zusammenhang: Jungen und Männer können ihre Straßenrolle bis zuletzt einigermaßen mit ihrer Geschlechterrolle und der Zuschreibung des männlichen Außen in Einklang bringen. Für Mädchen und vor allem dann für die Frauen gerät die Straßenexistenz in völligen Widerspruch mit dem gängigen Frauenbild und der weiblichen Geschlechterrolle. Sie haben dann auch entsprechende Folgen zu tragen: Straßendasein wird nicht nur als extremes Fehlverhalten gedeutet, es wird vor allem schnell sexualisiert, die Frauen werden moralisch in den Ruch der sexuellen Verfügbarkeit und damit bis in die Ausnahmezone der Prostitution gedrängt. So ist es kein Wunder, dass viele obdachlose oder von Obdachlosigkeit bedrohte Frauen versuchen, ihre prekäre Lage nicht öffentlich werden zu lassen, zu thematisieren. Lieber gehen sie Zwangsbeziehungen mit Männern ein (bis hin zur Prostitution). Das sieht dann nach außen so aus, als hätten die Frauen dieses Gewaltverhältnis selbst gesucht. Dass die Frauen das nicht nur tun, um dem herrschenden Weiblichkeitsbild gerecht zu werden, sondern auch, weil sie die abwertende und sexualisierende Gewalt auf der Straße fürchten, wird dabei übergangen.

Frauen sind oft nur einen Mann weit von der Obdachlosigkeit entfernt. So lautet das Resümee der inzwischen klassischen Studie von Erika Steinert (1990). Darin liegt eine Aufforderung an die Soziale Arbeit, die prekäre Lebenssituation von Frauen *vor* der Obdachlosigkeit in den Blick zu nehmen. Von Frauen, die eigentlich aus der abhängigen Beziehung herausmüssten, die aber nicht die materiellen und sozialen Möglichkeiten der Eigenständigkeit dafür haben bzw. aus diesen Gründen eine Zwangspartnerschaft eingegangen sind. Von SozialarbeiterInnen hört man dann nicht selten, diese Frauen könnten ihrer Familien- oder Partnerrolle nicht gerecht werden. Dass sich die dann oft konstatierte „Unfähigkeit“ von Frauen, für sich selbst zu sorgen, erst in den Abhängigkeitsbeziehungen entwickelt und verfestigt hat, wird in solchen geschlechtstypisierenden Diagnosen meist gar nicht in Erwägung gezogen. Auch stellt man bei Frauen gern das Scheitern im Beziehungs- und Sorgebereich in den Vordergrund und vernachlässigt den Aspekt der Verwehrung der materiellen und kulturellen Eigenständigkeit. Bei Männern hingegen ist die sozialpädagogische Diskussion zur Obdachlosigkeit durch das Motiv „Scheitern in der Erwerbsarbeit“ definitionsbestimmend, die Verlusterfahrungen und Bindungsängste der Männer hingegen, die in biografischen Gesprächen durchaus hervortreten, spielen in vielen diagnostischen Materialien keine Rolle. Natürlich wird das durch das Abspaltungsverhalten der betroffenen Männer selbst verstärkt, da sie Verlusterfahrungen nicht innerlich bearbeiten und entsprechend thematisieren können, sondern – in männlicher Bewältigungstypik – diese als „Kontrollverlust“ erfahren, dem sie mit verstärktem Kontrollverhalten nach außen im Obdachlosenmilieu zu begegnen versuchen.

Hilfe für obdachlose Frauen und Männer zu organisieren ist eine zweischneidige Sache. Denn oft wird dabei der Stolz der Betroffenen übergangen, die zwar Hilfe brauchen, aber sich nicht *hilfsbedürftig* fühlen und vielmehr ihren Drang nach Selbstbestimmung auch unter diesen Umständen respektiert sehen wollen. Denn viele bleiben ja im Obdachlosenmilieu gerade deswegen, weil in ihrem häuslichen Privatbereich alle Selbstbestimmung unterdrückt war, während sie im Obdachlosenmilieu die Chance haben, eher für sich zu sorgen und die Gruppe, die sie umgibt, einigermaßen unter ihre fürsorgliche Kontrolle zu bringen. Gleichzeitig besteht natürlich die Gefahr, dass sie im Obdachlosenmilieu in neue Abhängigkeiten geraten. Auch hier muss also wieder die Devise für die Soziale Arbeit gelten, dass das Leben im Obdachlosenmilieu nicht nur als Form der Krisenbewältigung, sondern auch als Suche nach Selbstständigkeit akzeptiert, anerkannt wird und gleichzeitig etwas getan wird, dass vor allem die Frauen nicht in neue Abhängigkeiten geraten. Dazu brauchen sie eigene Rückzugsmöglichkeiten und Beziehungen zu SozialarbeiterInnen.

Auch wenn die Arbeit mit obdachlosen Frauen weniger sichtbar und die Hilfeszene scheinbar vor allem an Männern ausgerichtet ist, weil die männliche Verhaltensauffälligkeit und die damit zusammenhängende Symptomatik die Hilfen geradezu anziehen, gelten auch hier ähnliche Bedenken gegenüber einer vorschnellen Intervention, wie wir dies bei den Frauen thematisiert haben. Wenn sich obdachlose Männer als Subkultur begreifen, ihre eigenen Rituale – vor allem die des „Trinkens als Zusammenhalt" – eingespielt haben, sehen sie oft keinen Sinn mehr darin, Hilfe anzunehmen, weil sie dann erst recht eine Stigmatisierung fürchten. In einer Obdachlosenzeitung war einmal von der dreifachen Gefahr zu lesen: der abwertenden Ausgrenzung durch die Öffentlichkeit der Passanten, der Gewalt vonseiten Rechtsextremer und der fürsorglichen Belagerung durch die SozialarbeiterInnen. Auch wenn wir uns noch so aufgeklärt fühlen, werden wir uns immer wieder dabei ertappen, wenn wir Obdachlose auf der Straße antreffen, dass wir uns fragen, ob das angesichts unseres sozialen Sicherungssystems denn „notwendig" sei, warum sie das nicht in Anspruch nehmen, ja sich scheinbar der Hilfe und Unterstützung gegenüber verweigern. Wir müssen dabei nicht unbedingt das Stereotyp teilen, dass sie „arbeitsscheu" sind, aber wir können uns oft des Gefühls nicht erwehren, dass wir sie als abstoßend empfinden, weil sie alle Angebote der Lebensführung, die uns vertraut ist, ablehnen. Auch diesem zweiten Blick – und nicht nur dem ersten der direkten Abwertung – sind obdachlose Menschen auf der Straße ausgesetzt, sie spüren ihn. Wir brauchen uns da nicht zu wundern, dass sie dieses Klischee dann auch so übernehmen, sich uns gegenüber abschätzig und stigma-arrogant verhalten. Die bewältigungstheoretisch relevante Erkenntnis aus der Etikettierungstheorie, dass Betroffene das Stigma, dem sie immer wieder ausgesetzt sind, mit der Zeit in ihre Identität übernehmen, damit sie selbst wieder ins psychosoziale Gleichgewicht kommen und handlungsfähig werden, gilt gerade auch hier.

Alkoholsucht

Bei Männern – um die soll es im Folgenden gehen – ist die Alkoholsucht meist verbunden mit dem Verlust der sozialen Kontrolle und der Abspaltung der damit verbundenen inneren Hilflosigkeit. Ihre Frauen nehmen sich meist zurück, scheuen den Konflikt und schlittern deshalb leicht in die häuslich-familiale Konstellation des *„Co-Alkoholismus“* (auch Para-Alkoholismus genannt). Mit diesem Begriff ist der Sachverhalt umschrieben, dass die soziale Umgebung der Betroffenen – vor allem die Familie – auf spezifische Weise in das Suchtspektrum einbezogen ist, indem der Süchtige auch das Verhalten der Personen in seiner näheren sozialen Umgebung beeinflusst und diese vor allem zwingt, ihn weiter zu stützen und nach außen abzuschirmen. Co-Abhängigkeit beginnt, wenn das Sich-Einlassen auf den Alkoholkranken mehr Zeit und psychosoziale Energie als alles andere in Anspruch nimmt und man zunehmend emotional und sozial von dieser Fixierung auf den Alkoholiker abhängig, an ihn gebunden wird. Es entsteht eine unausweichliche Gegenseitigkeit, ein Aufeinander-angewiesen-Sein, in dem der Abhängige Abschirmung und Entlastung von der eigenen Verantwortung erhält, die Co-Abhängigen aber ihre Autonomie verlieren und dabei ihren Zugang zu sich selbst blockieren.

Die Familie des männlichen Alkoholkranken läuft so Gefahr,

in soziale Isolation zu geraten, Selbstwert und Handlungsfähigkeit der Frau werden deutlich beschädigt, Mechanismen der inneren Abspaltung, der weiblichen Zurücknahme freigesetzt (Schuldübernahme). Vor allem die Kinder leben angesichts des unkalkulierbaren Verhaltens des Abhängigen und der sozialen Isolierung der Familie unter Stress. Lernschwierigkeiten in der Schule, sozialer Rückzug gegenüber der Gleichaltrigenkultur und ritualisierte Unterwerfung unter das Familiendiktat der nach außen abschirmenden Co-Abhängigkeit sind die Folgen.

Für den alkoholkranken Mann stellt der Kontrollverlust den einschneidenden Bruch in seiner Suchtkarriere dar. Aus der Perspektive männlicher Lebensbewältigung bedeutet dies nicht nur, dass das männliche Bewältigungsprinzip Kontrolle versagt, sondern auch, dass es sich nun gegen den Abhängigen selbst wendet, indem er auch die Kontrolle über sein Trinken verliert. Dieser psychophysische Verlust der Selbstkontrolle ist in der Regel verbunden mit einem sozialen Realitäts- und Kontrollverlust. Auch wenn das soziale Umfeld – Arbeit, Freunde, Selbstrepräsentanz in der kommunalen Öffentlichkeit – längst weggebrochen ist, versuchen Alkoholabhängige, durch aggressive Abspaltung Außenkontrolle zu erzwingen. In der Familie ist es dann meist die Co-Abhängigkeit der anderen Familienmitglieder, welche den Schein aufrechterhält und dem Alkoholiker suggeriert, dass er noch sozial oben ist, auch wenn er in den typischen Stimmungsschwankungen und depressiven Tiefs von der dunklen Ahnung des Gegenteils heimgesucht wird. Er hat die Kontrolle über sich und die anderen verloren, muss sie aber dennoch mit allen Mitteln aufrechterhalten. Bis hinein in die stationäre Therapie versuchen die Männer, Kontrollmacht irgendwie zu demonstrieren, indem sie die äußere Kontrolle über sich behalten, d.h. gerade keine Form von Schwäche zeigen wollen. Junge Erwachsene – so wird aus der Therapiepraxis berichtet – legen es in therapeutischen Männergruppen immer wieder krampfhaft darauf an, durch „Cliquenklammern“, d.h. demonstratives männliches Imponier- und Abwertungsgehabe untereinander in der Therapiegruppe, Schwäche und Angst zu unterdrücken. Die Gruppe verstärkt die Abspaltung der Hilflosigkeit nach außen.

Nicht nur der innere und äußere Kontrollverlust als erzwungenes Eingeständnis der Unfähigkeit, mit sich selbst allein – und nicht nur über die anderen – ins Reine zu kommen, macht dem Mann zu schaffen. Auch die „männliche Stummheit" macht sich problematisch bemerkbar. Er hat seinen Körper immer nur durch dessen Funktionieren wahrgenommen, die Zunge war zwar durch den Alkohol gelöst, aber jetzt, unter dem Entzug des Alkohols, ist er doppelt stumm geworden. Die Arbeit der TherapeutInnen und SozialarbeiterInnen besteht nun darin, dem Patienten zu zeigen, dass auch das erzwungene Eingeständnis der Hilflosigkeit nicht zur Zerstörung führt (vgl. Gruen 1992), sondern sich andere soziale Wege auftun, die nun keine illusionären Auswege mehr zu sein brauchen.

Häusliche Gewalt

Häusliche oder familiale Gewalt bezeichnet vor allem für Frauen und Kinder eine Bewältigungslage, die durch massive Abhängigkeit, zunehmend eingeschränkte Möglichkeiten der Aneignung und komplexe Verwehrungen, die eigene Lage thematisieren zu können, gekennzeichnet ist (vgl. Büttner 2020). Neben der Abhängigkeit ist die schleichende Entwertung (Anerkennungsdimension), die Frauen spüren müssen, das zentrale Bewältigungsproblem familialer Gewalt. Dass betroffene Frauen immer wieder in die Abhängigkeit vom Partner/Täter zurückkehren wollen, hängt vor allem auch damit zusammen, dass sie sich so stark über Beziehung und Familie definieren. Trotz aller erlittenen Gewalt bleibt bei ihnen die Hoffnung auf Beziehung. Sie machen sich Bilder von schönen Beziehungen, und solche Bilder sollen dann für vieles herhalten, was man selbst nicht hinbekommt; alte Verletzungen sollen geheilt, Selbstwerteinbrüche gekittet werden. Oft wird die Beziehungsenttäuschung am Kind gewalttätig ausgelebt. Gerade Frauen, die früh geheiratet haben, suchen über das Kind das hereinzuholen, was sie selbst in ihrer Kindheit nicht bekommen haben, und sind dann immer wieder ob ihrer eigenen Unfähigkeit enttäuscht, diese Beziehungshoffnung den Kindern weiterzugeben und vom Kind eine entsprechende Rückspiegelung zu erhalten.

SozialarbeiterInnen, die in Frauenhäusern arbeiten, machen oft die Erfahrung, dass sich der Abhängigkeitsstatus der Frau bis ins Frauenhaus hinein verlängert. Sie sehen sich immer wieder mit der Tatsache konfrontiert, dass Frauen, auch wenn sie massive Gewalt erlitten haben, Schuld übernehmen, weil sie Familie und Beziehung aufrechterhalten möchten. Durch ihr Weggehen, so reden sie sich ein, hätten sie die Familie zerstört, und nicht der Täter durch seine Gewalt. An diesem Zusammenhang kann man erkennen, wie abhängig viele Frauen in den familialen Beziehungsstrukturen sind und dass dieser Abhängigkeit vor allem auch von der ökonomischen und sozialen Seite entgegengewirkt werden muss. Vor allem brauchen sie eine eigene Arbeit, zumindest eine außerhäusliche Tätigkeit, um autonom werden zu können. Frauen sollten eigentlich so abgesichert sein, dass sie jederzeit eigenständig die Partnerbeziehung verlassen können. Dann – so wird argumentiert – sind sie erst in der Lage, die Art der Beziehung mitzubestimmen. Damit Frauen autonom werden können, brauchen sie des Weiteren auch *eigene* Aneignungsräume als eigene soziale Bezüge. Die SozialarbeiterInnen in den Frauenhäusern haben es mit Frauen zu tun, die immer wieder nur vom Mann ihre Lebensbestätigung erhalten wollen und deshalb wenig eigene Bezüge zu anderen Frauen entwickeln. Das wirkt sich auch in der Sozialen Arbeit mit Frauen dahingehend aus, dass die Frauen die Abhängigkeit von den Helferinnen direkt suchen. Deshalb ist es notwendig und gehört zum Kern der Frauenarbeit, dass eigene kulturelle und soziale Netzwerke für Frauen geschaffen und gefördert werden. Diese Erweiterung der Frauenhausarbeit in Netzwerke hinein ist vor allem auch deshalb wichtig, weil Frauen nicht selten ihre Situation im Frauenhaus als Entwertung spüren. Denn wenn ihre illusionären Bilder durch die Realität zerstört werden, fühlen diese Frauen die Beziehung und damit sich selbst entwertet und klammern sich noch mehr an das Bild der intakten Familie. Wichtig ist es, die Frauen aus dieser Familienfalle herauszubringen, in die sie geraten, wenn sie sich trotz Krise noch stärker an das Bild der heilen Familien klammern.

Deshalb steht in der Beratungsarbeit die Entmystifizierung der Familie und der familialen Beziehungen als Weg zur Selbstständigkeit der Frau im Vordergrund. Das geschieht durch praktische Netzwerkarbeit. Die Frauen müssen aus der familialen Beziehungsenge herauskommen, indem sie Familie als multilokalen Ort erleben können, von dem aus viele Außenbezüge möglich sind. Familien, die solche Netzwerke nicht haben, geraten immer in die Gefahr der Isolation, des Sich-in-sich-Zusammenziehens, wenn sie überfordert sind, und das kann in Gewaltverhältnisse umschlagen. Für die SozialarbeiterInnen haben diese Kenntnisse vor allem zur Konsequenz, dass sie sich nicht als Interventionsinstanz, sondern als Außenbezug zur Familie verstehen müssen.

Was nicht thematisierbar ist, wird als „naturhaft" gedacht bzw. gefühlt. Immer noch räumen sich Männer im Privaten Rechte gegenüber Frauen ein, naturalisieren sie, sodass Gewalt hinter vorgehaltener Hand zum Recht wird, sich etwas zu holen, was einem doch zusteht. Die „einklagbare Liebe" gilt immer noch als Teil einer „patriarchalen Dividende", der traditionellen männlichen Einstellung, trotz aller weiblichen Emanzipation als Mann immer noch über der Frau zu stehen. Frauen geraten in ihrer Verletzungsoffenheit, in ihrer minderen familialen Definitions- und Konfliktmacht leicht unter das unsichtbare Diktat der „einklagbaren Liebe" und damit immer wieder in neue psychodynamische Drucksituationen. Deshalb ist es ein wesentliches Moment der Frauenberatung, dass Frauen darin Unterstützung brauchen, dass sie ihre Eigendefinitionen entwickeln und in Ansprüche umsetzen können. Nur so kann ein Gegengewicht zur Konstellation der „harmonischen Ungleichheit" geschaffen werden, die in manchen Familien herrscht. Diese führt sonst immer wieder dazu, dass Frauen in solchen Situationen schwanken und nicht die Stärke haben, bei ihren Definitionen zu bleiben. Bei Männern dagegen muss die Intervention über die Norm erfolgen, und sie müssen praktisch mit der Norm konfrontiert werden. Dies kann unmittelbar im Prozess der Krisenintervention (vgl. Kap. 11) geschehen, bevor die männlichen Mechanismen der Externalisierung und Rationalisierung einsetzen können. Hier ziehen Männerberatung und Frauenberatung am gleichen Strang. Männer müssen merken, dass die gewalttätige Beanspruchung „einklagbarer Liebe“ ein kriminelles Delikt ist.

Gewaltkriminalität

Männer bevölkern die Gefängnisse, Frauen die Psychiatrie. Dies ist die immer noch gängige Charakteristik der geschlechtstypischen Reaktion der gesellschaftlichen Sanktionsinstanzen auf delinquentes Verhalten. Dem entspricht eine geschlechtstypische Deliktstruktur, in der sich das weibliche Bewältigungsmuster „innen“, das männliche Bewältigungsmuster „außen“ widerspiegelt. Körperverletzung, Randale und Sachbeschädigung finden wir vor allem in den Männerakten. Jungen und Männer „neigen“ demnach mehr zur nach außen gerichteten Gewalt, Mädchen und Frauen eher zur Gewalt gegen sich selbst. Der autoaggressive Medikamentenmissbrauch ist wohl das bekannteste Beispiel dafür.

Das deutlich geschlechtsduale Bild von Delinquenz und Kriminalität hat aber in dem Maße seine Eindeutigkeit verloren, in dem sich die Geschlechterrollen und Geschlechterbilder im Strukturwandel der Arbeitsgesellschaft entgrenzt haben, Mädchen stärker an jugendkulturellen Räumen partizipieren oder sie für sich erobern und Frauen in der Arbeitswelt und Öffentlichkeit ihren Platz einnehmen und behaupten. Mehr als früher rücken damit auch „Täterinnen“ ins Blickfeld, auch wenn sie statistisch gegenüber den männlichen Tätern noch in der Minderheit sind. Dunkelfeldschätzungen zur Jugenddelinquenz gehen davon aus, dass sich in allen Deliktbereichen die Geschlechtsdifferenzen verringert haben. Immer noch wird jedoch an vielen Stellen delinquentes Verhalten von Mädchen und Frauen übergangen oder bagatellisiert, da man es von ihnen entweder nicht geschlechtstypisch erwartet oder man davon ausgeht, dass aufgrund ihrer Familiengebundenheit und der damit einhergehenden informellen Kontrolle eine günstige Sozialprognose zu erwarten ist (vgl. Prein/Seus 1999).

Auch wenn von Tätern und Opfern die Rede ist, dann rückt ein bestimmtes Mann-Frau-Schema in den Vordergrund. Im Bereich familialer Gewalt ist es immer noch zutreffend, dass Männer vorwiegend die Täter, Frauen eher – aber nicht immer – die Opfer sind. Im Bereich öffentlicher Gewaltdelikte verkehrt sich das Bild. Körperliche Gewalt junger Männer in der Öffentlichkeit richtet sich vor allem gegen andere junge Männer. Dabei sind es nicht nur die von den Tätern als „schwächer" Etikettierten – Ausländer, Behinderte, Obdachlose, Schwule –, sondern auch wahllos attackierte „durchschnittliche" Männer, die gerade aufgrund ihrer „Normalität" von den Tätern als abweichend empfunden werden. Die Grunderkenntnisse der Bewältigungsforschung geben hier wieder Aufschluss: Im psychodynamischen Mechanismus der Abspaltung und Projektion der eigenen Hilflosigkeit auf Schwächere bzw. „Andersartige" wird die eigene Ohnmacht im anderen bekämpft und zu vernichten versucht. Und dies geschieht meist in der aufschaukelnden Gruppendynamik der Clique. Junge Männer, deren biografische Entwicklung meist durchgängig durch Selbstwert- und Anerkennungsprobleme gezeichnet ist, treffen hier auf gleichbetroffene Freunde und entdecken, dass Abwertung des Schwachen und aggressive Maskulinität die Gemeinsamkeit einer Gruppe herstellen können, der man sich zwar unterwerfen muss, in der man sich aber auch geborgen und gegenseitig anerkannt fühlt. Gewaltkriminalität als Bewältigungslage ist – vor allem bei jungen Männern – durch massive Anerkennungsstörungen und durch die Abhängigkeit von der devianten Clique gekennzeichnet.

Mangelnde Anerkennung, innerlich lange aufgestaute Wut über stillschweigende oder offene Missachtung oder schwere Gewalterfahrungen in der Herkunftsfamilie bilden auch bei jungen Frauen oft den Hintergrund für Gewalthandeln, der aber immer noch zu wenig ernst genommen wird. Deshalb müssen in den Einrichtungen der Jugendhilfe Anerkennungsformen dergestalt entwickelt werden, dass einerseits akzeptiert werden kann, dass die jungen Frauen ihre Aggressivität herauslassen und gleichzeitig in der nun geschützten Umgebung von Zufluchtsstätten oder des Betreuten Wohnens spüren können, dass sie dennoch nicht fallen gelassen werden. Diese gespürte emotionale Sicherheit gilt als Voraussetzung für die Wiedergewinnung von Selbstwert und

Anerkennung. Die in diesem Zuwendungsmodell aufscheinende produktive Trennung von Person und Verhalten (Delikt) bildet überhaupt den grundlegenden pädagogischen Zugang der Sozialen Arbeit zu Delinquenz und Kriminalität. Es ist ein „akzeptierender Zugang“ (vgl. Kap. 11), der das Delikt keinesfalls billigt, aber dem Täter bzw. der Täterin signalisiert, dass weiter darauf gebaut wird, dass in ihm/ihr mehr und anderes steckt, als das Delikt über ihn/sie aussagt.

Migration

Offensichtlicher ist wohl die Abspaltungsdynamik nirgendwo dramatischer zutage getreten als hier: in der kollektiven Ausländerfeindlichkeit in Regionen fast ohne Ausländer. Ich meine damit die ostdeutschen Regionen der ehemaligen DDR, in denen seit der deutschen Wiedervereinigung bis heute immer wieder Wellen der Ausländerfeindlichkeit kollektiv aufschwappen. Ein diffuses soziales und kulturelles Unbehagen, das nicht thematisiert werden kann, weil es seine Wirklichkeit behauptet, aber nicht findet, wird auf Migranten und Asylsuchende projiziert und – wie bei der Pegida-Bewegung der 2010er Jahre – als „kulturelle Selbstbehauptung“ legitimiert. Wir haben es hier mit einem Abspaltungstyp zu tun, den ich als „Abspaltung per Delegation“ bezeichnet habe. Man schließt sich einer rechtspopulistischen bis rassistischen Gruppierung an und ist so in einen Rahmen fremdenfeindlicher Projektion eingebunden, ohne konkret mit MigrantInnen konfrontiert zu sein.

Abspaltung per Delegation braucht Bilder, Stereotype. Dafür eignen sich vor allem Geschlechterstereotype. MigrantInnen werden wie kaum eine Sozialgruppe in unserer Gesellschaft vor allem über das Geschlecht etikettiert. Die kulturelle Abwertung von Ausländern funktioniert über Geschlechtsbilder. So wird die Figur Macho relativ stereotyp und im Alltagsbewusstsein präsent auf den ausländischen, meist türkischen, muslimischen Mann übertragen. Auch die Figur der zurückgesetzten, in der Familie versteckten (und damit auch sozial verschleierten) Frau wird auf bestimmte Gruppen von Ausländerinnen projiziert. Diese Männlichkeits- und Weiblichkeitsprojektionen und Abspaltungsmuster taugen den Einheimischen dann meist auch dazu, das eigene Mann-Sein und Frau-Sein dagegen abzugrenzen und sich besser fühlen zu können, ohne dass man über die konkreten Bedingungen des eigenen Geschlechterstatus nachdenken muss: „Ethnizität als Joker". So bezeichnet Ute Schad diesen Projektionsmechanismus:

> „Im Mittelpunkt steht die Fixierung der türkischen Frau/der türkischen Mädchen auf den unterlegenen Status von passiven, duldsamen, unterdrückten und rechtlosen Objekten, die der völligen patriarchalischen Kontrolle von (türkischen) Männern/Jungen unterstehen [...] Die Ungleichheit der ‚türkischen Frau' [...] gilt als unabänderliche Tatsache, die den überlegenen Emanzipationsstand der deutschen Frauen [...] beweisen soll [...] Die [deutschen] Mädchen/jungen Frauen [haben] stets Beweise für die Rechtlosigkeit der türkischen Frauen/Mädchen zur Hand. Im Zweifelsfall greifen sie auf immer extremere Positionen zurück, um ihre Positionen zu verteidigen [...] Sie greifen auf einen durchaus gängigen, naturalisierenden Kulturbegriff zurück und entziehen sich so der argumentativen Auseinandersetzung und kritischen Nachfrage" (Schad 2000: 134 f.).

AusländerInnen werden über Geschlechtsstereotype differenzierend wahrgenommen und kategorisiert. Dies ermöglicht eine Klassifikation, die von den empirischen Erscheinungsbildern her gar nicht möglich ist, denn Migranten und Migrantinnen kommen aus so unterschiedlichen Volksgruppen mit verschiedenartigem Habitus, dass man gar keine einheitliche Kategorie bilden kann. Das Geschlecht wird so zum entscheidenden Zugriff, um jemanden als Ausländer oder als Ausländerin typisieren und darin vereinheitlichen zu können.

In den Diskussionen um die Integration von MigrantInnen in die bundesrepublikanische Gesellschaft steht das Insistieren auf den Erwerb ausreichender deutscher Sprachkenntnisse bis heute im Mittelpunkt der Argumentationen. Dabei wird das Sprachproblem oft verkürzt gesehen, weil es nicht in die Bewältigungslage eingebettet wird. Erfahrungen in der Migrationsarbeit zeigen aber, dass die Betroffenen nicht nur zu den Sprachkursen kommen, um Deutsch zu lernen, sondern um sich auch mit anderen MigrantInnen zu treffen. Gerade Frauen nutzen diese Sprachkurse als inoffizielle Räume, in denen man darüber sprechen kann, wie man in der deutschen Gesellschaft zurechtkommt, wie sich das Verhältnis zu den Männern entwickelt hat und wie es in den Familien aussieht. Sie können sich z. B. türkische Frauen, die von ihrer Familienbindung kaum in der Lage sind, Selbsthilfegruppen aufzumachen, so gesellen, dass sie unter sich bleiben und über sich reden können. So wird der Sprachkurs zum Medium der Erweiterung der Bewältigungslage. Die Frauen erfahren Anerkennung, erhalten Raum zur Thematisierung und können sich zumindest temporär aus familial-patriarchalischen Abhängigkeiten lösen. Dennoch ist die Bewältigungslage von MigrantInnen erst einmal gespalten. Sie leben ja im Übergang, in „kulturellen Zwischenwelten" (vgl. Gemende 2013), d.h., sie hängen noch an der Kultur ihrer Herkunftsgesellschaft, die ihnen weiterhin alltagsfamiliale Sicherheit gibt, und akzeptieren die der Aufnahmegesellschaft nur so weit, wie sie sich an die grundlegenden Rechts- und Sozialnormen anpassen müssen. Hier lauern Anerkennungs- und Abhängigkeitsfallen. Es braucht also auch von der Sozialen Arbeit her Anerkennung sowohl in die eine wie in die andere kulturelle Richtung. Solange also Sprachkurse nicht eingebunden sind in diese interkulturellen Zwischenwelten, solange sie nicht Räume darstellen, in denen die MigrantInnen eben nicht nur unter einseitigen Anpassungsdruck geraten, sondern ihr eigenes Verhältnis zur Sprache finden und Situationen erleben können, die sie sicher machen, dass sie über ihre Sprachprobleme nicht abgewertet werden, haben solche Kurse sozial einen eher gegenläufigen Effekt, entfachen die interkulturelle Dynamik und die damit verbundene Hilflosigkeit bei vielen aufs Neue.

Die Anerkennungsdimension wir dadurch noch weiter prekär, dass vom Arbeitsmarkt her die Kategorien *erwünscht* und *unerwünscht* in den Migrationsdiskurs gekommen sind. Im Kernsegment qualifizierter Arbeit und in den oberen Zonen des Mittelsegments sind Migrantinnen und Migranten als qualifizierte

Arbeitskräfte aus ökonomischer Perspektive erwünscht. In den Randsegmenten werden sie als Konkurrenz wahrgenommen und von der Ökonomie als billige Arbeitskräfte ausgebeutet. Migrantinnen und Migranten werden bei uns toleriert, weil sie aufgrund des Nutzens, den sie unserer Gesellschaft bringen, zumutbar sein müssen. Damit geht aber auch einher, dass ihnen nur individuelle Bildung zugestanden wird. Deshalb sperrt sich unsere Gesellschaft immer noch, eine migrationsfördernde und migrationsstützende Infrastruktur einzurichten und ein Kulturverständnis zu entwickeln, in dem interkulturelle Übergangsräume und ethnische Zwischenwelten gestützt und gefördert werden können. Die mit der Migrationsthematik zusammenhängenden Ausgrenzungsprobleme werden meist nur als Bildungsprobleme gesehen, aber kaum sozialpolitisch verstanden. Dies wird sich mit der Massenimmigration seit 2015 ändern müssen. Denn das bisherige Fehlen sozialpolitischer Perspektiven hat zu einer Spaltung der Migrantenszenerie in anpassungs-/bildungswillige und -unwillige (bzw. -fähige und -unfähige) Migrantinnen und Migranten geführt. Dieses Fehlen sozialpolitisch und infrastrukturell abgesicherter interkultureller Zwischenwelten kann dazu führen, dass gerade MigrantInnen aus der Unterschicht der direkten Konfrontation beider Kulturen nicht gewachsen sind und deshalb ein antisoziales Abspaltungsverhalten entwickeln, das dann oft mit der Herkunftskultur legitimiert wird. Ein brisantes Beispiel: Berliner Lehrerinnen suchen nach Formen der Selbstorganisation gegenüber Übergriffen von türkischen Jugendlichen. Vor allem in den Hauptschulen habe sich eine Hierarchie von Akzeptanz und Abwertung herausgebildet: Akzeptiert würden die türkischen Lehrer, aber auch die Lehrerinnen (durch die Zugehörigkeit zu einem Verwandtschaftssystem), dann vielleicht gerade noch die deutschen Lehrer. Die deutschen Lehrerinnen jedoch stünden in der Anerkennung der Jugendlichen ganz unten und würden offen abgewertet und entsprechend angemacht. Die Erklärung dafür hat die Interkulturforschung längst geliefert: In den Dorf- und Verwandtschaftsstrukturen im türkischen Heimatland waren die Stellung der Frau und ihre Wertschätzung kulturell und sozial aus der Perspektive der dortigen Hegemonialkultur ausbalanciert.

Diese kulturelle und soziale Balance kann im Einwanderungsland – trotz aller Gettoisierung – nicht mehr aufrechterhalten werden, die soziale Abwertung der Frau ist nicht mehr kulturell ausbalanciert. Sie wird nun gleichsam bei denen freigesetzt, bei denen Perspektivlosigkeit und Selbstwertbedrohungen jene Hilflosigkeit hervorrufen, die dann männlich abgespalten werden muss. Die deutsche Lehrerin ist dabei nicht nur als Frau das schwächste Glied, auf das sich die Abspaltung und Abwertung richten; sie kann sich auch deshalb nicht wehren, weil sie mit dieser Gegenwehr schnell in den Verruf der Ausländerfeindlichkeit kommt. Hier ist ein Netzwerk notwendig, in das Schule, türkische Eltern und regionale Schlüsselpersonen gleichermaßen mit einbezogen sind. Dies setzt natürlich ebenso voraus, dass Schulen mit hohem Ausländeranteil – hier Jugendliche türkischer Herkunft – entsprechend mehr türkischstämmige Lehrerinnen und Lehrer haben müssen. Derartige infrastrukturelle Bezüge müssen aber im sozialpolitischen Leistungssystem abgesichert werden.

19 Alter(n) kann als Bewältigungslage und Bewältigungskultur neu verstanden werden

„Der Alterungsprozess ist sowohl als zwangsläufige Entwicklung sozialdemografischer Determinanten wie auch als integraler Bestandteil des gesellschaftlichen Modernisierungsprozesses zu begreifen. Die bereits zum bestimmenden Merkmal zahlreicher westlicher Gesellschaften gewordene demografische Alterung bewirkt Druck in Richtung eines Strukturwandels der Gesellschaft" (Schimany 2001: 89). Das bedeutet, dass die Diskussion um die Zukunft des Alter(n)s, die in der Regel individualgerontologisch geführt wird, in Spannung zu einen Diskurs zur Zukunft der Gesellschaft als ‚alternder Gesellschaft' gebracht werden muss. Diese Perspektive wird immer noch blockiert durch das gesellschaftliche Unvermögen, angesichts des demografischen Wandels mit dem Alter sozial gestaltend umzugehen. Schlagworte wie die von der „Vergreisung der Gesellschaft" drücken dies aus; sie werden in einer sorglosen Fahrlässigkeit publiziert, ohne dass dabei bedacht wird, welchen negativen Einfluss das auf die Bewältigungslage alter Menschen haben muss. Diese so symbolisierte mangelnde öffentliche Anerkennung des Alters als Konstellation der Vergesellschaftung macht es gerade der Sozialen Arbeit schwer, ihre Hilfen für alte Menschen über den Versorgungsaspekt hinaus als gesellschaftlichen Gestaltungsauftrag zu legitimieren und zu organisieren. Entsprechend niedrig ist der institutionelle Stellenwert der sozialen Altenarbeit und der professionelle Status der MitarbeiterInnen. Fehlende gesellschaftliche Akzeptanz und geringes Ansehen der Professionellen entsprechen einander.

Dies ist keine Plattform für Zukunftsdiskurse von Gesellschaften, die zwar immer mehr den Vergesellschaftungsdruck, der von der demografischen Altersentwicklung ausgeht, spüren, dies aber im Banne linearer Fortschrittsideologien weiter hartnäckig zu verdrängen versuchen. Die Notwendigkeit, das Alter als Vergesellschaftungskategorie und nicht nur als Versorgungsproblem anzuerkennen, ist zwar bislang vor allem in den fortgeschrittenen Industriegesellschaften virulent, wird aber – wenn auch zaghaft – schon in den Ländern gespürt, die sich an oder unterhalb der Schwelle der industrietechnologischen Entwicklung befinden. Fortgeschrittene Arbeitsteilung und Urbanisierung lassen die Familienverbände der Versorgung alter Menschen erodieren.

Die demografische Entwicklung verlangt eine neue gesellschaftliche Verortung des Alters. Dies steht konträr zu einem linearen Fortschrittsmodell, in dem das Alte das Verbrauchte und das jeweils Junge, Neue das Innovative ist. Aus diesem Konflikt wird sich – ähnlich dem Sozialstaatskompromiss – ein neuer Generationenkompromiss entwickeln, der in die Ökonomie hineinwirken kann, weil diese, zumindest in den europäischen Ländern, das Humankapital der Älteren brauchen wird, genauso wie eine zukünftige, nun an Nachhaltigkeit orientierte Gesellschaft der zyklischen Zeitsensibilität alter Menschen bedarf. Angesichts dieser Entwicklungsaussichten kann man davon ausgehen, dass soziale Muster des Alterns freigesetzt werden, die wir heute noch gar nicht absehen können. So wie das Normalarbeitsverhältnis heute bereits erodiert, wird das Modell „Ruhestand" sich für viele zunehmend auflösen und einem Modell der „Ruhetätigkeit" weichen, das keinesfalls mit dem heutigen Modell der Verlängerung der Erwerbsarbeitszeit in das Rentenalter hinein gleichzusetzen ist. „Das bisherige Ruhestandsmodell war ja gerade in seiner Ordnungsfunktion auch Verursacher von Alterszwängen, von verordneten Anpassungen, insbesondere aber eines *labeling* der Alten als ‚unproduktivem' Teil der Bevölkerung" (Fürstenberg 2002: 80). Von den Szenarien, die Friedrich Fürstenberg in diesem Zusammenhang für die Zukunft einer „altersintegrierten" (nicht „alternden") Gesellschaft aufmacht, scheint mir das folgende für die Soziale Arbeit besonders aufschlussreich, weil es eben nicht auf Marktfähigkeit, sondern auf die Erweiterung der Aneignungsdimension der Bewältigungslage Alter bei verlässlicher sozialstaatlicher Hintergrundsicherung abzielt:

> „Definition des Altersstatus durch Garantie einer Mindestversorgung bei gleichzeitigem Anreiz, durch Beteiligung an sozialen Diensten [und/oder distributiven Dienstleistungen, L. B.] Statusvorteile zu erlangen, im Übrigen aber weitgehende Gestaltungsfreiheit der Lebensführung im Rahmen materieller und psychophysischer Möglichkeiten (sowie) die Chance einer Bürgergesellschaft, die von der *Selbstorganisation* überschaubarer Netzwerke getragen ist" (ebd.: 82).

Gesellschaftlich weiter geht Thomas Druyen (2005: 25), wenn er die zukünftige gesellschaftliche Bedeutung des Alters so thematisiert: „Wie der Club of Rome uns 1972 die Grenzen des Wachstums vor Augen führte und damit die Grund für ein wachsendes ökologisches Bewusstsein schuf, müssen wir uns nun die konstruktive Rolle des Alterns und Alters verdeutlichen, um nicht unrettbar in jene spätkapitalistische Falle zu geraten, die uns alle zu Produzenten und Produkten degradiert".

Eine solche Thematisierung verweist auf eine neue Bewältigungskultur des Alter(n)s, in der das Alter eine eigene gesellschaftliche Sprache hat und nicht in den hilflosen Status der gesellschaftlichen Restkategorie zurückfallen muss. Ältere Menschen erhalten so Selbstwert, Anerkennung und Selbstwirksamkeit von der Gesellschaft zurück gespiegelt. Der Begriff der Bewältigungskultur kann das Alter in Beziehung zu anderen Bewältigungskulturen in der Generationenstruktur der Gesellschaft setzen. Auch Hilflosigkeit und Gebrechlichkeit können nun thematisiert statt tabuisiert werden. Eine so legitimierte gesellschaftliche Integration der Gebrechlichkeit verlangt zwangsläufig eine öffentliche Kultur der Sorge und der Anerkennung von Verletzlichkeit und Hilflosigkeit als humane Grundtatsache. Damit kann die Pflege auch Teil des öffentlichen Bildungsauftrags werden. So kann der Graben zwischen Gesundheit und Gebrechlichkeit überwunden werden, wenn wir in dieser neuen Sicht auf das Alter erkennen, dass sich das Leben in seiner Gefährdung und Bewältigung genauso im Gebrechlichen widerspiegelt wie im Gesunden.

Mit dem Begriff der Bewältigungslage wiederum kann der gesellschaftliche Altersdiskurs mehrdimensional geöffnet werden. Thematisierung verlangt eine eigene gesellschaftliche Sprache des

Alters aus der Erfahrung von Gesellschaft und Geschichte heraus und damit eine Altersöffentlichkeit. Da die Dimension der Abhängigkeit als nun direkte Angewiesenheit auf andere Menschen in besonderer bis dramatischer Weise im Alter wieder hervortritt, braucht es einen emanzipatorischen Ansatz, der dem die Selbstbestimmung alter Menschen entgegenhält. Es gab einmal in Westdeutschland eine politische Partei, die ‚Grauen Panther', die sich diesen emanzipatorischen Anspruch ins Programm geschrieben hatten. Verbunden ist dies mit der Dimension Anerkennung, und zwar der Anerkennung des Alters als Kategorie moderner Vergesellschaftung, wie sie oben eingeführt wurde. Schließlich verweist die Bewältigungsdimension Aneignung darauf, dass dem Alter nicht nur gesellschaftlicher Zugang und Raum gegeben werden muss, sondern genauso, dass die Wieder-Aneignung von konkreten Sozialräumen für ältere Menschen ermöglicht wird.

Dabei geht es um die Wieder-Aneignung der räumlichen Nahwelt, die für viele alte Menschen zwar irgendwie vertraut, aber keine aktivierende Sozialwelt mehr ist, weil das soziale Geschehen Alter scheinbar keine sozial signifikanten Sozialräume mehr strukturieren kann. Wir reden von Kinder- und Jugendräumen und -kulturen, von Alterskulturen sprechen wir nicht. Nun gibt es aber plausible Gründe dafür, dass das Alter eigene sozialräumliche Aneignungsmöglichkeiten braucht, um zu einer sozial eigenständigen Lebensphase werden zu können. Zum einen ist es der besondere Entwicklungstypus des Alters – Identitäts-Neuformation nach der Erwerbsbiografie –, zum anderen die Notwendigkeit, innerhalb dieses Entwicklungstypus neue Kompetenzen der sozialen Orientierung und des Sich-Zurechtfindens zu erwerben, die nicht mehr über arbeitsmarktgesteuerte Positionen vermittelt werden. Auch im Alter geht es um die Frage, wie man sich in seiner räumlichen Umgebung lebensalterstypisch wiederfinden kann.

Auch die Kategorie Zeit strukturiert die Aneignungsdimension der Bewältigungslage Alter. Im Alter kehrt die zyklische Zeiterfahrung wieder. Im Gegensatz zum linearen Zeitverständnis, das dem stetigen und beschleunigten Wachstum und der fortschreitenden Differenzierung von Produktion und Konsum verhaftet ist, steht die *zyklische* Zeit, die an die innere und die ihn umgebende Natur des Menschen gebunden ist. Die lineare Moderne hat das Zyklische entwertet, in ihrem technologischen Drang zur Naturbeherrschung überformt. Aber der Mensch ist angewiesen auf diesen zyklischen Naturbezug, nicht nur, um sich im Hinblick auf den Arbeitsprozess wieder fit zu machen, sondern vor allem auch, um bei sich zu sein, um Selbstbezug und die Selbstverwirklichung finden zu können. So entsteht das verbreitete Paradox, dass wir auf zyklische Lebensgehalte von unserer menschlichen Natur her angewiesen sind, dass sich aber in der hektischen Linearität von Arbeit und Konsum eine Mentalität herausbildet hat, in der diese entwertet und entöffentlicht sind. Dieses Paradox setzt sich in der Beobachtung fort, dass sich Menschen auf ihren Ruhestand freuen, weil sie hoffen, endlich mal „zur Ruhe“, d.h., zu sich selbst zu kommen, und dann, wenn es so weit ist, beklagen, dass man mit seiner Zeit nichts anzufangen weiß, dass man sich wertlos und zunehmend aus dem gesellschaftlichen Alltag ausgeschlossen fühlt. Der Konsumfaktor kann das nicht aufwiegen, nur teilweise abmildern. Im oft abrupten Zeitbruch nach der Entberuflichung tritt die Wieder-Aneignung eines zyklischen Zeitverständnisses in den Mittelpunkt des Bewältigungsgeschehens. Das verlangt wiederum ein Gesellschaftsverständnis, das nicht nur auf fortschreitendes Wachstum fixiert ist, sondern in dem genauso die zyklische Sorge als Vergesellschaftungsprinzip anerkannt ist (s.u.).

20 Das Bewältigungskonzept ermöglicht den sozialpädagogischen Zugang zu prekären Übergängen

Lebensläufe in der industriekapitalistischen Gesellschaft der Zweiten Moderne sind oft nicht mehr linear und in ihrem Statuspassagen verlässlich und vorhersehbar. Vielmehr haben Übergänge und Brüche zugenommen, sind zu wechselnden kritischen Lebenskonstellationen im Verlauf der Biografie geworden. Zu kritischen Lebenskonstellationen können sie deshalb werden, weil die biografisch vorgängigen Ressourcen für die Bewältigung der neuen Herausforderungen nicht mehr ausreichen oder entwertet werden. Dennoch ist der bewältigungspädagogische Zugang, der sich auch hier in der Spannung von Selbstwert, Anerkennung und Selbstwirksamkeit bewegt, ein gleichsam dialektischer: Man muss auf vorgängige subjektiv gelungene Bewältigungserfahrungen zurückkommen, um daraus Anerkennung und Selbstwirksamkeit ziehen, um so selbstwertfördernd und darin aktivierend in Richtung der neuen Bewältigungsaufforderungen wirken zu können.

Der Übergang in die Schule ist die erste biografisch weitreichende Übergangskonstellation und wird auch allgemein als Beginn einer neuen Kindheitsphase angesehen. Mit dem Schuleintritt erfahren die Kinder eine Erweiterung ihres sozialen Umfeldes; der Schulweg ist wesentlich eigenbestimmter, also nicht mehr so abhängig von der Elternaufsicht wie der Kindergartenweg, die eigenen Spielräume in der Entfernung zur Wohnung werden vielfältiger und selbstverständlicher. Das Hauptsächliche aber ist: Die Kinder ‚müssen' in die Schule gehen, sie bestimmt ab sofort die Zeitstruktur des Kinderalltages, sie zwingt die Kinder, sich an ihre strikten und geregelten Organisationsformen anzupassen. Die Schule bringt eine neue Struktur in die Spannung von Erziehung und Eigenleben der Kinder und Jugendlichen. Aus institutioneller Sicht hat sie „die Aufgabe Einübung in eine rationale Lebensführung", wie sie von den Menschen in der modernen Industriegesellschaft verlangt wird (Kramer/Helsper 2013: 596). Die Spannung zwischen biografischen Erleben und institutionellen Anforderungen des schulischen Übergangs wird in der Schulforschung wie folgt beschrieben: „Im Unterschied zur Schulkarriere- oder Schullaufbahn-Perspektive, in der vor allem der Blick auf institutionell vorstrukturierte Zäsuren gerichtet wird, fokussieren biografische Ansätze vor allem auf die individuell-biografische Bedeutsamkeit, die Übergänge gewinnen" (ebd.: 591). Das ist die Bewältigungsperspektive der erweiterten Handlungsfähigkeit. Es geht dabei nicht nur um den institutionellen Übergang in neue Schulformen und Schulstufen, sondern – in der horizontalen Transition – genauso um die alltägliche Bewältigung des soziokulturellen ‚Übergangs' von der familialen in die schulische Welt. Die fällt Kindern und Jugendlichen aus der Mittelschicht leichter als den SchülerInnen aus der Unterschicht, deren Familienkultur nicht mit der Mittelschichtkultur harmonisiert. Gerade sie brauchen innerschulische Angebote – ähnlich funktionaler Äquivalente (vgl. Kap. 11) –, in denen ihre Sprache und ihre sonst im Schulbetrieb übergangenen Fähigkeiten etwas gelten. Hier braucht die Schulsozialarbeit eigene Projektvollmachten und die Garantie, dass diese Angebote in die Unterrichtsstruktur integriert werden können.

In der Übergangsforschung Familie/Schule wird ein Transitionsmodell favorisiert, dass sich auch bewältigungstheoretisch interpretieren lässt. Es unterscheidet ähnlich dem Bewältigungsmodell zwischen der subjektiven und der sozial interaktiven Ebene sowie der Ebene der gesellschaftlichen Umwelt (vgl. Griebel/Niesel 2011). Zentral sind dabei – auf der sozial-interaktiven und der gesellschaftlichen Ebene – die unterschiedlichen Bewältigungskulturen von Familie und Schule in der Art und Weise, wie sie ihre Kinder und Jugendlichen als SchülerInnen verstehen und begleiten. Generell treffen mit Familien und Schulen strukturell zwei unterschiedliche Welten aufeinander, die aber als zentrale Lebensbereiche der einen Biografie aufeinander bezogen sind: die Familie als intime Einheit persönlicher Beziehungen und die Schule als überpersönliche Organisation mit gesellschaftlich und vertraglich geregelten Ansprüchen und Leistungen. Entsprechend ist der pädagogische Zugang verschieden: Die Schule – so wurde bereits in Kapitel 8 hergeleitet – orientiert sich in ihrem Leistungsbezug und gemäß ihrer Auslesefunktion an der *Schülerrolle*, die nur einen Ausschnitt der Persönlichkeit darstellt, die Familie dagegen an der Gesamtpersönlichkeit des Kindes und Jugendlichen, dem *Schüler-Sein*. Strukturelle Verbindungen als Passungen bestehen aber dort, wo die traditionell mittelschicht-codierte Schule sich bezüglich der sozialen Reproduktion der Schülerrolle auf die bildungsorientierte Mittelschichtfamilie verlassen kann. Damit sind allerdings Exklusionstendenzen gegenüber sozial belasteten Familien mit geringem Sozialstatus vorprogrammiert. So spielt die Bewältigungslage deutlich in den Übergangsprozess hinein.

Im weiteren Verlauf der Biografie sind es vor allem die offenen und mitunter prekären Übergänge von der Schule in die Arbeitswelt bei Jugendlichen und jungen Erwachsenen. Im Sinne des Bewältigungskonzepts gehen z. B. die Angebote der Jugendberufshilfe nicht vom Arbeitsmarkt, sondern von den biografischen und milieuspezifischen Bewältigungsressourcen der Jugendlichen aus, die es zu erweitern und darin zu stützen gilt. Denn es handelt sich ja vor allem um Jugendliche, die der Arbeitsmarkt erst einmal nicht aufnimmt. Das Leitziel sozialpädagogischer Beschäftigungsprojekte ist deshalb die psychosoziale Stabilisierung und sozialräumliche Erweiterung der Bewältigungslage ‚prekärer Übergang' in der Perspektive der Ermöglichung von Aneignung und Anerkennung. Aus der Erkenntnis heraus, dass Jugendliche ohne Arbeit oder in prekären Arbeitsverhältnissen Entwertung und darin soziale Verletzung erfahren und dadurch zunehmend in soziale Isolation oder gar soziale Ausgrenzung geraten können (vgl. Mögling et al. 2015), legitimiert sich die sozialpädagogische Arbeit dahingehend, dass diese jungen Leute hier erfahren können, dass sie auch außerhalb des Arbeitsmarktes etwas wert sind und etwas können. So kann der Zugang zu neuen sozialen Kontakten eröffnet und erreicht werden, dass sie in der Lage sind, ihre Betroffenheit zu thematisieren und darin wieder sozialen Anschluss zu finden. Dies wird als unbedingte Voraussetzung dafür gesehen, dass die Jugendlichen neue Zugänge zur Arbeit finden, Warteschleifen gestalten, überbetriebliche Umschulungen durchhalten oder auch außerhalb des ersten Arbeitsmarktes längerfristige Beschäftigungsmöglichkeiten finden können. Diese zentrale Faustregel der Jugendberufshilfe – ohne Stabilisierung des Selbstwerts durch Projekte der Anerkennung und Aneignung außerhalb der Erwerbsarbeit können keine sozialen Kompetenzen und darauf aufbauend fachliche Qualifikationen vermittelt werden – verlangt gerade bei diesen Jugendlichen eine soziokulturelle Erweiterung des Hilfeansatzes. Hier ist es der Offenen Jugendarbeit mit dem Geflecht ihrer informellen Beziehungen in das Quartier hinein möglich, Netzwerke aufzubauen, die dann auch für diese Jugendlichen zugänglich sind und ihnen Anregungs- und Anerkennungsmöglichkeiten vermitteln können.

Später, im Erwachsenenalter, so z.B. beim biografischen Bruch durch Arbeitslosigkeit und auch beim Übergang ins Alter, können wieder prekäre Übergänge entstehen (vgl. im Überblick: Schröer et al. 2013). Wir haben bei der Beschreibung der kritischen Lebenskonstellation Arbeitslosigkeit gesehen, wie wichtig der Aufbau von selbstwertfördernden und anerkennungshaltigen Projekten ist, um Bewältigungsperspektiven eröffnen zu können. Der Strukturwandel der Arbeitsgesellschaft hat in den Industriegesellschaften längst zu einer Erosion des Normalarbeitsverhältnisses und damit der von der Erwerbsarbeit strukturierten Normalbiografie geführt. Lebenslang ausgeübte und entsprechend tariflich und sozial abgesicherte Berufstätigkeit ist für viele nicht mehr erreichbar. Das Korsett der Arbeit hält den Lebenslauf nicht mehr selbstverständlich zusammen, die institutionalisierte Abfolge der Lebensalter ist damit vielfach durchbrochen. Wir sprechen in diesem Zusammenhang von einer Entgrenzung der Lebensalter. Individuelle Lebensverläufe und institutionelle Statuspassagen driften auseinander. Dadurch entstehen besondere Bewältigungslagen des Übergangs. Entsprechend hat in der sozialwissenschaftlichen Lebenslaufforschung das Übergangskonzept das Konzept der Statuspassagen abgelöst. Statuspassagen werden durchlaufen, Übergänge müssen bewältigt werden. Statuspassagen sind in der Regel linear, Bewältigung dagegen ist komplex, variiert oft in Umwegen. Im Vordergrund stehen Suchbewegungen in Richtung Selbstwert und Anerkennung. Das kann dort, wo keine entsprechenden Alternativen zugänglich sind, zum Anschluss an Gruppen führen, die sich im Scheitern am Übergang gefunden haben und Gefahr laufen, antisozial abzudriften. Das ist nicht selten bei jungen Männern der Fall, die mehr als junge Frauen beim misslungen Übergang in die Berufswelt unter Externalisierungs- und Abspaltungsdruck geraten (vgl. Kap. 4).

Eine besondere Übergangskonstellation stellt die Entberuflichung hin zum Alter dar. Der Zeitbruch im Übergang vom Alter zum Ruhestand ist ja deshalb so einschneidend, weil die marktdefinierte Erwerbsarbeit der einzige Maßstab ist und deswegen das Alter als ‚Arbeitsverlust' erscheint. Könnten wir schon im Erwerbsalter unsere soziale Identität an einer wesentlich erweiterten und so gesellschaftlich anerkannten Arbeitsdefinition – Lebensarbeit einschließlich der Haus- und Beziehungsarbeit – festmachen, wären diese Brüche im Altersübergang wohl erheblich gemindert, und es bestünde die Chance, auch im Alter gesellschaftlich anerkannte Arbeit zu verrichten. Wenn Hausarbeit, soziale Beziehungsarbeit und Arbeit in Gemeinschaftsdiensten, die in der Regel außerhalb des Marktes getätigt werden und deshalb ökonomisch abgewertet sind, gesellschaftlich der konventionellen Arbeit gleichgestellt würden, hätten die Menschen – vor allem Männer – die Chance, alternative Arbeitserfahrungen auch aus den mittleren Jahren in die Altersphase mitzunehmen und in einer neuen, dem Altersstatus und der Autonomie des Alters entsprechenden Arbeitsidentität – etwa im Sinne von Tätig-Sein – weiterzuentwickeln.

Insgesamt ist zu beachten, dass prekäre Übergänge durch ein hohes Maß an Verletzlichkeit gekennzeichnet sind. Männliche Jugendliche sind besonders verletzbar, wenn sie an der Arbeitssuche scheitern, wo doch männliche Identität und Erwerbsarbeitsrolle immer noch eng miteinander verknüpft sind. In der mittleren Erwerbsbiografie kann es zu Gratifikationskrisen kommen, wenn das Erlernte und Erworbene in der Berufsbiografie bei Abbrüchen oder Umschulungszwängen in der Berufskarriere infrage gestellt wird. Ältere Menschen sind vor allem dann verletzbar, wenn für sie der Lebenssinn und damit auch die Notwendigkeit sozialer Beziehungen nicht mehr erkennbar ist. Diese Verletzlichkeit verlangt entsprechende Hilfen der Zuwendung und Bindung. Diese können vor allem durch Milieubildung – in Projektmilieus, Begleit- und Beratungsmilieus – gestaltet werden.

Die Frage nach den Grenzen des Bewältigungsansatzes im Kontext prekäre Übergänge haben Thomas Kreher und Theresa Lempp (2020) in zwei Richtungen gestellt. Zum einen weisen sie darauf hin, dass zwischen ‚normalen' und krisenhaften Übergängen zu unterscheiden ist. Normale Übergänge sind dadurch gekennzeichnet, dass die biografisch und institutionell gegebenen Ressourcen ausreichen, um den jeweiligen Übergang zu bewältigen. Prekäre Übergänge wiederum dürfen nicht von vornherein so definiert werden, dass Jugendlichen solche Ressourcen abgehen. Vielmehr muss gefragt werden, ob in den betroffenen Jugendlichen nicht noch andere Fähigkeiten stecken, die in den institutionellen Ressourcendefinitionen nicht enthalten sind und die auf projektartigen Umwegen freigesetzt werden können. Es kann dann die Prekarität des jeweiligen Übergangs im Verhältnis zu den Ressourcen und Fähigkeiten der Jugendlichen und dem sozialpädagogischen Interventionsbedarf eingeschätzt werden. Genauso schwerwiegend ist – zum anderen – die Frage, wann die Bewältigung von prekären Übergängen im Kontext sozialpädagogischer Maßnahmen als ‚gelungen' gelten kann. Hier operieren die genannten AutorInnen mit den Bewältigungskategorien ‚einfache' oder ‚erweiterte Handlungsfähigkeit'. Ist man mit einem ‚Über-die-Runden-Kommen' zufrieden oder erhofft man sich eine signifikante Öffnung der Bewältigungslage, eine weitere Entwicklungsstufe? Hier stellt sich ein allgemeines Problem der Evaluation sozialpädagogischer Hilfen. Auch wenn ‚Über-die-Runden-Kommen' oft abschätzig registriert wird, bedeutet es doch, dass die KlientInnen vor weiterem sozialen Abstieg bewahrt werden, die Fähigkeit zur Alltagsbewältigung aufrechterhalten wird und die biografische Perspektive immer noch einigermaßen offen gehalten werden kann. Auch das ist ein Erfolg, den man nicht kleinreden soll.

21 Bewältigung als Konfliktgeschehen

Kaum ein Begriff ist in der bisherigen Abfolge von Bewältigungsproblemen und Bewältigungslagen in diesem Buch wohl häufiger aufgetreten als der des Konflikts. Die Bewältigung kritischer Lebenskonstellationen ist vorgängig und aktuell mit Konflikten verbunden. Und das in dreifacher Weise: zum einen mit sozialen Konflikten im Schatten gesellschaftlicher Widersprüche, zum anderen mit dem Konfliktcharakter der Bewältigungsprozesse selbst und schließlich mit der Erkenntnis, dass auch SozialarbeiterInnen mit ihren Hilfen zur Bewältigung oft in besondere Konfliktzonen geraten können. Das verlangt ein dialektisches Denken, d.h. das Erkennen von Widersprüchen und die Suche nach einer diese überschreitenden Synthese im Umgang mit psychosozialen Problemen.

Die Geschichte der Entwicklung der Sozialpolitik und damit auch die der Sozialen Arbeit als ihr lebensweltliches Inventar ist eine *Konfliktgeschichte*. Die moderne Sozialpolitik ist von ihrer Entstehung aus der Dialektik des industriegesellschaftlichen Grundkonflikts zwischen Kapital und Arbeit, Mensch und kapitalistischer Ökonomie hervorgegangen (vgl. Böhnisch 2019). Heute herrscht ein gewisses Einvernehmen darüber, dass die Anerkennung und Austragung sozialer Konflikte soziale Probleme gesellschaftlich freisetzen und darin soziale Ungleichheiten und Benachteiligungen sichtbar und thematisierbar machen kann. Das bedeutete aber auch, dass die Pädagogik den ihr lange fremden Konfliktbegriff theoretisch integrieren musste. Das sollte auch der Sozialpädagogik zugutekommen, die ja großenteils – vor der sozialwissenschaftlichen Wende – in der Nohlschen Tradition einer normativen Pädagogik stand. Diese kritische Transformation hatte Klaus Mollenhauer in den 1950er Jahren geleistet. Ausgehend von Dahrendorfs Konfliktmodell (1957), in dem Konflikte als Antriebs- und Integrationskräfte gesellschaftlicher Entwicklung angesehen werden, argumentiert Mollenhauer:

> „Es verbietet sich deshalb ein erziehungstheoretischer Ansatz, in dem die von Konflikten durchsetzte gesellschaftliche Realität zu pädagogischen Zwecken auf Stabilität und Ordnung hin stilisiert wird. Auch in den pädagogischen Gebilden reproduzieren sich die sozialen Konflikte. Eine realistische Erziehungswissenschaft wird sie in den Horizont ihrer Interessen mit aufnehmen müssen. Sie wird es gerade deshalb tun müssen, weil die pädagogischen Institutionen [...] dazu neigen – unter häufiger Berufung auf die pädagogische Verantwortung – Konflikte als disfunktional, als unpädagogisch auszuscheiden, zu unterdrücken oder nicht zur Kenntnis zu nehmen“ (Mollenhauer 1968: 31).

Das gilt auch für die Sozialpädagogik/Soziale Arbeit als erziehungswissenschaftliche Disziplin.

Die heutige Praxis der Sozialen Arbeit ist voll von immer wieder aufbrechenden Konflikten. Man kann von einer fast durchgängigen Konfliktstruktur sprechen, die die unterschiedlichen Fälle durchzieht und das Fallverstehen entsprechend herausfordert. Um nur an einige zentrale Beispiele aus unserer ‚Galerie‘ der Bewältigungsprobleme zu erinnern: Die Familienhilfe hat es mit Frauen zu tun, die zu spät in den Konflikt gehen und dann in Abspaltungszwänge kommen, die sich oft gegen sich selbst richten. Aber auch mit hilflosen Männern, die bis hin zur Gewalt ihre Familien unter ihren Willen zwingen wollen, weil ihnen die Sprache fehlt. Die Schulsozialarbeit hat es mit Mobbingprozessen zu tun, die dadurch entstehen, dass in vielen Schulen Konflikte unter der Decke schwelen, nicht thematisiert werden und dadurch gewaltsame Abspaltungsprozesse in Gang setzen können. In der Jugendarbeit sind es vor allem die sozial benachteiligten Jugendlichen, die Selbstwert- und Anerkennungsprobleme aggressiv in die Jugendhäuser hineintragen. Die späteren Brüche und riskanten Übergänge in den Bewältigungslagen Erwachsener zeigen sich als Konfliktlagen. Die gesellschaftliche Definition des Alters bleibt widersprüchlich. In den vielfältigen Formen der Beratung dreht sich vieles darum, pädagogische und therapeutische Hilfen so zu gestalten, dass Konflikte erkannt und ausgesprochen werden können.

In diesem Zusammenhang kann auch die sozialpädagogische Hilfebeziehung zum Konflikt werden. Dies wurde schon am Anfang des Buches deutlich gemacht: der Konflikt besteht z. B. darin, dass von den AdressatInnen der Hilfe ihr abweichendes Verhalten als für sie positiv funktional erlebt wird, während es von den SozialarbeiterInnen, von Funktion und Auftrag her, als dysfunktional, weil antisozial definiert wird, werden muss. Das ist offensichtlich ein Widerspruch. Hier muss das dialektische Denken einsetzen. Denn die Betroffenen zwar verstehen wollen, aber trotzdem weiter nur von ihrem Verhalten ausgehen, geht nicht zusammen. Die Eigendefinition der Betroffenen und die pädagogische Definition müssen einander gegenüber gestellt und – auf nun höherer Stufe – zueinander in Beziehung gesetzt werden. Die Synthese ergibt sich für dieses exemplarische Beispiel im Konstrukt der funktionalen Äquivalente, in Projekten also, in denen die KlientInnen erfahren können, dass sie auch ohne antisoziales Verhalten Anerkennung und Selbstwirksamkeit erhalten können.

Dialektisches Denken kann Übergangenes freilegen, verdeckte Botschaften erkennen. Es fördert den Respekt vor den KlientInnen, indem man ihre Befindlichkeit akzeptiert, in Diagnose und Hilfe eigengewichtig einbringt. Man kann hier durchaus von einer ‚reflexiven Intervention' sprechen. Der Konfliktmodus führt uns also in die Dialektik, macht sie einsichtig und praktisch handhabbar, wo sie doch theoretisch meist so schwierig erscheint. Solches Denken verlangt aber auch von uns selbst, eine innere Hemmschwelle zu überwinden, denn wer wagt sich unter dem Druck ‚lösungsorientierter' Handlungserwartungen gern an Widersprüche, die allzu oft als ‚Widerstände' verkannt und deshalb als Umwege eher abgewehrt werden. Dabei verhelfen sie uns zu höherer Erkenntnis, die man möglichst gemeinsam, im Team, anstreben sollte. Denn es ist wieder die Gruppe, in der Widersprüche inszeniert und syntheseorientierte Perspektiven gruppendynamisch freigesetzt werden können. Das geschieht nicht von selbst, sondern ist ein Arbeitsprozess, der Raum und Zeit braucht und deshalb auch eigens eingeplant werden muss. Dazu bedarf es aber der Überzeugung, dass eine solche Konfliktkultur zu den Grundlagen der Sozialen Arbeit selbst gehört.

22 Die Soziale Arbeit braucht eine Ethik, die sozialpolitisch greifbar ist – Ein bewältigungstheoretischer Zugang zur Gerechtigkeit

Wie bei allen Disziplinen, die es mit dem Menschen zu tun haben, steht auch in der Sozialen Arbeit die *Menschenwürde* an oberster Stelle der Werteskala sozialpädagogischen Handelns. In vielen modernen Gesellschaften hat sie Verfassungsrang. Damit allein kann man eine sozialpädagogische Berufsethik aber nicht berufsspezifisch begründen, wie das z.B. mit dem Begriff der „Menschenrechtsprofession" (vgl. Kap. 14) versucht wird. Die Soziale Arbeit braucht für ihr berufliches Handeln eine eigene ethische Begründung, vor allem deshalb, weil sie ja mit ihrer Hilfe den ihr anvertrauten bzw. zugewiesenen KlientInnen gute bzw. bessere Lebensbedingungen ermöglichen soll. Indem die Frage nach den Lebensbedingungen sowohl auf die Biografie der einzelnen KlientInnen als auch auf die Gesellschaft verweist, sind in einer sozialpädagogischen Berufsethik zwei Bezugspunkte aufgehoben: zum einen die Verantwortung für die KlientInnen, zum anderen die Frage nach den gesellschaftlichen Bedingungen eines guten bzw. besseren Lebens. Beziehungsorientierte Verantwortungsethik und gesellschaftlich orientierte Sozialethik gehen ineinander über.

Da es um die Güte von Lebensbedingungen geht, muss die Soziale Arbeit über Vorstellungen des Besser oder Schlechter verfügen können. Sollen wir nun nach den Bedingungen eines „guten" *oder* nach denen eines „besseren" Lebens fragen? Der Capability Approach (vgl. Kap. 14), der inzwischen in manchen Kreisen der Sozialen Arbeit in Deutschland als Leitkonzept favorisiert wird, setzt Ziele eines „guten Lebens". Sie beziehen sich auf den Entwurf von Martha Nussbaum (1999/2010), die – in aristotelischer Philosophietradition – einen entsprechenden Katalog der Grundbefähigungen (capabilities) zu diesem „guten Leben" entwickelt:

von der Befähigung zur gesundheitlichen, geistigen und sinnlichen Lebensgestaltung über die Beziehungs- und Kommunikationsfähigkeit bis hin zur Befähigung zur persönlichen und politisch-sozialen Selbstbestimmung. Es wurde bereits in Kapitel 14 kritisiert, dass wir es hier mit einer frei schwebenden Programmatik zu tun haben, da die Ziele und die Möglichkeiten ihrer Erreichbarkeit nicht an die sozialhistorischen und sozialstrukturellen Bedingungen und sozialen Konflikte rückgebunden sind, unter denen sie sich entwickeln und in denen sie durchgesetzt werden können. Deshalb bietet sich für die europäischen Gesellschaften wieder die Bezugnahme auf den sozialstaatlichen Kanon an, der aus einer entsprechenden sozialhistorischen Entwicklung hervorgegangen ist. Denn es war die grundlegende Leistung der Sozialpolitik in den Sozialstaaten des 20. Jahrhunderts, dass nicht mehr ein „allgemein moralisches Menschenrecht" eingeklagt werden musste, sondern dass „nun in den Begriffen des ‚weniger von' und der geringeren/verweigerten ‚Teilhabe an' historisch definierten sozialen und kulturellen Gütern, Werten, Rechten eine Fülle konkreter Dinge in aller Schärfe erst real verhandelbar und sichtbar" wurden (Evers/Nowotny 1987: 161). Deshalb plädiere ich für den begrifflichen Bezug des „besseren Lebens", weil er historisch-empirisch rückbeziehbar und darin als Vergleichsgröße darstellbar ist, während der Begriff des „guten Lebens" eher programmatisch gesetzt ist. Die Begrifflichkeit des „besseren" Lebens verweist auf soziale Unterschiede, Ungleichheit der Lebenschancen, unterschiedliche Teilhabe an der gesellschaftlichen Wohlfahrt. Dies bündelt sich im Diskurs zur *sozialen Gerechtigkeit.*

Soziale Gerechtigkeit in den west- und mitteleuropäischen Industriegesellschaften hat drei historisch-empirische Bezüge: Sie hat sich zum einen über die soziale Frage begründet und in entsprechenden sozialen Kämpfen (Arbeiterbewegung, Frauenbewegung) entwickelt, auch wenn der Sozialstaat diese Kämpfe später moderiert hat. Sie kann deshalb nur in einer Gesellschaft wirken, die Konflikte als basale Vergesellschaftungsmuster anerkennen und austragen kann. Zweitens basiert soziale Gerechtigkeit auf der Grundlage sozialer Integration in dem Sinne, dass kollektive Hintergrundsicherheit für alle Gesellschaftsmitglieder gewährleistet ist. Schließlich und drittens wirkt sie im Prinzip der sozialen Mitte, das vor allem darin seinen Ausdruck findet, dass die modernen Industriegesellschaften dazu tendieren, sich auf eine Mittelklasse zu gründen, was Abweichungen nach oben oder unten immer noch als sozial verträglich und nicht als sozial spaltend aussehen lässt. In diesem Zusammenhang hat David Miller (2008) in seiner Gerechtigkeitsinterpretation darauf verwiesen, dass das Gerechtigkeitsempfinden milieugebunden ist und deshalb große soziale Unterschiede über die Milieugrenzen hinaus meist gar nicht als so eklatant wahrgenommen werden, wie sie sind.

Damit sind wir bei einer pragmatischen, historisch-empirisch rückgebundenen, sozialpolitisch greifbaren und damit prinzipiell *erreichbaren* Gerechtigkeit. Da im Sozialstaat die sozialen Kämpfe um Gerechtigkeit ihren historischen Kompromiss gefunden haben, gilt soziale Gerechtigkeit nicht nur von oben, vom Staat verordnet, sondern auch von unten, von den Bürgern erstritten und damit gewollt. Dieses Wollen als Zustimmung wird inzwischen – heute – gemeinhin aus dem Wirken einer kollektiven sozialstaatlichen Identität abgeleitet, die ihre empirische Kraft aus der Gewährleistung sozialpolitischer Hintergrundsicherheit und Integrationsgewissheit schöpft. „Gerechtigkeitsdefizite manifestieren sich […] nicht als komparative Ungleichheit“ (Schramme 2006: 237), sondern als „Integrationsdefizite“. Nicht so sehr im Vergleich mit anderen sozialen Gruppen, sondern in der Angst, von der Gesellschaft im Stich gelassen, ausgeschlossen zu werden, fühlt man Ungerechtigkeit. In dieser Richtung argumentiert auch der Sozialphilosoph John Rawls (1975), wenn er sagt, dass die sozial Benachteiligten ihre Lage nicht als ungerecht empfinden, solange sie sich kollektiv gesichert und teilhabend fühlen. Man könnte dies mit dem Begriff der *Grundgerechtigkeit* umschreiben.

Damit sind wir bei der Frage, wie man den Gerechtigkeitsbegriff nicht nur gesellschaftlich, sondern auch personal fassen kann. Interessant ist in diesem Zusammenhang der aus dem Capability-Diskurs kommende Begriff der *Befähigungsgerechtigkeit.* Dieser zielt darauf ab, dass ein Gerechtigkeitsdiskurs das Prinzip der Vielfalt unterschiedlicher personaler und biografischer Befähigungen zu Lebenschancen *aller* Menschen – unabhängig von ihrem körperlichen und geistigen Vermögen – in den Mittelpunkt stellen muss (vgl. Nussbaum 2010). Dies kann man für die KlientInnen der Sozialen Arbeit in der Weise bestimmen, dass man die Dimensionen der Bewältigungslage (vgl. Kap. 10) einführt. Denn die unterschiedlichen Befähigungen bedürfen der sozialen *Anerkennung*, müssen zur *Sprache* gebracht werden können, dürfen nicht durch willkürliche *Abhängigkeiten* blockiert sein und verlangen entsprechend unterschiedliche Möglichkeiten der *Aneignung*.

Allerdings: „Wo Prinzipien nicht gelebt werden, wo das gemeinsame Verständnis wegbricht, verschwinden sie als Prinzipien der Gerechtigkeit“ (Schramme 2006: 115). Das zielt auch auf das Problem des sozialethischen Konsens in unserer Gesellschaft ab. Gerade weil die Scheidelinie der Gerechtigkeit in der sozialen Mitte der Gesellschaft verläuft (s. o.), ist es für die Soziale Arbeit wichtig, zu wissen, inwieweit die diese soziale Mitte tragende Gruppe – die Mittelschicht – die KlientInnen der Sozialen Arbeit in ihr Gerechtigkeitsempfinden einbezieht, deren Recht auf sozialstaatliche Förderung anerkennt und mitträgt. Die Soziale Arbeit hat es ja mit einer Klientel zu tun, die selbst kaum Organisationsmacht besitzt und nicht nur auf staatliche Gewährleistung, sondern genauso auf verstehende Unterstützung seitens der bürgerlichen Mitte angewiesen ist. Wenn in den letzten Jahren über eine zunehmende Distanzierung von Teilen dieser bürgerlichen Mitte gegenüber sozial benachteiligen Gruppen in den westlichen Industriegesellschaften diskutiert wird (vgl. Garland 2002), dann wird das meist auf die Abstiegsangst der Mittelschicht zurückgeführt, aus der heraus eine Abgrenzung zur Unterschicht gesucht wird. Gleichzeitig können in der Unterschicht soziale Abwehrhaltungen entstehen, wenn ihre soziale Hintergrundsicherheit bedroht ist. Dann werden auch hier soziale Vergleichsgruppen gesucht. Allerdings meist nicht in der innergesellschaftlichen Status- und Einkommenshierarchie, sondern in neuen statusähnlichen Gruppen, denen gegenüber man sich abgrenzen kann. Das sind dann MigrantInnen und Flüchtlinge, auf die die sozial Benachteiligten das nun freigesetzte Empfinden der Ungerechtigkeit abspalten. Gerechtigkeitsempfinden und Bewältigungsproblematik sind hier also eng miteinander verbunden. Die Soziale Arbeit gerät dabei in eine ‚Gerechtigkeitsfalle' – also zwischen die beiden Gruppen –, aus der es aus bewältigungstheoretischer Sicht nur den Weg geben kann, dass der darunterliegende ‚eigentliche' soziale Konflikt sichtbar und thematisierbar gemacht wird. So wie soziale Gerechtigkeit sich historisch über die Austragung und Anerkennung sozialer Konflikte entwickelt hat, ist ihre Einforderung immer wieder auf deren Thematisierung als ihre Energiequelle angewiesen. Die Orte, wo diese öffentliche Thematisierung stattfindet, finden wir meist in den sozialen Bewegungen. Schon von daher ist es notwendig, das Verhältnis von Sozialer Arbeit und sozialen Bewegungen zu diskutieren.

23 Kann die Soziale Arbeit von den sozialen Bewegungen profitieren?

In Deutschland und anderen westeuropäischen Staaten war die Entwicklung der Sozialen Arbeit historisch durch ein Spannungsverhältnis zu den sozialen Bewegungen gekennzeichnet. Vor nun fast hundert Jahren sah der Sozialpädagoge Herman Nohl in den sozialen Bewegungen der damaligen Zeit – Arbeiter-, Frauen- und Jugendbewegung – die „geistigen Energien" der Sozialen Arbeit (vgl. Nohl 1933; Wagner 2009). Verkörpert wurde diese Interpretation durch die vielen Frauen und Männer, die zu Beginn des 20. Jahrhunderts aus der Frauen- und Jugendbewegung kamen und in die Soziale Arbeit gingen und dort ihre sozialen Ideen zu verwirklichen versuchten. In den 1970er Jahren erlebten wir in Deutschland eine ähnliche Szenerie: Junge Leute, z. B. aus der Studenten-, Kinderladen- und Jugendzentrumsbewegung, aktivierten sich in Heimkampagnen, Kindertagesstätten und autonomen Jugendhäusern gegen eine institutionell starre Soziale Arbeit. Gemeinwesenkampagnen agierten an der Grenze zu sozialen Bewegungen. Der Sozialstaat als Moderator des gesellschaftlichen Konflikts transformierte diese Bewegungen in Modernisierungsprojekte der Sozialen Arbeit. Der emanzipatorische Geist, der über solche Reformen in die Soziale Arbeit einzog, erhielt allerdings bald sein sozialtechnologisches Korsett, hatte in einer „fortschrittlichen Fachlichkeit" aufzugehen. Was blieb und bis heute bleibt, ist der Traum von der Nähe der Sozialen Arbeit zu den sozialen Bewegungen, der immer dann geträumt wird, wenn es um die Kritik der professionellen Sozialen Arbeit geht. Professionalität und soziale Bewegungen scheinen sich nicht zu vertragen. Die Professionellen fürchten das Ungerichtete und Parteiliche sozialer Bewegungen, die Mitglieder sozialer Bewegungen verachten die behauptete fachliche Neutralität und Rationalität der Professionellen. Was kann man also heute noch mit

Nohls Vision von den sozialen Bewegungen als geistigen Energien der Sozialen Arbeit anfangen?

Bewältigungstheoretisch kann man soziale Bewegungen als Milieus der Thematisierung sozialer Ohnmacht und ihrer öffentlichen Überführung in emanzipatorische Interessen bezeichnen. Soziale Bewegungen neueren Typs sind vor allem dadurch gekennzeichnet, dass sie an Betroffenheiten der Menschen direkt anknüpfen (vgl. Kern 2008: 191) und sie als universale Lebensthemen im Sinne von Lebensrisiken aufgreifen. Damit sind sie erst einmal einer anderen Welt zugehörig als die Soziale Arbeit. Denn diese orientiert sich mehrheitlich an institutionell definierten sozialen Problemen und entsprechenden Verfahren. Sie bearbeitet Fälle. Damit ist das Verhältnis zwischen Sozialer Arbeit und sozialen Bewegungen heute ein signifikant anderes, als es Nohl gedacht hat. Sollten sie damals die Energien darstellen, aus denen heraus sich eine professionelle Soziale Arbeit formen sollte, so suchen heute so manche Sozialarbeiterinnen und Sozialarbeiter in den sozialen Bewegungen die Energie, aus dieser professionell verfestigten Sozialen Arbeit zumindest temporär wieder herauszukommen. Soziale Bewegungen sind zum kritischen Spiegel der institutionellen Sozialen Arbeit geworden. Arbeitskreise kritischer Sozialpädagoginnen und Sozialpädagogen fordern heute entsprechend, man müsse sich diesen Spiegel vorhalten, wenn man die etablierte Soziale Arbeit aus den Zonen der Ökonomisierung wieder herausziehen wolle. Man müsse wieder von den sozialen Bewegungen lernen, wenn es um die Zukunft der Sozialen Arbeit gehe. Natürlich sind damit die sozialen Bewegungen gemeint, die eine sozialemanzipatorische Ausrichtung haben und darin den Zielen kritischer Sozialer Arbeit nahestehen.

Damit sind wir aber an dem Punkt, an dem wir fragen müssen, ob diese heutigen sozialen Bewegungen noch den traditionellen Bewegungen, die Nohl im Sinn hatte – vor allem Arbeiter- und Frauenbewegung – gleichen. Sie waren ja mehr oder weniger aus einer kollektiven Lage heraus im Magnetfeld zentraler gesellschaftlicher Konflikte organisiert und konnten entsprechende alternative Vorstellungen von Gesellschaft entwickeln. Viele der neuen sozialen Bewegungen sind eher Bewegungsgruppen, die sich durch unterschiedliche Grade der Betroffenheit und verschiedenartige Themen unterscheiden. „Die neue und schwierige Herausforderung für soziale Bewegungen besteht heute darin, das in der Tat starke individualisierte Protestverhalten […] aufzugreifen und auf ein gemeinsames politisches Ziel zu fokussieren, das über den Moment hinaus trägt“ (Dolata 2018: 62).

> „Insofern themenzentrierte Bewegungen sich auf keine objektive Lage mehr berufen können, die zum Protesthandeln zwingt, ziehen sie ihre Konsequenz aus den neuartigen Identitätsformen, die in der modernen Gesellschaft entstanden sind. […] Die neuen sozialen Bewegungen […] erfinden zwar viele neue Themen. Doch das konstitutive Problem einer sozialen Bewegung, eine kollektive Identität ihrer selbst gegen die Gesellschaft zu setzen und neu zu konstruieren“ (Eder 2000: 79ff.),

ist für die meisten der Bewegungsgruppen gar nicht relevant. Sie entwickeln aber immer wieder „Experimente neuer kollektiver Praktiken und bieten einen neuen interkulturellen Raum“ (ebd.). In diesem Raum werden nicht Interessenpositionen verhandelt, sondern wird das Erleben von Betroffenheit und Ohnmacht erzählt und ausgesprochen. Hier sieht Klaus Eder den für uns interessanten Punkt, wo man von den sozialen Bewegungen lernen kann. Er geht davon aus, „dass Narratives dort Kommunikation fortzuführen erlaubt, wo Argumentation sich festläuft. Narrative Formen der Kommunikation können Grenzen rationaler Verständigung überbrücken“ (ebd.: 237f.). Das gilt vor allem für die durch ‚Sachzwang‘ legitimierten Verfahren, die die Thematisierung von Betroffenheiten blockieren. Hier, so interpretiere ich das weiter für die Belange der Sozialen Arbeit, können auch jene sozial benachteiligten Gruppen zum Zuge kommen, die sonst aus der standardisierten Kommunikation der Instanzen herausfallen. Auch kann die Verbindung zu Giddens’ Politik der Lebensführung und zum Konzept der Bewältigungspolitik (s.u.) hergestellt werden. Denn die Voraussetzung für die politische Artikulation von Betroffenheit ist die Chance ihrer öffentlichen Thematisierung. Insofern können sich über soziale Bewegungen auch besondere Bewältigungskulturen der Thematisierung, Anerkennung und Aneignung entwickeln.

Gleichzeitig eröffnet sich über soziale Bewegungen eine transnationale Brücke in der Vermittlung zwischen lokaler und globaler Welt. Denn sie beziehen sich auch auf universale *Lebensthemen* und nicht nur auf national- und sozialstaatlich definierte soziale Probleme. Armut in Europa und in anderen Teilen der Welt ist sozialpolitisch nicht vergleichbar, wohl aber von der Betroffenheit der Armen her. Die Angst vor der Enteignung der Lebensgrundlagen durch internationale Konzerne grassiert in Europa genauso wie in Asien. Die Soziale Arbeit aber ist traditionell in sozialpolitischen Definitionen gefangen, die den Zugang zu den Lebensthemen versperren und aus denen sie auch zukünftig nicht ausbrechen können wird. Das macht ja im Grunde auch ihre Befangenheit – wie ihre Bewunderung – gegenüber sozialen Bewegungen aus. Gleichzeitig wird sie aber doch über ihre bisherigen sozialstaatlichen Definitionsgrenzen springen müssen, wenn sie diese neue Betroffenheit verstehen will. Sie kann zwar nicht zur sozialen Bewegung werden, sie kann aber die sozialen Bewegungen und lokalen Basisinitiativen als Spiegel für die eigene kritische Reflexivität anerkennen. Hier bekäme Nohls Bild seinen neuen Sinn.

24 Wie sich die Sozialpolitik bewältigungspolitisch öffnen kann

Diese kritische Reflexivität unter dem Eindruck der „neuen Betroffenheiten" hat auch im sozialpolitischen Diskurs ihren Niederschlag gefunden. So hat Anthony Giddens (1997) mit seinem Konzept einer „Politik der Lebensführung" den Versuch unternommen, angesichts der gesellschaftlichen Entgrenzungen und Risiken, die diese Betroffenheiten freisetzen, Sozialpolitik als lebensweltliche Gestaltungspolitik neu zu denken. In dem Maße, in dem die Menschen diese Entgrenzungen selbst spüren und sich nicht mehr auf tradierte Sicherheiten verlassen können, brauche es eine Politik, welche konkrete Lebensthemen direkt aufnehmen kann und sich nicht länger nur auf institutionalisierte Verfahren beruft. Er meinte damit also eine Politik, die den Menschen Entscheidungen in einer unübersichtlichen Risikogesellschaft und damit Orientierungssicherheit ermöglichen kann. Für ihn ist das „keine Politik des persönlichen Bereichs" (Giddens 1997: 132), sondern er sieht darin die Aufforderung, eine Politik zu schaffen, die „im Kontext der gesellschaftlichen Belange und Ziele" für die Individuen und Gruppen, die nun aus traditionellen Strukturen freigesetzt sind, Chancen eröffnet, an einer „Veranlassung des Geschehens" mitzuwirken, „anstatt daß ihnen die Dinge widerfahren" (ebd.: 36). Das Persönliche soll mit dem Gesellschaftlichen neu vermittelt werden. Man kann das durchaus in Richtung einer *Politik der erweiterten Handlungsfähigkeit* und mithin einer *Bewältigungspolitik* interpretieren. Denn es geht ja hier um die Chance wie den Zwang, sich mit seinen eigenen Lebensbedingungen – Gesundheit, Umwelt, Arbeitsbedingungen, soziale Beziehungen – so auseinandersetzen zu können, dass sich eine zugleich selbstbestimmte wie sozial verantwortliche Lebensperspektive entwickeln kann. Es geht also um Thematisierung von Betroffenheit, um Herauslösung aus Abhängigkeiten und um selbsttätige, sozial gerichtete Aneignungsprozesse.

Der Begriff des *gemeinen Eigenen,* wie er in der Gemeinwesenökonomie verwendet wird (vgl. Elsen 2007), trifft meines Erachtens diesen Zusammenhang gut. Denn er beschreibt, wie individuelle Betroffenheiten und Interessen – z. B. im Kampf gegen Luftverschmutzung, Lärm, Privatisierung öffentlicher Güter wie Trinkwasser und Erholungsareale – sich in Milieus verdichten und über lokale Bewegungen ins Gesellschaftspolitische hineinreichen. Es ist also eher eine Politik, die „unten", im lokalen Raum, ansetzt und von da aus den Sozialstaat zu einer „Politik der Ermöglichung" antreiben soll. Bereits Ende der 1990er Jahre ging Richard Sennett in seinem inzwischen zum Klassiker gewordenen Buch „Der flexible Mensch" davon aus, dass die lokale Gemeinde angesichts eines ortlosen Kapitalismus „die sozialen und persönlichen Dimensionen des Ortes" beschwören könne (Sennett 1998: 189). Sennett „stellt zunächst auf die lokal begrenzte Bewusstwerdung von Betroffenen ab. Dies ist der erste Schritt. Im zweiten Schritt bedarf es zudem langfristiger sozialer Bindungen und Beziehungen [...] zum Beispiel Netzwerkbindungen" (Brüsemeister 2002: 334). Lokale Bürgerinitiativen können dies nur begrenzt, sie brauchen einen Hintergrund sozialstaatlicher Ermöglichung, eine entsprechende Infrastruktur, auf die sie sich beziehen können und von der aus Netzwerkbildungen über die situativen Bewegungskulturen hinaus gestaltbar werden.

In diese lokalen und regionalen Netzwerke, die der Sozialstaat über Modell- und Infrastrukturförderung belebt und absichert, kann sich die Soziale Arbeit einbringen. Einen Zugang bietet hier der Diskurs um neue Sozialverträge. Es geht nicht mehr darum, BürgerInnen für (fachlich abgeschirmte) soziale Projekte „zu gewinnen" und ihnen dabei das Gefühl zu geben, sie hätten Dingen zuzustimmen, die ihnen selbst nichts bringen und Menschen zugutekommen, die sie eigentlich nichts angehen. Deshalb muss – wie dies aus der langen Geschichte von Gesellschafts- und Sozialverträgen bekannt ist – an dem Wunsch nach sozialem Anschluss und Zugehörigkeit der Einzelnen angeknüpft werden: Du und deine Familie werdet euch in dieser Stadt nur wohlfühlen und sozial eingebunden sein können, wenn ihr peilt, dass es euren Kindern in Kindergarten und Schule nur dann gutgeht, wenn auch etwas für die anderen Kinder und Jugendlichen getan wird. Ihr müsst begreifen, dass gleichberechtigte Lebensräume für alle die kulturelle Qualität und das soziale Wohlbefinden in der Gemeinde eher steigern als eine Gettoisierung, die Abgrenzung, Abwehr und Angst erzeugt und in diesem Sinne regressiv auf das kommunale Klima zurückwirkt. Und schließlich auch: Wenn du in unserer Stadt alt werden willst, musst du dich auch um die kommunalen Generationenbeziehungen und die soziale Öffentlichkeit für alte Leute kümmern und dich auch mit anderen Bürgerinnen und Bürgern darüber verständigen können. Das knüpft an Giddens' Modell der Politik der Lebensführung an und an Sennetts Perspektive der lokalen Bewusstwerdung: Die Menschen sollen angeregt werden, Entscheidungen zu treffen, die vom eigenen Wohlergehen ins kommunale Wohl hineinreichen. Das bedeutet dann auch eine bewältigungspolitische Erweiterung: Die BürgerInnen können spüren, wie sich soziale Anerkennung und Selbstwirksamkeit in die kommunale Sphäre hinein steigern, gleichsam veredeln lassen. Die kommunalen Institutionen sind in diesem diskursiven Modell nicht mehr die ersten (und bisher meist einzigen) Ansprechpartner, sondern sie erhalten nun die Funktion, solche Diskurse um neue Sozialverträge anzustoßen und Raum dafür zu geben.

Diskurse und Vereinbarungen zu neuen Sozialverträgen beginnen im Kleinen und hoffen so auf den späteren kommunalen Synergieeffekt: Verträge zwischen Lehrern und Schülern in den Klassen, Verträge der Eltern untereinander um den Kindergarten herum, Verträge zwischen der Polizei und Jugendlichen, zwischen Altersheimen und Vereinen, interkulturelle Verträge zwischen Bewohnergruppen im Stadtteil, aber auch Sozialverträge mit ortsansässigen Firmen, in denen deren kommunale Sozialpflichten ausgehandelt und niedergelegt sind. Solche formellen oder informellen Verträge können Voraussetzung und Basis „kommunalpolitischer Aushandlungsprozesse“ (Marquard 2011) sein. Die Soziale Arbeit spielt in diesen Sozialdiskursen eher die indirekte Rolle der Vermittlerin. Sie versucht dazu beizutragen, Fachlichkeit und Bürgerinteresse zusammenzubringen. Denn dass die Zeiten für solche Sozialdiskurse reif geworden sind, ist kein fachlich-professionelles, sondern ein bürgergesellschaftliches und mithin politisches Problem. Angesichts der sozialen und räumlichen Entbettung zunehmend globalisierter Wirtschaftsbeziehungen bedarf es des Aufbaus sozialräumlich gebundener Netzwerke, in denen die Menschen ihr eigenes Mensch-Sein fühlen, spüren und praktizieren können, in denen aber auch ihr soziales Menschentum seinen Rückhalt findet. Diese Sozialzusammenhänge müssen aber weiterhin sozialstaatlich rückgebunden werden und damit auch sozialpolitisch wirksam sein können, soll das Lokale nicht im Schatten der globalisierten Entwicklung verkümmern. Eine solche „von unten her" aufgeladene sozialpolitische Spannung geht von den Bewältigungsproblemen der Menschen aus, fordert Sozialpolitik als Bewältigungspolitik heraus. Dabei ist der Beitrag, den die Soziale Arbeit mit der Aktivierung sozial benachteiligter Bürgerinnen und Bürger vor Ort zu leisten hat, mit der schwierigste. Die Evaluation des bundesweiten Förderprogramms „Soziale Stadt" zeigt, dass sich solche Gruppen „rasch aus ihrem Engagement zurückziehen, wenn für sie kein konkretes Ergebnis sichtbar wird" (Lange et al. 2003: 14). Chantal Munsch (2003) spricht in diesem Zusammenhang von einer „Effektivitätsfalle": Je fachlich-effizienter und alltagsübergreifender lokale Programme geplant würden, desto mehr bestehe die Gefahr, dass benachteiligte BürgerInnen strukturell ausgeschlossen würden. Ohnmacht und Verletzlichkeit sozial benachteiligter BürgerInnen müssen deshalb in solchen Projekten anerkannt und thematisiert werden können, auch wenn sie das Programm „aufhalten". Man kann das als bewältigungspolitische Maxime für oder auch als bewältigungspolitische Aufforderung an die Sozialpolitik bezeichnen. Arno Gruen (1992) hat das in der Richtung formuliert, dass es eine gesellschaftliche Kultur der Anerkennung von Ohnmacht und Hilflosigkeit brauche, damit gerade sozial benachteiligte Menschen nicht dauernd unter den Zwang zu Abspaltung und Rückzug geraten. Für ihn ist dies die Grundvoraussetzung für soziale Teilhabe. Dies ist aber in und gegenüber der herrschenden Wettbewerbskultur kaum durchzusetzen, zumal die Soziale Arbeit selbst in den Sog der Ökonomisierung geraten ist. Deshalb ist es wichtig, dass sich die Soziale Arbeit selbst, deutlicher als bisher, zu einer solchen Kultur der Anerkennung von Hilflosigkeit bekennt.

Aus der Bewältigungsperspektive heraus lässt sich schließlich auch ein weitergehender sozialpolitischer Anspruch für die Soziale Arbeit formulieren. Wir haben uns viel zu sehr daran gewöhnt, die Soziale Arbeit primär unter dem Blickwinkel zu diskutieren, dass sie die sozial marginalisierten Gruppen der Gesellschaft zu unterstützen hat. Dabei reichen die psychosozialen Bewältigungsprobleme inzwischen mitten in die Gesellschaft hinein. Deshalb ist es sinnvoll und notwendig, die Rolle der Sozialen Arbeit als Agentur des Sozialstaats für die soziale Integration, den inneren Zusammenhalt der Gesellschaft neu zu diskutieren, sie auch sozialökonomisch zu betrachten. Die Sicherung einer ausgeglichenen ökonomisch-sozialen Entwicklung braucht soziale Stabilität. In den 1980er Jahren war es im gesellschaftspolitischen Diskurs in der Bundesrepublik noch Konsens, dass gerade die „Sozialbindung der Wirtschaftsordnung […] Wachstumsperspektiven eröffnet“ hat (Lutz 1982: 342). Warum sollte die Soziale Arbeit deshalb nicht auch als *Produktivkraft* bezeichnet werden?

Inzwischen hat sich aber der sozialpolitische Diskurs gedreht. Man betont nicht mehr die Eigenständigkeit der Sozialpolitik, sondern sieht sie eingebunden in die Wachstums-, Beschäftigungs- und Standortpolitik im Spannungsfeld der Globalisierung (vgl. Evers/Heinze 2008). Die darin dominierenden Marktprinzipien des Wettbewerbs und der Effizienz sollen auch die sozialpolitische Sphäre durchdringen. Die Befürchtungen, wie sie auch in der Sozialen Arbeit diskutiert werden, lassen sich wie folgt zusammenfassen: Eine so verstandene Sozialpolitik könnte zur

> „Handlangerin der Wirtschaftspolitik werden, die in ihrer liberalen Ideologie sich nicht für soziale Fragen öffnet; damit nur einseitig auf Investitionen in Humankapital ausgerichtet ist und psychosoziale Risiken der Selbstverantwortlichkeit der Betroffenen überlässt“ (Evers 2008: 230).

Eine so *einseitig* ökonomisch orientierte Sozialpolitik blendet die lebensweltlichen Bewältigungsprobleme weitgehend aus. Dem

Ökonomisierungsdruck war die Sozialpolitik in ihrer modernen Entwicklung schon immer ausgesetzt, die sozialpolitische Balance war nie richtig gesichert. Heute scheint sie fast aus den Fugen geraten zu sein. Dennoch haben gerade die letzten Jahre gezeigt, wie gesellschaftlich existenziell die sozialstaatliche Sozialpolitik angesichts global induzierter Krisen als Barriere und Ausgleichsmechanismus ist. Dass sie angesichts der gegenwärtigen Dominanz einer international getriebenen Wirtschaftspolitik nur reaktiv und nicht sozial gestaltend wirken kann, ist gerade für die Soziale Arbeit prekär. Allerdings wird in der sozialstaatskritischen Literatur häufig übergangen, dass – vor allem in Deutschland – das wohlfahrtsstaatliche Sicherungs- und Leistungssystem eine hohe Akzeptanz aufweist (vgl. Ullrich 2005). Ausgangspunkt der sozialpolitischen Diskussion in der Sozialen Arbeit werden auch in Zukunft die Menschen sein, mit denen sie es zu tun haben wird und von denen immer mehr auf die sozialstaatliche Grundsicherung und soziale Dienste angewiesen sein werden. Und gerade dies kann die Forderung nach einer Sozialpolitik stark machen, die an den Problemen der Lebensbewältigung orientiert ist.

> „Über die Jahre entstand – von der politischen Klasse nahezu unbemerkt – eine strukturelle Wählermehrheit, deren Leistungserwartung an die kollektiven sozialen Sicherungssysteme ungebrochen ist oder sogar zunimmt. Sie ist deutlich größer als das politische Lager der Befürworter eines auf Leistungskürzungen zielenden sozialpolitischen Reformkurses" (Czada 2008).

Diesen Trend wird die demografische Entwicklung der nächsten Jahrzehnte noch verstärken. Soziale Integration gehört damit weiter zu den ökonomisch-gesellschaftlichen Produktionsfaktoren, aber eben in der kritischen Spannung zur Ökonomie.

Dies kann in der Perspektive der *sozialen Nachhaltigkeit* herausgearbeitet werden (vgl. Böhnisch 2018). Von seiner Entstehung her ist der Nachhaltigkeitsbegriff ein ökologischer Begriff. In ihm ist die Aufforderung enthalten, die Lebensbedingungen der Menschen so zu erhalten bzw. zu verbessern, dass die langfristige Sicherung der Lebensgrundlagen über die Generationen hinweg gewährleistet ist. Aber auch im Sozialen gibt es ein gravierendes Nachhaltigkeitsproblem. Denn soziale Güter werden unter dem Druck des Marktes ähnlich verbraucht wie Güter der Natur. Die zunehmende Privatisierung öffentlicher Güter in den letzten Jahren ist ein beredtes Beispiel dafür. Dagegen hat der Sozialstaat in der Institution der *Daseinsvorsorge* überdauernde soziale Infrastrukturen geschaffen, die mit seiner Schwächung gefährdet sind und deshalb einer Rekonstruktion des Sozialen von unten bedürfen. Hier hat die Soziale Arbeit mit ihrer Infrastruktur als mögliches Medium sozialer Nachhaltigkeit ihren Platz. Die gesellschaftliche und gesellschaftspolitische Stellung der Sozialen Arbeit wird also in Zukunft auch maßgeblich dadurch bestimmt sein, ob und inwieweit sie sich mit ihrer Perspektive in den Nachhaltigkeitsdiskurs einbringen kann.

Im Sozialstaat hat sich jene Hintergrundsicherheit entwickelt, vor der die Sorge um das eigene Überleben mit der Sorge um ein kollektives soziales Schicksal verbunden werden konnte. Mit der Schwächung des nationalen Sozialstaates ist diese Hintergrundsicherheit nicht nur brüchig geworden, die digitalen Gesellschaften vermitteln ihren Bürgern auch den radikal konstruktivistischen Wahn, sie könnten jeden Tag sich und ihre Welt neu erschaffen. Da es im Prinzip des Konsums liegt, dass etwas verbraucht werden muss, damit etwas Neues entsteht, wirkt der Konsumkapitalismus Nachhaltigkeitsoptionen entgegen. Aber auch Wissen wird heute schnell wieder aufgebraucht, indem es unter stetigem Wandel der Produktions- und Arbeitsformen steht. Die damit verbundenen Entwertungserfahrungen müssen alltäglich bewältigt werden. Hinter der neuen Bildungsformel des lebenslangen Lernens steht für viele das Problem, dass sie nicht auf biografische Nachhaltigkeit bauen können, dass sie ihre Energien immer wieder aufbrauchen, ohne sich eine biografische Plattform schaffen zu können (vgl. Kap. 13).

Alternative Konzepte wenden sich gegen die Fortschreibung der marktzentrierten Wachstumsformel, die nicht nur das Marktversagen und die damit verbundenen sozialen Kosten der herrschenden Wirtschaftsweise ausblendet, sondern auch die reproduktiven Leistungen der Familien-, Bürger- und Sozialarbeit unterschlägt (vgl. Diefenbacher/Zieschank 2011). An diesen sozial verpflichteten Wachstumsdiskursen sollte sich die Soziale Arbeit in Zukunft stärker als bisher auch mit ihrer Expertise beteiligen, um sie mit ihren Befunden und Erfahrungen anzureichern. Diese müssen entsprechend sozialökonomisch übersetzt werden. Der kritische Wohlfahrtsdiskurs fordert also die Entwicklung einer *Sozialökonomie der Sozialen Arbeit* zwingend heraus. Deshalb sollte auch aus unserer Disziplin heraus eine konzeptionelle Gegenwelt zur gegenwärtig herrschenden Ökonomisierung des Sozialen geschaffen werden.

25 Eine Gesellschaft ohne Abspaltungszwang – Die Gesellschaft der Sorge (Care)

Diese konzeptionelle Gegenwelt möchte ich in dem folgenden Entwurf einer ‚Gesellschaft der Sorge' entwickeln. Die Ablaufdynamik von *Hilflosigkeit* und *Abspaltung* finden wir auch als *gesellschaftlichen Abspaltungsmodus.* Es geht nun um die ‚Hilflosigkeit' des gesellschaftlichen Systems, das bestimmte soziale Probleme nicht integrieren kann und deshalb unter Abspaltungszwang gerät. Eine gravierende und für die Soziale Arbeit folgenreiche gesellschaftliche Abspaltung ist die Abspaltung des Wertes der Sorge in der kapitalistischen Wachstums- und Konkurrenzgesellschaft. Sorge wird gerade im Sozialstaat zwar immer wieder beschwört, dennoch muss er vor der kapitalistischen Logik kapitulieren. Statt von ‚Hilflosigkeit' könnte man hier auch von einer sozialpolitischen ‚Verlegenheit' des Sozialstaats sprechen.

In der vorkapitalistischen Wirtschaftsform des Ganzen Hauses waren die unterschiedlichen Arbeiten gleichgestellt. Erst im Kapitalismus wurde der (weiblich konnotierten) Sorgearbeit der Arbeitscharakter abgesprochen. Daran hat sich trotz der Institutionalisierung der Daseinsvorsorge im Sozialstaat bis heute nichts Grundlegendes geändert. Sorge – so schon die sozial engagierten Frauen der dritten Generation der bürgerlichen Frauenbewegung der 1920er Jahre – sollte eigentlich aus der weiblich-familialen Privatwelt heraustreten und eine gesellschaftliche Institution werden. Die vorher familiengebundene Fürsorgearbeit wurde zur der Gesellschaft verpflichteten Sozialen Arbeit erhoben. Sie sollte die kapitalistische Wirtschaft durchdringen und so die Humanisierung von Wirtschaft und Gesellschaft vorantreiben. Diese antikapitalistische Interpretation von Sorge hat die Frauenbewegung und Frauenforschung der 1990er und 2000er Jahre erneut aufgegriffen. Dem kapitalistischen System wird dabei unterstellt, dass es die Sorgearbeit, die es für seine Erhaltung alltäglich braucht, negiert, vom Wert der Erwerbsarbeit abspaltet. Diese Abspaltung bleibt gerade im gegenwärtigen neoliberalen Wirtschafts- und Gesellschaftssystem wirksam, auch wenn die geschlechtstypische Konnotation gemildert ist und Männern auch Väterarbeit gesetzlich ermöglicht ist. Gleichzeitig sind die Lohnniveaus professioneller Sorgearbeit immer noch deutlich unter denen der Erwerbsarbeit. Sie ist zwar sozialpolitisch in der Daseinsvorsorge des Sozialstaats institutionalisiert. Das bedeutet aber noch nicht, dass sie als gesellschaftlicher Wert – vergleichbar mit dem des ökonomischen Wachstums – anerkannt ist. Im Gegenteil: Der Zwang zur ökonomischen Externalisierung entwertet Sorge weiter. Die Soziale Arbeit, die Sorgearbeit leistet, bekommt dies zu spüren, indem mit der Sorge auch ihre Arbeit gesellschaftlich entwertet ist. Die Abspaltung des Wertes der Sorge in unserer Gesellschaft folgt der Logik der geschlechtshierarchischen Arbeitsteilung. Sorgearbeit, vor allem als weibliche Haus- und Beziehungsarbeit, ist nicht nur gegenüber der Erwerbsarbeit minder bewertet, sie ist auch als selbstverständlich vorausgesetzt. Sie gilt als quasinatürliche Ressource, gleichsam als sozialer Rohstoff, den man der gängigen Marktbewertung entziehen kann. Sie gilt deshalb – so heißt es in der Wert-Abspaltungs-These (vgl. Scholz 2011) – als nicht wertbildend und damit notwendig abgespalten. Es ist eine Abspaltung der weiblichen Sorgearbeit „vom Wert […] der abstrakten Arbeit und den damit zusammenhängenden Rationalitätsformen, wobei bestimmte weiblich konnotierte Eigenschaften wie Sinnlichkeit, Emotionalität usw. der Frau zugeschrieben werden" (ebd.: 11). Damit verschwindet der reproduktive Wert in der Zwischenwelt und wird erst dann – meist dramatisch – herausgeholt, wenn gesellschaftliche Krisen – wie z. B. die Coronakrise in den 2020er Jahren – die bedingungslose Angewiesenheit der Gesellschaft auf Sorge freilegen. Diese Erkenntnis der Angewiesenheit verschwindet aber wieder im Alltag der Gewöhnung.

Dass überhaupt gearbeitet werden kann, ist nur möglich, wenn die Menschen immer wieder ihre Arbeitskraft emotional und sozial in ihren Familien wiederherstellen können. Auch die Schule setzt voraus, dass ihre Kinder und Jugendlichen jeden Tag schulfähig gemacht werden und in der Pflege verlässt man sich auf die quasinatürliche Ressource weiblicher Fürsorge. Die tiefere Abspaltungslogik zeigt sich schließlich darin, dass Sorgearbeit mit Hilflosigkeit konnotiert ist. Hilflosigkeit und Verletzlichkeit aber passen nicht in eine kapitalistische Konkurrenzgesellschaft, die ja im Gegenteil auf ihrer Überwindung, ja Ächtung beruht und deshalb nicht in der Lage ist, eine Kultur der Anerkennung von Hilflosigkeit zu entwickeln (vgl. Kap. 3). Der Sozialen Arbeit, bzw. ihren Trägern, scheint meist gar nicht bewusst zu sein, dass sie ihr legitimatorisches Fundament der Sorge untergräbt, wenn sie an den Markt drängt. Sie erhöht damit vielleicht etwas ihre ökonomische Rentabilität, nicht aber ihre Bewertung, die eher sinkt, weil die ethische Dividende nun nicht mehr ausgespielt werden kann. Damit aber ist auch die Chance der Sozialen Arbeit verpasst, eine ihr zugehörige Gesellschaftstheorie mit der Sorge als Basiskategorie aufzubauen.

Sorge/Care als Voraussetzung gesellschaftlicher Reproduktion ist in einer marktzentrierten Gesellschaft in ihrem Wert zwar abgespalten, in einer sozialstaatlichen und damit wohlfahrtsorientierten Gesellschaft hingegen müsste sie eigentlich als Produktivkraft eingestuft werden. In diese Richtung argumentieren die Vertreterinnen einer Care-Ökonomie, die Sorgetätigkeit als Voraussetzung und darin integralen Bestandteil einer Wohlfahrtsökonomie begreifen (vgl. Knobloch 2019). Diese versteht sich nicht nur als Kritik an den herrschenden wirtschaftstheoretischen Modellen, die Sorgearbeit stillschweigend voraussetzen, sondern als eigenständige Wirtschaftstheorie, die systematisch unbezahlte und bezahlte Sorgearbeit einbezieht. Sorge als unbezahlte Lebensarbeit gilt hier als ökonomisches Gut und damit genauso als knappe Ressource wie Kapital, Boden oder Rohstoffe. Ihr Beitrag zum Wirtschaftswachstum wird herausgestellt. Dieser Vorstellung von einer auch maßgeblich durch Sorge strukturierten Gesellschaft kommt das Modell einer *Tätigkeitsgesellschaft* am nächsten.

Durch alle Konzepte zur Tätigkeitsgesellschaft ziehen sich die Vorstellungen von einer ‚Triade der Arbeit'. Erwerbsarbeit, Bürgerarbeit und Sorgearbeit sollen im Bewertungsrahmen menschlicher Wohlfahrt gleichberechtigt nebeneinanderstehen und in fließenden Übergängen den Menschen im Laufe ihrer Biografie zugänglich sein. Sorgearbeit, sei sie privat oder professionell geleistet, ist integrativer Teil dieses tätigkeitsgesellschaftlichen Modells. Die Tätigkeitsgesellschaft steht damit in der Tradition einer dualen Wirtschaft, in der marktwirtschaftliche und gemeinwirtschaftliche Elemente zusammen spielen.

> „Die politische und gesellschaftliche Anerkennung einer pluralen Ökonomie und eine institutionalisierte Unterstützung zur Kombination verschiedener Tätigkeiten impliziert […] die Überwindung des alten Modells der Lohnarbeitsgesellschaft. Sie ist geeignet, die bürgerschaftliche Integration zu befördern, zur psychosozialen Stabilität beizutragen und für alle ein Anrecht auf soziale Sicherung sowie auf ein persönlich erwirtschaftetes Geldeinkommen zu gewährleisten" (Senghaas-Knobloch 1998: 26).

Für die Erwerbsarbeit bedeutet das neue Modell der Arbeits- und Arbeitszeitorganisation, dass ihre Öffnung gegenüber den bürgerschaftlichen und sorgearbeitlichen Bereichen ermöglicht wird. Es wird aber nicht mehr den klassischen Block der Erwerbsarbeit mit dem Normalarbeitsverhältnis als Korsett geben, sondern eine Pluralisierung und Diversifizierung der Unternehmens- und Erwerbsarbeitsformen (vgl. Mutz 2001).

Sorge als gesellschaftliche Kategorie erweitert sich in der sozialökologischen Nachhaltigkeitsperspektive um ihren Bezug zur Natur. Seit Hans Jonas (1975) in seinem „Prinzip Verantwortung" propagiert hat, dass die Zukunft der Erhaltung der menschlichen Existenz von der Bewahrung der Natur abhängt, ist die Bedeutung von Natur als ein Konstitutiv der Gesellschaft auch in den Sozialwissenschaften erkannt worden. „Gesellschaft kann nicht mehr *ohne* Natur, Natur nicht mehr *ohne* Gesellschaft verstanden werden". In der Ersten Moderne wurde Natur immer als etwas „Nichtgesellschaftliches" gedacht. „Damit aber immer als etwas Gegenüberstehendes. Diese Unterstellungen hat der Industrialisierungsprozess selbst aufgehoben. […] Am Ende des 20. Jahrhunderts ist Natur […] geschichtliches Produkt geworden, in den natürlichen Bedingungen ihrer Reproduktion zerstörte oder gefährdete Innenausstattung der zivilisatorischen Welt. Das aber heißt: Naturzerstörungen integriert in die universelle Welt der Industrieproduktion, hören auf, bloße Naturzerstörungen zu sein und werden integraler Bestandteil der gesellschaftlichen, ökonomischen und politischen Dynamik". Naturzerstörungen verwandeln sich in ökonomisch-gesellschaftliche Konflikte (Beck 1986: 107). In seinem letzten, posthum erschienen Buch ‚Die Metamorphose der Welt' (2015) treibt Ulrich Beck diese Integrationsperspektive Gesellschaft/Natur weiter und spricht davon, dass der Klimawandel Natur und Gesellschaft vereint habe. Das einigende Band heißt Nachhaltigkeit und hier erweitert sich der Sorgebegriff über den Menschen hinaus und fällt doch wieder auf ihn zurück, legt seine Verletzlichkeit offen.

Die Soziale Arbeit als Sorgearbeit erhält in dieser Spannung Mensch/Gesellschaft/Natur eine wesentliche Erweiterung. Man kann sie sich jetzt im Bild eines konzentrischen Kreises vorstellen, in dessen Innenkreis die psychosoziale Hilfetätigkeit von der *Verletzbarkeit des Menschen* ausgeht, in dessen Außenkreis die *Verletzlichkeit des Mensch-Seins* im Mittelpunkt steht. Hier schließt sich auch der Kreis des Bewältigungskonzepts insgesamt. Aus dieser konzentrischen Sicht ergibt sich ein doppelter gesellschaftlicher Auftrag. Zum einen der traditionelle, nun netzwerkerweiterte Hilfeauftrag, zum anderen aber auch ein universaler Bildungsauftrag der Sorge, der angesichts des sozialökologischen Krisen- und Reformdrucks ins Zentrum der Bildung in der Tätigkeitsgesellschaft rückt. Diese Perspektiven vor dem Hintergrund eines gewandelten Gesellschaft/Natur-Verhältnisses zielen nicht mehr auf ein Fest- und Fortschreiben der bestehenden gesellschaftlichen Verhältnisse ab, sondern – um mit Ulrich Beck (2015) zu sprechen – auf eine *Metamorphose,* eine ökonomisch-soziale Verwandlung der Gesellschaft und mit ihr der Sozialen Arbeit. Die Modelle der Gesellschaft der Sorge und der Tätigkeitsgesellschaft brechen mit den etablierten Modellen der Wachstumsgesellschaft. Auch wenn ihre Realisierung vorerst ungewiss ist, geraten mit ihrer Modellierung neue Zusammenhänge und ihre Potenziale in den Blick. Sorge im Spannungsverhältnis von Mensch und Natur wird so zum Antriebsmoment reflexiver Modernisierung.

Literatur

Albrecht, Friedrich (1999): Soziale Arbeit als Menschenrechtsprofession. In: Wilken, E./Vahsen, F. (Hrsg.): Sonderpädagogik und Soziale Arbeit. Neuwied

Andrä, Helgard (2000): Begleiterscheinungen und psychosoziale Folgen von Kinderarmut. In: Butterwege, C./L'Hoest, R./Ruiss, D. Hrsg.): Kinderarmut in Deutschland. Frankfurt a. M.

Arnold, Helmut (2020): Erwerbslosigkeit im Erwachsenenalter. In: Stecklina, G./Wienforth, J. (Hrsg.): Handbuch Lebensbewältigung und Soziale Arbeit. Weinheim und Basel

Arnold, Helmut/Lempp, Theresa (Hrsg.) (2008): Regionale Gestaltung von Übergängen in Beschäftigung. Weinheim und München

ASTAT Provinz Bozen (2013): Lebenswelten von Männern. Bozen

Baier, Dirk/Boenke, Klaus (2008): Jugendliche und politischer Extremismus. In: Silbereisen, R. K./Hasselhorn, M. (Hrsg.): Entwicklungspsychologie des Jugendalters. Göttingen

Ballusek, Hilde von (1999): Die KlientInnen. In: dies. (Hrsg.): Familien in Not. Freiburg

Ballusek, Hilde von (1999): Familien in Not. Freiburg

Baumann, Menno (2010): Kinder, die Systeme sprengen. Baltmannsweiler

Beck, Ulrich (1986): Risikogesellschaft. Frankfurt a. M.

Beck, Ulrich (2015): Die Metamorphose der Welt. Berlin.

Becker, Jens (2011): Scham und Beschämung im Sozialstaat. In: Selke, S./Maar, K. (Hrsg.): Transformation der Tafeln in Deutschland. Wiesbaden

Becker, Jens/Ader, Sabine (2006): Was leitet den Blick? Wahrnehmung, Deutung und Interaktion in der Jugendhilfe. Weinheim und München

Becker, Jens/Gulyas, Jennifer (2012): Armut und Scham. In: Zeitschrift für Sozialreform, H. 1

Beranek, Angelika (2021): Soziale Arbeit im Digitalzeitalter. Weinheim und Basel

Berger, Olaf/Schmalfeld, Andreas (1999): Stadtentwicklung in Hamburg zwischen „Unternehmen Hamburg" und sozialer Großstadtstrategie. In: Dangschat, J. (Hrsg.): Modernisierte Stadt – Gespaltene Gesellschaft. Opladen

Berger, Peter, L./Luckmann, Thomas (1969): Die gesellschaftliche Konstruktion der Wirklichkeit. Frankfurt a. M.

BMFSFJ (2002): Elfter Kinder- und Jugendbericht. Berlin

BMFSFJ (2005): Zwölfter Kinder- und Jugendbericht. Berlin

BMFSFJ (Hrsg.) (1990): Achter Jugendbericht. Bonn

BMSK (2014): Der anstrengende Aufbruch. Wien

Böhnisch, Lothar (2013): Männliche Sozialisation. Weinheim und Basel

Böhnisch, Lothar (2017): Abweichendes Verhalten. Weinheim und Basel

Böhnisch, Lothar (2018): Sozialpädagogik der Lebensalter. Weinheim und Basel

Böhnisch, Lothar (2018a): Der modularisierte Mann. Bielefeld

Böhnisch, Lothar (2019): Sozialpädagogik der Nachhaltigkeit. Weinheim und Basel

Böhnisch, Lothar (2021): Zwischenwelten. Weinheim und Basel
Böhnisch, Lothar (2022): Sozialpädagogik der Verantwortung. Auf Carl Mennickes Werk aufgebaut. Weinheim und Basel
Böhnisch, Lothar (2022a): Geschichte der sozialpädagogischen Ideen. Weinheim und Basel
Böhnisch, Lothar/Fritz, Karsten/Seifert, Thomas (1998): Wissenschaftliche Begleitung des AgAG-Programms. Münster
Böhnisch, Lothar/Lenz, Karl (Hrsg.) (1999): Familien. Weinheim und München
Böhnisch, Lothar/Lenz, Karl/Schröer, Wolfgang (2009): Sozialisation und Bewältigung. Weinheim und München
Böhnisch, Lothar/Rudolph, Martin/Wolf, Barbara (Hrsg.) (1998): Jugendarbeit als Lebensort. Weinheim und München
Böhnisch, Lothar/Schefold, Werner (1985): Lebensbewältigung – Soziale und pädagogische Verständigungen an den Grenzen der Wohlfahrtsgesellschaft. Weinheim und München
Böhnisch, Lothar/Schröer, Wolfgang (2012): Sozialpolitik und Soziale Arbeit. Weinheim und München
Böhnisch, Lothar/Schröer, Wolfgang (2013): Soziale Arbeit – Eine problemorientierte Einführung. Bad Heilbrunn
Böhnisch, Lothar/Schröer, Wolfgang/Thiersch, Hans (2007): Sozialpädagogisches Denken. Weinheim und München
Bohnsack, Ralf (1973): Handlungskompetenz und Jugendkriminalität. Neuwied und Berlin
Bohnsack, Ralf/Loos, Peter/Schäffer, Burkhard/Städtler, Klaus/Wild, Bodo (1995): Die Suche nach Gemeinsamkeit und die Gewalt in der Gruppe. Opladen
Bourdieu, Pierre (1987): Die feinen Unterschiede. Frankfurt a. M.
Bourmer, Monika (2012): Berufliche Identität in der Sozialen Arbeit. Bad Heilbrunn
Bovensiepen, Gustav (2002): Unruhige Kinder. Frankfurt a. M.
Breidenstein, Georg (2008): Peer-Interaktion und Peer-Kultur: In: Helsper, W./Böhme, J. (Hrsg.): Handbuch der Schulforschung. Wiesbaden
Brückner, Margit (2009): Gewalt in Paarbeziehungen. In: Lenz, K./Nestmann, F. (Hrsg.): Handbuch persönliche Beziehungen. Weinheim und München
Brüsemeister, Thomas (2006): Zwischen Welt und Dorf: Raum als Differenzierungsprinzip von Gegenwartsgesellschaften. In: Volkmann, U./Schimank, U. (Hrsg.): Soziologische Gegenwartsdiagnosen. 2: Vergleichende Sekundäranalyse. Wiesbaden
Budde, Jürgen (2003): Männlichkeitskonstruktionen in der Institution Schule. In: Zeitschrift für Frauenforschung und Geschlechterstudien, H. 1
Burghardt, Daniel/Dederich, Markus/Dziabel, Nadine/Höhne, Thomas/Lohwasser, Diana/Stöhr, Robert/Zirfas, Jörg (Hrsg.) (2017): Vulnerabilität. Stuttgart
Bütow, Birgit/Chassé, Karl A./Hirt, Rainer (Hrsg.): Soziale Arbeit nach dem sozialpädagogischen Jahrhundert. Opladen
Büttner, Melanie (2020): Handbuch Häusliche Gewalt. Stuttgart
Castel, Robert (2000): Die Metamorphosen des Sozialen. Konstanz
Chassé, Karl A. (2008): Überflüssig, Armut, Ausgrenzung, Prekarität. In: Bütow, B./Chassé, K. A./Hirt, R. (Hrsg.) (2008) Soziale Arbeit nach dem Sozialpäd-

agogischen Jahrhundert. Positionsbestimmungen Sozialer Arbeit im Postwohlfahrtsstaat.
Chassé, Karl A./Zander, Margherita/Rasch, Konstanze (2007): Meine Familie ist arm. Wiesbaden
Connell, Robert W. (1987): Gender and Power. Cambridge
Crain, Fitzgerald (2005): Fürsorglichkeit und Konfrontation. Gießen
Czada, Roland (2008): Irrwege und Umwege in die neue Wohlfahrtswelt. In: Evers, A./Heinze, R. (Hrsg.): Sozialpolitik. Ökonomisierung und Entgrenzung. Wiesbaden
Dahrendorf, Ralf (1957): Soziale Klassen und Klassenkonflikt in der industriellen Gesellschaft. Stuttgart
Davis, Madeleine/Wallbridge, David (1983): Eine Einführung in das Werk von D. W. Winnicott. Stuttgart
Diefenbacher, Hans/Zieschank, Roland (2011): Woran sich Wohlstand wirklich messen lässt. München
Dolatal, Ulrich (2018): Soziale Bewegungen: Die soziotechnische Konstitution kollektiven Handelns. In: Dolatal, U./Schrape, J.-F. (Hrsg.): Kollektivität und Macht im Internet. Wiesbaden
Dörre, Klaus (2012): Prekäre Männlichkeiten. Alles ganz anders? In: Prömper, H./ Jansen, M. M./Ruffing, A. (Hrsg.): Männer unter Druck. Opladen, Berlin und Toronto
Druyen, Thomas (2005) Die große Alterswende. In: Aus Politik und Zeitgeschichte, H. 49–50
Eder, Klaus (2000): Kulturelle Identität zwischen Tradition und Utopie. Frankfurt a. M.
Ehrenburg, Alain (2004): Das erschöpfte Selbst. Frankfurt/New York
Ehrenreich, Barbara (2001): Arbeit poor. München
Elsen, Susanne (2007): Die Ökonomie des Gemeinwesens. Weinheim und München
Enke, Thomas (2013): Jugenddevianz im Bewältigungsverlauf von Krisen. In: Schröer, W./Stauber, B./Walther, A./Böhnisch, L./Lenz, K. (Hrsg.): Handbuch Übergänge. Weinheim und Basel
Evers, Adalbert (2008): Investiv und aktivierend oder ökonomisch und bevormundend? Zur Auseinandersetzung mit einer neuen Generation von Sozialpolitiken. In: Evers, A./Heinze, R. G. (Hrsg.): Sozialpolitik. Ökonomisierung und Entgrenzung. Wiesbaden
Evers, Adalbert/Heinze, Rolf G. (2008): Sozialpolitik: Gefahren der Ökonomisierung und Chancen der Entgrenzung. In: Evers, A./Heinze, R. G. (Hrsg.): Sozialpolitik. Ökonomisierung und Entgrenzung. Wiesbaden
Evers, Adalbert/Nowotny, Helga (1987): Über den Umgang mit Unsicherheit. Frankfurt a. M.
Filipp, Sigrun-Heide (2008): Kritische Lebensereignisse. In: Brandstetter, J. (Hrsg.): Psychologie der Lebensspanne. Stuttgart
Finsterer, Edmund/Fröhlich, Susanne (2007): Generation Chips. Wien
Foucault, Michel (1989): Die Sorge um sich. Frankfurt a. M.
Fritz, Jürgen/Fehr, Wolfgang (2003): Virtuelle Gewalt: Modell oder Spiegel? In: Fritz, J./Fehr, W. (Hrsg.): Computerspiele – Virtuelle Spiel- und Lernwelten. Bundeszentrale für politische Bildung. Bonn

Funk, Heide (1997): Familie und Gewalt – Gewalt in Familien. In: Böhnisch, L./Lenz, K. (Hrsg.): Familien. Weinheim und München
Fürstenberg, Friedrich (2002): Perspektiven des Alter(n)s als soziales Konstrukt. In: Backes, G. M./Clemens, W. (Hrsg.): Zukunft der Soziologie des Alte(r)ns. Opladen
Galuske, Michael (2009): Methoden der Sozialen Arbeit. Weinheim und München
Garland, David (2002): The culture of control. Chicago
Gemende, Marion (2013): Migration als Übergang. In: Schröer, W./Stauber, B./Walther, A./Böhnisch, L./Lenz, K. (Hrsg.): Handbuch Übergänge. Weinheim und Basel
Geulen, Dieter (1999): Subjekt-Begriff und Sozialisationstheorie. In: Leu, H.-R./Krappmann, L. (Hrsg.): Zwischen Autonomie und Verbundenheit. Bedingungen und Formen der Behauptung von Subjektivität. Frankfurt a. M.
Giddens, Anthony (1995): Konsequenzen der Moderne. Frankfurt a. M.
Giddens, Anthony (1997): Jenseits von rechts und links. Frankfurt a. M.
Gilligan, Carol (1984): Die andere Stimme. Lebenskonflikte und die Moral der Frauen. München
Goldbrunner, Hans (1996): Arbeit mit Problemfamilien. Mainz
Grathoff, Richard (1991): Milieu und Lebenswelt. Frankfurt a. M.
Griesel, Wilfried/Niebel, Renate (2011): Übergänge verstehen und begleiten. Berlin
Gruen, Arno (1992): Der Verrat am Selbst. München
Grunwald, Klaus/Thiersch, Hans (2014): Lebensweltorientierung. Enzyklopädie Erziehungswissenschaften. Online
Hartmann, Thilo (2006): Gewaltspiele und Kriminalität. In: Kaminski, W./Lorber, M. (Hrsg.): Clash of realities. München
Heeg, Rahel/Paul, Michaela (2013): Über Gewalt hinaus. In: neue praxis, H. 2
Heimann, Eduard (1929): Soziale Theorie des Kapitalismus. Tübingen
Heitmeyer, Wilhelm (1994): Das Desintegrationstheorem. In: Heitmeyer, W. (Hrsg.): Das Gewalt-Dilemma. Frankfurt a. M.
Helsper, Werner/Kramer, Rolf-Torsten/Hummrich, Merle/Busse, Susann (2009): Jugend zwischen Familie und Schule? Wiesbaden
Herriger, Norbert (1987): Verwahrlosung. Weinheim und München
Hetzer, Hildegard (1929): Kindheit und Armut. Leipzig
Hirsch, Mathias (2002): Schicksale von Aggression und Autoaggression in der Spätadoleszenz. In: Subkowski, P. (Hrsg.): Aggression und Autoaggression bei Kindern und Jugendlichen. Göttingen
Holzkamp, Klaus (1973): Sinnliche Erkenntnis. Frankfurt a. M.
Holzkamp, Klaus (1995): Lernen. Subjektwissenschaftliche Grundlegung. Frankfurt a. M. und New York
Homfeldt, Hans/Schröer, Wolfgang/Schweppe, Cornelia (Hrsg.) (2008): Vom Adressaten zum Akteur. Soziale Arbeit und Agency. Opladen und Farmington Hills
Honig, Michael S. (1986): Verhäuslichte Gewalt. Frankfurt a. M.
Honneth, Axel (1992): Der Kampf um Anerkennung. Frankfurt a. M.
Hurrelmann, Klaus (1994): Sozialisation und Gesundheit. Somatische, psychische und soziale Risikofaktoren im Lebenslauf. Weinheim und München

Hurrelmann, Klaus/Andresen, Sabine (2007): 1. World Vision Kinderstudie. Frankfurt a. M.

Hurrelmann, Klaus/Bauer, Ullrich/Grundmann, Matthias/Walper, Sabine (2015) (Hrsg.): Handbuch Sozialisationsforschung. 7. Auflage. Weinheim und München

Janssen, Angela (2018): Verletzbare Subjekte. Opladen, Berlin und Toronto

Jonas, Hans (1975): Das Prinzip Verantwortung. Frankfurt a. M.

Jösting, Sabine (2005): Jungenfreundschaften – Zur Konstruktion von Männlichkeit. Wiesbaden

Jung, Carl Gustav (1930): Einführung. In: Kranefeld, W. M. (Hrsg.): Die Psychoanalyse. München

Junge, Matthias (2004): Sozialisationstheorien vor dem Hintergrund von Modernisierung, Individualisierung und Postmodernisierung. In: Hoffmann, D./ Merkens, H. (Hrsg.): Jugendsoziologische Sozialisationstheorie. Weinheim und München

Kämper, Dietmar (1999): Ästhetik der Abwesenheit. München

Kappeler, Manfred (2008): Den Menschenrechtsdiskurs in der Sozialen Arbeit vom Kopf auf die Füße stellen. In: Widersprüche, H. 107

Kerber-Ganse, Waltraud (2011): Die Menschenrechte des Kindes. Opladen Farmington Hills

Kern, Thomas (2008): Soziale Bewegungen. Wiesbaden

Kessl, Fabian/Klein, Alexandra/Landhäußer, Sandra (2010): Armut und Prekarisierung von AdressatInnen Sozialer Arbeit. In: Thole, W. (Hrsg.): Grundriss Soziale Arbeit. Wiesbaden

Kessl, Fabian/Richter, Henriette (2006): Lebenslanges Lernen oder ununterbrochene Bildung? In: neue praxis, H. 3

Keul, Hildegard (2021): Verwundbar Sein. Mainz

Keupp, Heinrich (1996): Gemeinsinn und Selbstsorge. In: Wendt, W. R. (Hrsg.): Zivilgesellschaft und soziales Handeln. Freiburg

Keupp, Heinrich (2006): Identitätskonstruktion durch freiwilliges Engagement. In: Tully, C. J. (Hrsg.): Lernen in flexibilisierten Gesellschaften. Weinheim und München

Keupp, Heinrich (2012): Gesundheitsförderung. In: Böhnisch, L./Schröer, W. (Hrsg.): Sozialpolitik und Soziale Arbeit. Weinheim und Basel

Keupp, Heinrich/Höfer, Renate (Hrsg.) (1997): Identitätsarbeit heute. Frankfurt a. M

Klatetzki, Thomas (Hrsg.) (1998): Flexible Erziehungshilfen. Münster

Kneer, Georg (2009): Die Akteur-Netzwerktheorie. In: Kneer, G./Schroer, M. (Hrsg.): Handbuch Soziologische Theorien. Wiesbaden.

Knobloch, Ulrike (Hrsg.) (2019): Ökonomie des Versorgens. Weinheim und Basel

Kolip, Petra (1993): Soziale Schutzfaktoren in der Entwicklung gefährdeter Jugendlicher. In: Jungmann, J. (Hrsg.): Jugend und Gewalt. Heilbrunn

Kramer, Ralf-Torsten/Helsper, Werner (2013): Schulische Übergänge und Schülerbiografien. In: Schröer, W./Stauber, B./Walther, A./Böhnisch, L./Lenz, K. (Hrsg.): Handbuch Übergänge. Weinheim Basel

Kreher, Thomas/Lempp, Theresa (2020): Übergänge und Lebensbewältigung. In: Stecklina, G./Wienforth, J. (Hrsg.): Handbuch Lebensbewältigung und Soziale Arbeit. Weinheim und Basel

Künzel, Christine/Temme, Gaby (2007): Täterinnen und/oder Opfer? Frauen in Gewaltstrukturen. Hamburg
Lange, Udo/Schmals, Klaus/Schmidt-Kallert, Einhard/Wolff, Anette (2003): Ein Ansatz armutsorientierter Stadtentwicklung? In: Sozial Extra, H. 1
Laux, Henning (2014): Soziologie im Zeichen der Komposition. Weilerswist
Lazarsfeld, Paul F. (1931): Jugend und Beruf. Jena
Lazarsfeld, Sofie (Hrsg.) (1929): Technik der Erziehung. Leipzig
Leineweber, Jürgen (1995): Film „Jung und böse". Internetzugang YouTube
Lemke, Thomas (2008): Die Natur in der Soziologie. In: Rehberg, K.-S. (Hrsg.): Die Natur der Gesellschaft. Frankfurt a. M. und New York
Leroy, Isabell (2020): Die Regierung der Prekären. Wien, Berlin und Turin
Leu, Hans-Rudi/Krappmann, Lothar (1999) (Hrsg.): Zwischen Autonomie und Verbundenheit. Frankfurt a. M.
Liebsch, Katharina (2002): Identität und Habitus. In: Korte, H./Schäfers, B. (Hrsg.): Einführung in die Hauptbegriffe der Soziologie. Opladen
Litau, John/Walther, Andreas/Warth, Annegret/Wey, Sophia (Hrsg.) (2016): Theorie und Forschung zur Lebensbewältigung. Weinheim und Basel
Lorenzer, Alfred (1976): Sprachzerstörung und Rekonstruktion. Frankfurt a. M.
Lorenzer, Alfred (1976a): Zur Dialektik von Individuum und Gesellschaft. In: Leithäuser, Thomas/Heinz, Walter R. (Hrsg.): Produktion, Arbeit, Sozialisation. Frankfurt a. M.
Lösel, Friedrich (1975): Prozesse der Stigmatisierung in der Schule. In: Brusten, M./Hohmeier, I. (Hrsg.): Stigmatisierung. Band 2. Neuwied
Lutz, Burkhart (1982): „Kapitalismus ohne Reservearmee"? In: KZSS, Sonderheft 4
Lutz, Ronald (Hrsg.) (2012): Erschöpfte Familien. Wiesbaden
Marquard, Peter (2011): Kommunale Sozialarbeit. In: Otto, H.-U./Thiersch, H. (Hrsg.): Handbuch Soziale Arbeit. München und Basel
Marshall, Thomas H. (1992): Bürgerrechte und soziale Klassen. Frankfurt a. M.
Martiny, Martin (1977): Die Entstehung und politische Bedeutung der „Neuen Blätter für Religiösen Sozialismus". In: Vierteljahreshefte für Zeitgeschichte, H. 3
Mennicke, Carl (1926): Das sozialpädagogische Problem in der gegenwärtigen Gesellschaft. In: Tillich, P. (Hrsg.): Kairos. Zur Geisteslage und Geisteswendung. Darmstadt
Mennicke, Carl (1928): Die sozialen Lebensformen als Erziehungsgemeinschaften. In: Nohl, H./Pallat, L. (Hrsg.): Handbuch der Pädagogik II. Bad Langensalza
Meuser, Michael (2010): Geschlecht und Männlichkeit. Wiesbaden
Meuser, Michael (2012): Geschlechterverhältnisse im Umbruch. In: Aus Politik und Zeitgeschichte, Themenheft 40
Miller, David (2008): Grundsätze sozialer Gerechtigkeit. Frankfurt a. M.
Mogge-Grotjahn, Hildegard (2008): Gesellschaftliche Ein- und Ausgrenzung. In: Huster, E. U./Boeckh, J./Mogge-Grotjahn, H. (Hrsg.): Handbuch Armut und soziale Ausgrenzung. Wiesbaden
Mögling, Tatjana/Tillmann, Frank/Reißig, Birgit (2015): Entkoppelte Jugendliche. Düsseldorf
Mollenhauer, Klaus (1968): Erziehung und Emanzipation. Weinheim und München

Möller, Ingrid (2007): Mediengewalt erhöht Aggressionspotenzial. Bonn
Moran-Ellis, Jo (2013): Kinder als soziale Akteure, Agency und Kompetenz. In: neue praxis, H. 4
Morgenroth, Christine (2010): Die dritte Chance. Wiesbaden
Muche, Claudia/Noack, Tabea/Oehme, Andreas (2010): Übergangsmanagement für das Jugend-, Junge-Erwachsenen- und Erwachsenenalter. In: Brandel, R./ Gottwald, M./Oehme, A. (Hrsg.): Bildungsgrenzen überschreiten. Wiesbaden
Mührel, Eric/Röh, Dieter (2013); Menschenrechte als Bezugsrahmen Sozialer Arbeit. In: Mührel, E./Birgmeier, B. (Hrsg.): Menschenrechte und Demokratie. Wiesbaden
Münch, Richard (1998): Globale Dynamik, lokale Gegenwelten. Frankfurt a. M.
Munsch, Chantal (2003): Die Effektivitätsfalle. Baltmannsweiler
Mutz, Gerd (2001): Der souveräne Arbeitsgestalter in der zivilen Arbeitsgesellschaft. In: Aus Politik und Zeitgeschichte, H. 21
Neckel, Sighard (1991): Status und Scham. Frankfurt a. M. und New York
Neumann, Wolfgang/Süfke, Björn (2004): Den Mann zur Sprache bringen. Tübingen
Niesel, R./Griebel, W. (2013): Übergang von der Familie in eine Kindertageseinrichtung. In: Schröer, W./Stauber, B./Walther, A./Böhnisch, L./Lenz, K. (Hrsg.): Handbuch Übergänge. Weinheim und Basel
Nohl, Herman (1933): Die pädagogische Bewegung in Deutschland und ihre Theorie. Frankfurt a. M.
Nussbaum, Martha (1999): Gerechtigkeit oder Das gute Leben. Frankfurt a. M.
Nussbaum, Martha (2010): Die Grenzen der Gerechtigkeit. Frankfurt a. M.
Oelkers, Nina/Otto, Hans-Uwe/Ziegler, Holger (2008): Handlungsbefähigung und Wohlergehen. In: Otto, H.-U./Ziegler, H. (Hrsg.): Handlungsbefähigung und Verwirklichungschancen in der Erziehungswissenschaft. Wiesbaden
Otto, Hans-Uwe/Ziegler, Holger (Hrsg.) (2008): Handlungsbefähigung und Verwirklichungschancen in der Erziehungswissenschaft. Wiesbaden
Payk, Theo R. (2010): Depression. München
Popp, Ulrike (2002): Geschlechtersozialisation und schulische Gewalt. Weinheim und München
Prein, Gerald/Seus, Lydia (1999): „Müßiggang ist aller Laster Anfang". Beziehungen zwischen Erwerbslosigkeit und Delinquenz bei Jugendlichen und jungen Erwachsenen. In: Soziale Probleme, H. 1
Raithel, Jürgen (2004): Risikoverhalten. Wiesbaden
Raithel, Jürgen (2005): Die Stilisierung des Geschlechts. Weinheim und München
Rauchfleisch, Udo (2019): Transsexualismus – Genderdysphorie – Geschlechterinkongruenz – Transidentität. Göttingen
Rauchfleisch, Udo (2022): Transgender. In: Ehlert, G./Funk, H./Stecklina, G. (Hrsg.): Grundbegriffe Soziale Arbeit und Geschlecht. Weinheim und Basel
Rawls, John (1975): Eine Theorie der Gerechtigkeit. Frankfurt a. M.
Reich, Robert (2002): The Future of Success. München
Reinhardt, Sybille (2006): Was finden Jugendliche am Rechtsextremismus so attraktiv? In: Psychologie heute, H. 8
Richter, Antje (2000): Wie erleben und bewältigen Kinder Armut? Aachen
Richter, Martina (2013): Die Sichtbarmachung der Familie. Weinheim und Basel
Rifkin, Jeremy (2000): Access. Frankfurt a. M. und New York

Rommelspacher, Birgit (1992): Mitmenschlichkeit und Unterwerfung. Zur Ambivalenz weiblicher Moral. Frankfurt a. M.
Schad, Ute (2000): Ethnizität als Joker. In: Jugendhilfe, H. 3
Schefold, Werner (2011): Hilfe als Grundkategorie Sozialer Arbeit. In: Soziale Passagen, H. 3
Schille, Hans Joachim (1997): Zu Einflüssen der Individualpsychologie auf die Sozialpädagogik zwischen 1914 und 1933. In: Niemeyer, C./Schröer, W./Böhnisch, L. (Hrsg.): Grundlinien historischer Sozialpädagogik. Weinheim und München
Schimany, P. (2001): Alter und Altern aus bevölkerungssoziologischer Perspektive. In: Backes, G. M./Clemens, W./Schroeter, K. R. (Hrsg.): Zur Konstruktion sozialer Ordnungen des Alter(n)s. Opladen
Scholz, Roswitha (2011): Das Geschlecht des Kapitalismus. Bonn
Scholz, Sylka (2009): Männer und Männlichkeit im Spannungsfeld zwischen Erwerbs- und Familienarbeit. In: Aulenbacher, B./Wetterer, A. (Hrsg.): Arbeit. Perspektiven und Diagnosen der Geschlechterforschung. Wiesbaden
Schramme, Thomas (2006): Gerechtigkeit und soziale Praxis. Frankfurt a. M.
Schröer, Wolfgang/Stauber, Barbara/Walther, Andreas/Böhnisch, Lothar/Lenz, Karl (Hrsg.) (2013): Handbuch Übergänge. Weinheim und Basel
Schubert, Inge (2012): Peer-Beziehungen in Gruppen. In: Liebsch, K. (Hrsg.): Jugendsoziologie. München
Schütz, Alfred/Luckmann, Thomas (1975): Strukturen der Lebenswelt. Darmstadt
Sen, Amartya (2002): Ökonomie für den Menschen. München
Senghaas-Knobloch, Eva (1998): Von der Arbeitsgesellschaft zur Tätigkeitsgesellschaft. In: Feministische Studien, H. 2
Sennett, Richard (1999): Der flexible Mensch. Die Kultur des neuen Kapitalismus. Darmstadt
Sennett, Richard (2002): Respekt im Zeitalter der Ungleichheit. Berlin
Shell Deutschland Holding (Hrsg.) (2010): Jugend 2010: Die 16. Shell Jugendstudie. Frankfurt a. M.
Shell Deutschland Holding (Hrsg.) (2015): Jugend 2015: Die 17. Shell Jugendstudie Frankfurt a. M.
Siegrist, Johannes/Marmot, Michael (2009): Soziale Ungleichheit und Gesundheit. Bern
Simon, Bernd (2008): Einstellungen zur Homosexualität in Migrantengemeinschaften. In: Brettfeld, K./Gün, M./Simon, B. (Hrsg.): Religion und sexuelle Identität in muslimischen Gemeinschaften. Friedrich-Ebert-Stiftung. Berlin
Staub-Bernasconi, Silvia (2008): Menschenrechte in ihrer Relevanz für die Soziale Arbeit als Theorie und Praxis. In: Widersprüche, H. 107
Stauber, Barbara/Walther, Andreas (2007): Subjektorientierte Übergangsforschung. Weinheim und München
Steinert, Erika (1990): Überlegungen zu einer Kategorisierung wohnungsloser alleinstehender Frauen. In: Gefährdetenhilfe, H. 1
Stiehler, Steve/Paulus, Stefan (2014): Switchen als Vereinbarkeitsstrategie von Männern. Unveröffentlichter Projektbericht. FHS St. Gallen
Sturzenhecker, Benedikt (2002): Arbeitsprinzipien aus der Jungenarbeit. In: Sturzenhecker, B./Winter, R. (Hrsg.): Praxis der Jungenarbeit. Weinheim und München

Summer, Elisabeth (2008): Macht die Gesellschaft depressiv? Bielefeld
Thiersch, Hans (1986): Die Erfahrung der Wirklichkeit. Weinheim und München
Thiersch, Hans (1992): Lebensweltorientierte Soziale Arbeit. Weinheim und München
Thiersch, Hans (2020): Lebensweltorientierte Soziale Arbeit – revisited. Weinheim und Basel
Tillman, Angela (2008): Identitätsspielraum Internet. Weinheim und München
Trescher, Hans-Georg (1985): Theorie und Praxis der psychoanalytischen Pädagogik. Mainz
Tully, Claus J. (2003): Mensch – Maschine – Megabyte. Opladen
Türcke, Christoph (1998): Rückblick aufs Kommende. Altlasten der neuen Weltordnung. Frankfurt a. M. und Wien
Ullrich, Carsten G. (2005): Soziologie des Wohlfahrtsstaates. Frankfurt a. M.
Volkert, Jürgen (Hrsg.) (2005): Armut und Reichtum an Verwirklichungschancen. Wiesbaden
Volz, Rainer/Zulehner, Paul (2009): Männer in Bewegung. Baden-Baden
Wagenblass, Sabine (2004): Vertrauen in der Sozialen Arbeit. Weinheim und München
Wagner, Leonie (Hrsg.) (2009): Soziale Arbeit und soziale Bewegungen. Wiesbaden
Wenzel, Uta (2013): Neue Formen psychischer Krisen. In: neue praxis, H. 1
Winker, Gabriele (2015): Care Revolution. Bielefeld
Winker, Gabriele (2015a): Prekarisierungsprozesse in der sozialen Reproduktionskrise. In: Völker, S./Amacker, M. (Hrsg.): Prekarisierungen. Weinheim und Basel
Winnicott, Donald W. (1984): Reifungsprozesse und fördernde Umwelt. Stuttgart
Winnicott, Donald W. (1988): Aggression. Versagen der Umwelt und antisoziale Tendenz. Stuttgart
Yazici, Oguzhan (2011): Jung, männlich, türkisch – gewalttätig? Freiburg
Zander, Margherita (2010): Armes Kind, starkes Kind. Wiesbaden